歷史是一條直線

教科書裡沒說的近代史

【還 史一個真實面目】

劉觀其 著

1839-1919

每個事件都與世界歷史對照

俄國人，不費一兵一卒，就拿了十一個台灣大的土地
鴉片戰爭，真的是為鴉片而戰嗎？
甲午戰爭，一場日本全國與李鴻章私兵的戰爭
辛亥革命，誰在革命，怎麼革命？
共和，誰跟你共和了？

U0050444

前言

之所以如此熱愛歷史，這和最古老的哲學問題有關，「從哪裡來？」「要到哪裡去？」一直是人類最感興趣的話題之一，我也曾經胡思亂想這些問題。未來去哪裡是大家決定不了的事情，但是「從哪裡來」卻可以從歷史中找答案。

雖然不一定找得到答案，但是找尋的過程是令人滿足的。猶記得當年讀書時在課桌下偷看歷史書的情景，新書發下來的時候，總是第一時間看完歷史書。

還有一點樂趣是發現歷史總是在不停地重演，很多事情是如此地相似，從劉邦、項羽最初版的「鴻門宴」，到後來無數次類似的情形，這也是學習歷史的樂趣。

等到上了大學，我開始按照自己的興趣，找來一些歷史著作研讀，看了之後才會發現歷史遠比教科書要精彩得多。不僅有各種能人志士互相爭鬥的大場面，也有一些犄角旮旯裡的讓人捧腹大笑的歷史「邊角料」。其實很多歷史上的人物並不是臉譜化的「神」或者「奸」，更不是簡單的好人與壞人，很多人是既做了好事也做了壞事。

其次是對後學者的感同身受。回想當年，每到考試前夕，早自習時到處是朗朗的背書聲，我也是其中的一員。儘管背得口乾舌燥，卻從來不知道自己口中背出來的是什麼，或者為什麼會這樣，最後自然也記不牢。後來沒辦法，為了應付考試，只能採用死記硬背的方式。過程相當痛苦，現在想起來都覺得背脊發涼。

這是一本怎樣的近代史書？

足夠有趣是我的第一追求。多年後，雖然歷史教科書也變得比以前要活潑有趣一些，不過限於教材的限制，終究還是顯得有些古板。教科書把一些鮮活的歷史事實提煉得不那麼有趣，其實也很簡單，有時候幾句話就概括了幾十年的事情，覺得乾枯也是情理之中。這更堅定了我寫本趣味歷史書的想法，我開始琢磨著為後來者寫一本有趣的書，不僅能夠對付考試，而且能夠不用對著古板的教科書死記硬背，希望可以減輕一點大家的「歷史恐懼症」。

其次是足夠詳實的史料。考慮到大家學習、考試的壓力，本書採取的材料以信史為主，難以考證的趣文逸事僅作為「歷史邊角料」，所以不會有「滿紙荒唐言」的感覺。除此之外，寫書時參閱了大量權威的歷史學家著作，納入各家權威解讀以及如今史學界新潮觀點，包括參閱海外漢學家的史學著作和歷史當事人的回憶錄等，相信能讓大家有耳目一新之感。

在撰寫本書時，我本著客觀的態度、多視角的方式，為大家重新回看曾經的歷史人物和歷史事件。史學界有句話叫做「歷史沒有真相，但是我們可以無限接近真相。」這句話也是我堅持不戴有色眼鏡回看歷史人物的原因。

顧頡剛先生曾說歷史隨著時間的推移，歷史人物的形象越來越變形，集中的表現就是好人越來越好，壞人越來越壞，這正是我所想要儘量避免出現的偏差。

歷史是由人創造的，每個人是有多面性的，當我們嘗試用不同的側面去看一個人，將會發現他們跳脫了史書的單維空間，變得生動鮮活。

如果說歷史教科書是一個乾枯的骨架，希望這本書像血和肉，讓並不遙遠的近代史看起來有血有肉，讓大家再也不用為歷史課無聊而打瞌睡，也不用為考試而死記硬背。看得過癮，學到知識，就是我最大的願望了。

鑑於知識水準有限和時間倉促的原因，書中出現一些錯誤在所難免，希望大家多多指正。

目錄

第二章：英法聯軍（第二次鴉片戰爭）

第三章：上帝與皇帝的戰鬥

第六章：中日甲午戰爭

第七章：書生治國夢

第八章：義和團運動及八國聯軍

第九章：大清朝迴光返照

第十章：辛亥革命

第十一章：開倒車的代價

第十二章：新文化運動

1839-1919

第一章：鴉片戰爭

（英中通商戰爭）

居家旅行必備「良藥」——鴉片

鴉片鴉片，談鴉色變。在我們看來，近代中國的百年屈辱全都是鴉片惹的禍，幸虧是鴉片不會說話，否則早就發火了。把錯全推在不能說話的鴉片身上，實在不是什麼光明磊落的好漢所為。你真的瞭解鴉片嗎？

下面是鴉片的介紹：鴉片長得黑不溜秋（外貌實在不敢恭維），可是它前身卻是絕代風華的罌粟花；雖然一身小便味，刺鼻得很，但味道香甜，就像臭豆腐一樣，誰吃誰知道；鴉片還可以止咳、鎮痛、治療腹瀉等，完全就是居家旅行必備「良藥」。古時候，鴉片還有個清新溫柔的藝名——忘憂草。

何以忘憂？原因就是鴉片的確能夠治療多種疾病，這也是鴉片在唐朝時進入中國的原因。當年，一位名叫義淨的高僧四處自助遊，從印度帶回來這種神奇的藥草。雖然是藥草，在「民以食為天」的中國，老百姓自然是先將鴉片用在了廚房裡，不管什麼東西，咱們都是先嘗嘗看嘛。結果一試，不得了，飯菜香甜可口，就連蘇軾都有詩說道：「道人歡飲雞蘇水，童子能煎罌粟湯」，早年在中國人眼中，鴉片其實是令人食指大動的廚房佐料。

唐宋兩朝，人們就一直默默地把鴉片當做佐料和藥用著，也沒有大規模地普及，畢竟從印度來，運費驚人，不是一般人吃得起的。到了元朝，有些厲害的醫生就發現鴉片不對勁，人家都說是藥三分毒，但鴉片至少有九分毒，除了那點藥效外，基本全是副作用，關鍵是太容易上癮。不過因為用的人少，所以也不是大問題。

就這樣，從唐朝開始，一直到明末，鴉片主要都被喝湯喝了。後來在爪哇和蘇門答臘一帶發明了一種新玩法：火烤之後吸煙。這種玩法隨著南洋商船，傳到了中國，受到了有錢人的一致歡迎。為什麼呢？以往喝湯放點鴉片，雖然飯菜可口，畢竟清湯寡水，不過癮。現在直接吸食煙霧，那感覺，無法形容，騰雲駕霧飛一般的感覺。

一時之間，鴉片風靡，從中央到地方，有權有勢的都抽起鴉片。每天半臥在籐椅或床上，用胳膊支著下巴，吸上兩口，閉上眼睛，輕輕吐霧，再慢慢吸回，周而復始。馬上眼前就會出現誘人的畫面：貪財的人會看見金山銀山；渴望權力的人就會看見自己君臨天下，吆五喝六，耀武揚威；至於那好色之徒……每個吸食鴉片的人，都能看到自己最渴望的東西，久而久之，誰又能放得下。

到了乾隆嘉慶年間，鴉片在貴族中已經相當流行，甚至成為權力地位的象徵，見面不抽兩口，都顯示不出身分。鴉片也逐漸從貴族走向社會底層，好多承受不起的人也因此傾家蕩產。有的人為了吸上一口，甚至不惜犯法。這時候清朝高層就怒了，決定禁煙。當然是指禁底層老百姓，貴族愛怎麼抽還是怎麼抽。

就在這時候，西方的工業革命成功了，需要對外大量出口產品，洋人認準了中國市場。天朝自然不會將他們那點小生意放在眼裡，果斷地封關禁海，不做生意。洋人們好說歹說，求爺爺告奶奶，終於說通了，天朝決定開放廣州作為唯一的通商口岸，並且設立半官半商的十三行，控制貿易活動。

得知廣州可以做生意之後，洋人們沸騰了，賺大錢的時候到了，他們從歐洲裝滿紗布、羊毛、尼龍等產品，再從中國採購瓷器、茶葉、絲綢等。生意果然火爆，每一趟都讓商人賺得盆滿缽滿。唯一的麻煩是：當時

1800
1825
英國憲章運動
歐洲革命
1850
日本黑船事件
美國南北戰爭
大政奉還
1875
日本兼併琉球
日本頒布帝國憲法
1900
日俄戰爭
日韓合併
第一次世界大戰
俄羅斯二月革命
1925

的老百姓男耕女織，家家自給自足，根本不需要逛街買他們的東西，但是中國的商品在歐洲卻受到熱捧，無數貴族都以擁有精緻的瓷器、精美的絲綢為榮。

在沒有想到什麼東西能夠獲得中國消費者青睞之前，生意就這樣一直持續著。而且清朝是銀本位，與西方國家的金本位不同，換句話說，老百姓啥也不認，只認白銀。為了購買大量的中國商品，洋人們絞盡腦汁，幾乎把全世界的白銀都搜刮出來，用來和清朝貿易，嘉慶、道光期間，每年流入中國的白銀過千萬兩。

可以看得出，當年洋人們的確是想認認真真做生意的。不過好景不長，洋人們再也沒有足夠的白銀做生意了。怎麼辦，放棄做生意那是不可能的，如此龐大的中國市場，誰都捨不得，唯一的辦法就是找到中國人也愛買的商品，把白銀再收回來。

洋人們試盡了各種辦法，天朝就是物產豐富，愣是什麼都不缺。正在著急上火的時候，有人發現，中國的貴族們都特別喜愛抽鴉片，不如賣點鴉片試試？為了賺錢謀利，洋人們惡向膽邊生，顧不得鴉片在中國屬於違禁商品，開始向中國走私大量鴉片。

效果立竿見影，成千上萬的老百姓，捧著白花花的銀子搶購鴉片。洋人們開心了，又可以賺錢了，不僅解決了白銀不足的問題，直接讓清朝從貿易順差轉為逆差，而且鴉片在印度大規模種植後，成本更低，路途也更近，完全是一本萬利的生意。

不過大清就慘了，鴉片給大清帶來了諸多危害。到處都是煙館，沾染吸食鴉片之後，為了籌措高昂的毒資，癮君子們甚至賣兒鬻女，社會相當不和諧；吸食鴉片久了之後，體質更是不堪，就連軍隊士兵都跟歪瓜裂棗似的；國庫也因為白銀外流，越來越虧空。既然危害那麼多，政府難道就視而不見嗎？

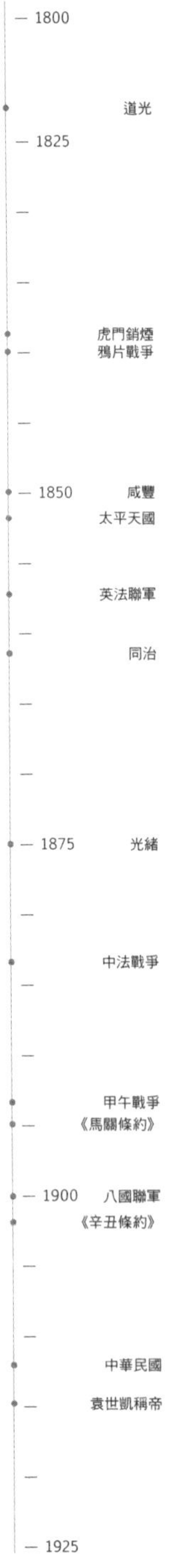

實際上清政府還是高度重視的，禁煙的紅頭文件也下達了不少，只是上有政策，下有對策，洋人們早已和當地官員勾結在一起，禁煙令完全形同虛設。

等到道光後期，情況越來越嚴重，有書記載吸食鴉片者毒癮發作時的情形，說道：「癮至，其人涕淚交横，手足委頓不能舉，即白刃加於前，豹虎逼於後，亦唯俯首受死，不能稍為運動也。故久食鴉片者，肩聳項縮，顏色枯羸，奄奄若病夫初起。」

1800
1825
英國憲章運動
歐洲革命
1850
日本黑船事件
美國南北戰爭
大政奉還
1875
日本兼併琉球
日本頒布帝國憲法
1900
日俄戰爭
日韓合併
第一次世界大戰
俄羅斯二月革命
1925

戒煙大使林則徐

皇帝真是天底下最辛苦的職業之一。年近花甲的道光還有大把堵心事，讓他最上火的就是鴉片。大清就是道光的「家產」，鴉片就像吸血蟲一般吸在上面，眼看著「家產」越來越少，讓道光怎能安得了心。

皇帝一堵心，奴才們就得分憂。一位負責祭祀活動的四品公務員，名叫許乃濟（太常寺少卿），看到道光每天茶不思飯不想，決心為主分憂。許乃濟在家裡琢磨了好久，終於完成了一篇關於鴉片的論文，題目叫做《鴉片例禁愈嚴流弊愈大，亟請變通辦理折》。這篇論文在道光十六年（一八三六年）四月發表。

許乃濟在奏摺中講：「閩、廣、浙東、雲南，向有栽種罌粟、製造鴉片者，疊經科道各官奏請嚴禁，內地遂無人敢種，洋人益得居奇，而利藪全歸外洋矣……且內地之種日多，夷人之利日減，迨至無利可矣外洋之來者自不禁而絕……究之食鴉片者卒皆遊惰無志，不足重輕之輩……」換成大白話就是說：「其實我們以前在南方也種植鴉片的啊！只不過被各級官員打壓之後才消失的，洋人這才能奇貨可居，有利可圖，要是我們也合法種植，洋鬼子們不就傻眼了嗎？說到底，抽鴉片的人都是底層的老百姓，大清那麼多人口，死一些無傷大雅的……」只能說，不管許乃濟這摺子有多少合理性，光「不顧底層百姓死活」這一條，就知道不靠譜。

第二天，道光把這提案在早朝大會上提了出來，頓時全場就炸開了鍋。要知道，不管當時鴉片走私有多倡

1800
道光
1825
虎門銷煙
鴉片戰爭
1850 咸豐
太平天國
英法聯軍
同治
1875 光緒
中法戰爭
甲午戰爭
《馬關條約》
1900 八國聯軍
《辛丑條約》
中華民國
袁世凱稱帝
1925

狂，大清自古以來都是採取嚴打的措施，要不哪裡來幾百年的閉關鎖國政策。許乃濟這法子，雖然符合實情，但不符古訓啊！幾十個老頭在乾清宮是吵成一鍋粥，許乃濟這一派就說別假裝嚴打了，明知道不管用，真是死要面子活受罪，銀子白白讓洋人賺了。反對派就以古訓為主要依據，說鴉片這種髒東西，天朝怎可能親自參與，還收稅合法買賣，簡直是往皇上頭上扣屎盆子嘛！一時之間，公說公有理，婆說婆有理，不可開交。

道光看到雙方互不相讓，好像也都有一定的道理，索性放開了討論，集思廣益嘛。自此，全國上下掀起了一場鴉片該不該嚴禁的學術討論活動。在歷時一年多的全民吵架活動中，有幾位因為言辭犀利，一時之間，風頭勁得很。許乃濟自然是一大辯論能手，不過他的對手也不是省油的燈，其中一位勁敵叫做黃爵滋，負責外交活動的四品官（鴻臚寺卿）。黃爵滋一面怒斥許乃濟忘記祖宗古訓，一面說他是不顧百姓死活，實在是缺德。黃爵滋也提出相應的辦法，專門上了一紙名為《請嚴塞漏卮以培國本》的奏摺，主張嚴厲打擊鴉片販賣活動，堅決不留活口。許乃濟和黃爵滋沒事就對掐，倆老頭互相不對盤，吹鬍子瞪眼，每天氣得花翎都快翹起來，恨不得在紫禁城裡就開打。道光也沒有辦法，只能兩邊都安撫，說等基層討論完了再說。就在這時候，新一代「最佳辯手」在鬥嘴活動中，脫穎而出，此人就是大名鼎鼎的林則徐。

林則徐何許人也？堂堂湖廣總督，二品大員，相當於湖南湖北兩省的行政軍事首長，當時全國才十三位總督，可知他說話的分量。林則徐與黃爵滋不同，不論現場辯論還是寫文章，都是文采斐然，論證嚴密，經得起推敲。林則徐口才好，上來就是感人至深的肺腑之言，道光直被說得迷迷糊糊。再沒事嚇一下道光老頭：要是不嚴禁，以後「不唯無可籌之餉，亦且無可用之兵」，頓時就讓道光口風轉向了嚴禁派。

要說林則徐站在黃爵滋這邊，也是有原因的，原因就是成長經歷造就的性格。林則徐是福建福州人，出

1800
1825
英國憲章運動
歐洲革命
1850
日本黑船事件
美國南北戰爭
大政奉還
1875
日本兼併琉球
日本頒布帝國憲法
1900
日俄戰爭
日韓合併
第一次世界大戰
俄羅斯二月革命
1925

生於一個家道中落的望族。父親林賓日是一名歲貢生（蒲松齡、吳承恩也是如此），也就是秀才裡的優等生，母親陳帙也是一名歲貢生的女兒。林賓日夫婦一共生育了十一名子女，林則徐是次子。林賓日為了養活這一大家子，在當地開了家私塾，林則徐更是打小就跟著父親，每天都去學堂。都說窮人的孩子早當家，幼年清苦的生活，讓林則徐早早地明白生活的艱苦。林則徐也是夠爭氣，發奮讀書。現在八、九歲的孩子還在看卡通的時候，林則徐就寫出了「海到無涯天作岸，山登絕頂我為峰」的詩句，實在汗顏，吾輩羞愧啊！

皇天不負苦心人，林則徐在十四歲的時候考上了秀才，正式成為公務員後備梯隊一員。此時林則徐學歷已經和他父親一樣，林賓日感覺自己教不了林則徐，把林則徐送入福建第一學府——鼇峰書院學習。在此期間，林則徐遇到了影響他一生的老師——鼇峰書院院長鄭光策。鄭光策以剛正不阿聞名全國，就連大奸臣和珅都被他怒斥過。林則徐不僅在學業上求教於鄭光策，連鄭光策「經世報國」的為官思想也一同學習。林則徐天資聰穎，學習刻苦，經鄭光策教導之後，年僅十九歲就考中舉人（眾所周知范進中舉時已五十四歲），林則徐此後三試春闈，終於在二十九歲時及第。從那之後，林則徐懷揣著報效祖國的理想，踏上了仕途。

這樣說來，林則徐主張鴉片嚴禁也就情理之中了，他這人根本就是眼裡容不得沙子，性格嫉惡如仇，自然要大大地整治一番。就在道光搖擺不定的時候，基層討論結果回饋了回來：一票棄權，四票支持許乃濟，剩下二十四票全都支持嚴禁。老領導終於下定決心，全國開展禁煙活動。

紅頭文件一下，幾家歡喜幾家愁。許乃濟吵了幾年，落個降職的下場，氣不過的他，身子一挺眼一翻，沒幾個月就去西天了，可悲可歎。與此相對，道光十八年（一八三八年）十一月，林則徐迎來人生巔峰時刻。作為嚴禁派的主要輿論突擊手，林則徐被一致推選為禁煙形象代言人，被任命為欽差大臣，前赴廣州禁煙。

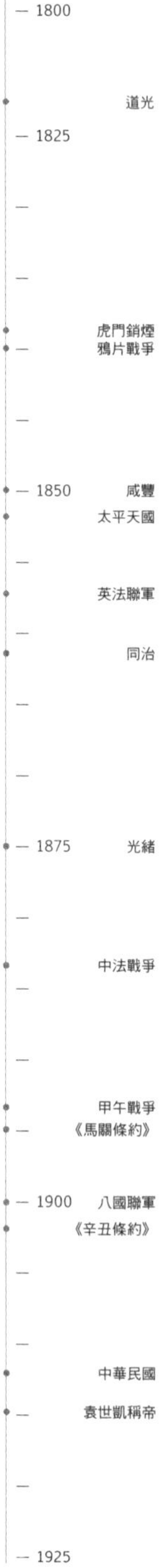

煙販子的末日

林則徐走馬上任之後，帶著道光指示，風風火火地向著廣州出發了。可惜當時沒有飛機，林則徐坐在十二人抬的坐轎上，帶著六名帶刀侍衛，三位廚師，晃晃悠悠地往前趕。正所謂人未到，聲先到。林則徐剛出京城，就連下幾道命令，讓「中國郵政」的工作人員，快馬加鞭、星夜兼程地送往廣州，主要意思就是說：「廣州各單位注意，我馬上到任，此行主要是為禁煙。」

不過林則徐的指示並沒有在廣州引起迴響，當地官員早就習慣了這一套，哪個領導來的時候不是這德行，說要三年一小變，五年一大變，實際上卻吃拿卡要，沒見幾個清官。反倒是時任的兩廣總督鄧廷楨，對於林則徐的到來滿心期盼，林則徐還在路上的時候，鄧總督就傳書給他，表示一定好好配合工作，同心合力打擊鴉片販子。其實鄧廷楨和林則徐是同路人，都以報效祖國為職業生涯目標，可見不管當時官場有多腐敗，還是有不少被儒家薰陶出的正直公務員，一竿子打死一片是不公正的。

經過兩個多月的跋山涉水，林則徐終於在道光十九年正月（一九三九年三月十日）到達廣州，也真難為他年近花甲，奔波萬里。鄧廷楨帶著大小官員早早地就站在城外等候，成千上萬好奇的百姓，站在珠江兩岸，爭睹欽差大臣的風采。

1800
1825
英國憲章運動
歐洲革命
1850
日本黑船事件
美國南北戰爭
大政奉還
1875
日本兼併琉球
日本頒布帝國憲法
1900
日俄戰爭
日韓合併
第一次世界大戰
俄羅斯二月革命
1925

林則徐一下馬車，先是九響震天禮炮表示歡迎，放眼四望，一片烏壓壓的人群，個個伸直了脖子找傳說中的欽差老爺。美國商人威廉・亨德當時也在附近觀禮，他記錄道：「（林則徐）氣度莊重，表情相當嚴厲，身材肥胖，上唇濃密的黑短髭，下巴留著長髯，看來六十歲左右。」見此情形，林則徐趁熱打鐵，拋開旅途疲勞，深呼吸一口氣，對著百姓吼了一場愛國教育演講，表示此次一定要禁絕鴉片，「若鴉片一日不絕，本大人一日不回，誓與此事相始終，斷無中止之理。」

都說新官上任三把火，林則徐在戶外演講結束之後，與鄧廷楨開始了風風火火的工作。作為大清的老幹部，林則徐做事還是相當靠譜，懂得知己知彼的道理，他先從鄧廷楨手中要來一些材料，林則徐看了之後，覺得還是有點不夠。一陣苦思冥想後，林則徐想到了妙招：召集士子考試。林則徐當天就叫來了廣州三大學府——粵秀書院、越華書院、羊城書院共六百四十五名士子，進貢院考試。與以往八股取士不同，林則徐出的題目很簡單：一、鴉片集散地及經營者姓名；二、零售商；三、過去禁煙弊端；四、禁絕之法。不得不說，林則徐這法子實在是妙，不費吹灰之力，掌握了廣州城鴉片走私情況。

不僅如此，林則徐為了摸清洋人底細，還親自組織翻譯班子。把洋鬼子們描述天朝的話語編纂成《華事夷言》，供大小官員參考；將英國人主辦的《廣州週報》翻譯成《澳門新聞報》；把英國人慕瑞編寫的《世界地理大全》翻譯為《四洲志》；還翻譯了大量國外法律。透過這一系列的翻譯學習，林則徐儼然成為大清最瞭解洋人的官員，人稱「開眼看世界」第一人。

不過林則徐在學習過程中也鬧過不少笑話，當年林則徐在吃冰淇淋的時候，看它一直冒氣，以為很燙，左吹右哈之後才敢下口，一口下去，頓時臉上青一塊紫一塊，實在尷尬。林則徐丟面子之後，十分惱火，就招待洋鬼子們吃芋頭泥，洋人們以為是冷食，上來抓起就吃，燙得哇哇亂叫。不得不說，林則徐還是有其可愛的一面，並非只是充滿「神性」的民族英雄。

在經過緊張的學習培訓之後，林則徐有了底氣。他於三月十八日那天，召集廣州十三行各大掌櫃，怒斥這些做洋生意的洋商，說他們是勾結洋鬼子，倒賣鴉片，牟取暴利。一頓教育之後，林則徐要求十三行頭領伍崇曜給洋鬼子們帶話：三天之內交出所有鴉片，並寫下保證書，保證「嗣後來船永不敢夾帶鴉片，如有帶來，一經查出，貨盡沒官，人即正法，情甘服罪」。通告剛出，十三行的商賈們急眼了，難道來真的？要知道當時鴉片交易已經佔到十三行總交易的一大半，斷了鴉片交易，就是要了他們的命啊！

十三行的洋商們開始施展金錢攻勢，結果林則徐直接寫了個對聯掛在門口：海納百川有容乃大，壁立千仞無欲則剛。洋商們只得趕緊跑去和洋鬼子們商量對策。當時鴉片販子的頭領是一個叫顛地的英國人，顛地聽說之後，表示不用擔心，中國的官員他還是很懂的，多半都是「太監逛青樓」，排場足，弄不成事。顛地指示手下跟班，隨便交幾箱意思意思就行。

林則徐看著那一千多箱鴉片，頓時就火冒三丈，這幫洋鬼子完全是不見棺材不掉淚，區區這點鴉片就想蒙混過關？第二天林則徐就下達命令，禁止洋鬼子們出廣州城，第三天，林則徐派兵包圍了十三洋行，來個斷水斷糧，釜底抽薪，看鴉片販子還敢不敢對著幹。

這回該著顛地上火了。顛地一時氣不過，心想：「當我沒大哥是不是？」顛地派個手下，一路小跑去了澳門，找到了大英帝國大中華區的總監——義律。義律聽說十三行被包圍，趕緊往廣州跑。二十四日到了之後，看見垂頭喪氣的鴉片販子，正是展示自我風采的好時機，義律表示，不用怕，有我在，這點事還叫困難？且看

1800
1825
英國憲章運動
歐洲革命
1850
日本黑船事件
美國南北戰爭
大政奉還
1875
日本兼併琉球
日本頒布帝國憲法
1900
日俄戰爭
日韓合併
第一次世界大戰
俄羅斯二月革命
1925

我休書一封，保管書到禁解。

事與願違，林則徐直截了當地拒絕了義律的請求。義律氣不過，以全體洋商撤資為由，對抗林則徐。林則徐很快做出回覆，洋人們想走容易，不過走之前還得把鴉片交上來。為了防止義律帶著頭號罪犯顛地跑路，林則徐封鎖了廣州的出海口，「將停泊黃浦貿易各國夷船先行封艙，停止買賣，一概不准上下貨物，各色工匠船隻房屋，不許給夷人雇貨」。

在經歷林則徐的「堅壁清野」政策之後，洋鬼子們堅持不住了，義律開始向林則徐求饒。義律一面讓林則徐解禁，補充食物淡水，一面敦促鴉片販子們上交鴉片，並保證所有損失由女王陛下承擔。幾天後，義律給林則徐呈上了《義律遵諭呈單繳煙二萬零二百八十三箱稟》，保證全部上交鴉片。四月十一日，林則徐帶著鄧廷楨，親自前往虎門檢查指導收繳工作，一直持續到五月十八日，林則徐總共收繳了煙土一九一八七箱又二一一九袋，竟然比義律上報的還多出了一〇二三箱。林則徐看著這二百二十多萬斤重的鴉片，手撚鬍鬚，瞇著眼睛，真是心情舒暢。

隨著鴉片收繳工作完成，顛地等一幫鴉片販子也被林則徐驅逐出境，鴉片販子們，也只能各回各家，各找各媽去了。剩下的洋人，看著這堆積如山的鴉片，原先以為林則徐要自己賣，結果林則徐直接上報道光，要就地銷毀。道光看到林則徐這麼爭氣，也給予了很大的信任，同意就地銷毀。

林則徐除了給道光留了六箱樣品，剩下的全部運往海邊。林則徐在虎門沙灘上，派人挖了兩個長寬各十五丈的大池子，將鴉片倒入，漲潮時海水漫進來，浸泡一天後，退潮時將鴉片帶入大海，周而復始。歷時二十三天，鴉片終於被全部銷毀。

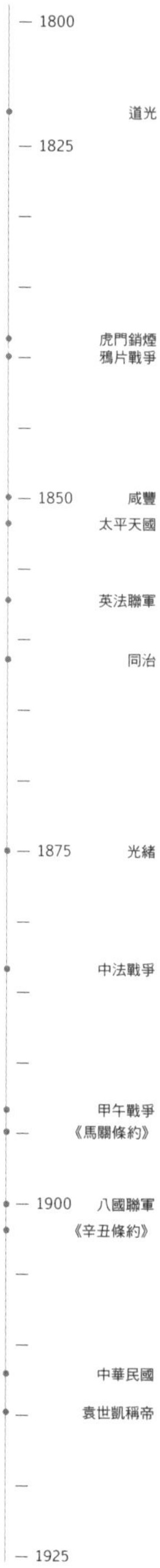

說起來，林則徐還是一位愛護自然環境的環保主義者，銷毀鴉片的前一天，他還寫文祭海：「倘波臣之夙戒無聞，恐水族之豫防莫及。本除害馬，豈任殃魚，比諸毒矢強弓，會須暫徙，庶使殲鱗凡介，勿損滋生……尤賴明神昭示冥威，永祛妖物，馴彼犬羊之性，俾識撐犁；杜其蜂蠆之萌，專輸嫁布。」意思就是說：「我現在不得已要在大海銷毀鴉片，但這玩意毒性太強，還請附近水族先行暫避，萬諒海涵，神靈保佑。」

那些日子，每天都有成千上萬的天朝人民圍觀，就連觀禮的洋人也表示心悅誠服，「虎門銷煙」的事情傳遍了全世界。林則徐也是志得意滿，「了卻君王天下事，贏得生前身後名」！

1800
1825
英國憲章運動
歐洲革命
1850
日本黑船事件
美國南北戰爭
大政奉還
1875
日本兼併琉球
日本頒布帝國憲法
1900
日俄戰爭
日韓合併
第一次世界大戰
俄羅斯二月革命
1925

- 1800
- 道光
- 1825
- 虎門銷煙
- 鴉片戰爭
- 1850 咸豐
- 太平天國
- 英法聯軍
- 同治
- 1875 光緒
- 中法戰爭
- 甲午戰爭
- 《馬關條約》
- 1900 八國聯軍
- 《辛丑條約》
- 中華民國
- 袁世凱稱帝
- 1925

白旗與紅旗的誤會

顛地一回到英國，找到時任英國外交大臣的巴麥尊，哭訴自己在中國受到的非人折磨。顛地等九大鴉片販子達成一致，一方面花錢遊說議員，一面哭哭啼啼，發動感情攻勢，細數清朝如何如何不給女王陛下面子。不過當時並沒有達成共識，因為當時英國剛進入民主時代不久，大部分議員還是相當不恥於發動戰爭的，而且販賣鴉片在英國也屬於違法行為，根本不會受到保護。

這時候大家就會有疑問了，英國不是極力販賣鴉片的嗎？怎麼在本國還不是合法的？這就是英國老紳士的傳統了，雖然不少人心裡支持販賣鴉片，但是講究風度和面子的紳士，自然口頭上要反對這些毒品的骯髒交易，所以鴉片在歐美都是違禁物，只在亞洲及其他帝國主義的殖民地，才是合法買賣的商品。這也是英帝國主義和其他帝國列強的區別，英國算是體面人，其他列強則是很少有所顧忌，從之後百年的屈辱中就可以看出。有的人說英國這是虛偽，不過能在周圍人都失去理智的時候，他還保有一丁點廉恥，也算是有教養的野蠻人。

另一邊，林則徐在虎門銷煙之後，進一步擴大戰果。林則徐還給維多利亞女王寫了一封信，心中說道：「唯是通商已久，眾夷良莠不齊，遂有夾帶，誘惑華民，以致毒流各省者。似此但知利己，不顧害人，乃天理所不容，人情所共憤。大皇帝聞而震怒……以中國之利利外夷，是夷人所獲之厚利，皆從華民分去。豈有反以毒物害華民之理。即夷人未必有心為害，而貪利之極，不顧害人，試問天良安在？」意思是說：「你門下的這幫洋鬼子太不像話了，我把他們給趕出去了。大清賣給你們的都是正經商品，你們卻歹毒地賣鴉片，實在是天理難容！」這封信在一八三九年的八月五日，送到了英國國會，自然又是一陣熱議。

在林則徐「虎門銷煙」之後，義律覺得生意沒法繼續，就帶著全體英商前往澳門避難，而英國的商船和軍艦就漂泊在九龍海面上。每天義律就帶著一幫水手在甲板上曬太陽，真是百般無聊。六月二十日，一幫水手前往尖沙咀碼頭喝酒解悶，酒後耍酒瘋鬧事，竟然把當地村民林維喜失手打死，這就是震驚華南的「林維喜事件」。

林則徐聽說以後，自然是震怒，自古以來，有道是殺人償命，要求義律必須交出兇手，執行死刑。義律聽說要被執行死刑就不幹了，因為當時英國已經採用現代刑法，失手致死不會判處死刑，雙方是各執一詞，吵得不可開交。林則徐被逼急了，使出殺手鐧：「解散華工，斷水斷糧」。遇到這招「堅壁清野」，義律又歇菜了。

林則徐持續命令義律回廣州結案，林則徐恐嚇義律道：「沿海民人，莫不視波濤如平地，倘一觸動公憤，則人人踴躍思奮，雖欲阻之而不能矣……」意思是你現在已經惹了眾怒，要不是我拉著身邊的健兒，你早就被他們追過去砍了！只是此時的義律哪裡還敢回來，早就被嚇破了膽。林則徐一怒之下，發兵澳門，堅決把洋鬼子們趕出大清。義律無奈之下只能繼續帶著洋人們漂泊在九龍外海上。

洋鬼子們漂在海面上，沒過多久糧食、淡水就告罄了。一八三九年九月四日，走投無路的義律，帶著兩艘兵船、三艘貨船到九龍山口岸「要飯」去了。兩句話沒說，守衛此地的大鵬營參將賴恩爵火冒三丈，沒追著你

1800
1825
英國憲章運動
歐洲革命
1850
日本黑船事件
美國南北戰爭
大政奉還
1875
日本兼併琉球
日本頒布帝國憲法
1900
日俄戰爭
日韓合併
第一次世界大戰
俄羅斯二月革命
1925

們打就是寬待你們，竟然還敢上門。義律也被惹毛了，要點淡水和糧食都不給，還在我們取淡水的地方排泄大小便，眼裡還有沒有基本的人權。於是雙方從下午兩點開始放炮對轟，一直整到六點，眼看著天黑，義律才鳴金收兵，這也是中英之間的第一次小摩擦。

看到洋鬼子們亂成一鍋粥，林則徐看到了可乘之機，簡單來說就是「分而化之」，這招對於熟諳中國官場的林則徐來說，再簡單不過。林則徐推出了新的政策，只要保證以後不再從事鴉片販賣，就允許上岸。這對於快餓死渴死的洋人們來說，簡直就是久旱甘霖啊！要不是義律禁止洋人寫保證書，估計全都跑上岸。不過時日久了，鐵打的人也扛不住。十月十一日，英國貨船湯姆士葛號背著義律，偷偷在林則徐的「具結書」上簽字，順利進入黃埔內港。這下壞菜了，英國商船紛紛蠢蠢欲動，有意接受林則徐的方案。為了控制住局面，義律每天帶著英國軍艦在廣州海面上遊弋巡邏，專門堵那些想偷偷進港的商船。

這真是常在河邊走，哪有不濕鞋，擦槍走火的意外發生了。十一月三日，一艘載滿大米的英國商船羅伊亞‧撒克遜號躲過義律的封鎖，眼看著就要進入黃埔港，義律得知之後，帶領軍艦追趕，終於在穿鼻洋海面追上。恰在此時，另一位老英雄，廣東水師提督關天培正好也帶領軍艦進行日常巡檢。關天培也是暴脾氣，看見薩克遜號被追趕之後，二話不說，拍船趕到，迎接薩克遜號。

接下來的事情就讓大家大跌眼鏡了。關天培所在的旗艦，在巡邏時掛的是紅色的艦旗，這在當時也沒啥，反正清朝水軍也沒有具體規定，怎麼鮮豔威武怎麼來就是。不過洋鬼子們看見就慌了，英國海軍只有出戰的時候才掛紅旗，平時都掛白旗。義律眼看著一片紅旗軍艦衝過來，頓時就慌了。完蛋了，大清是要不宣而戰，我要先下手為強！話音剛落，義律就命令軍艦向關天培開炮。

這下倒好，原本關天培只是巡邏來著，衝上來多半也是打口水仗，不想因為艦旗顏色，義律直接開炮。當時關天培的水兵們就傻眼了，個個心裡納悶，這是怎麼個情況啊？沒收到水師的開戰號令啊！因為措手不及的緣故，除了少數人還開了幾炮反擊，多數是掉頭就跑了。雖然關天培威武堅挺，無奈獨木難支，再加上硬體設施跟不上，自然是一場慘敗：水師二十九艘軍艦，當場沉沒三艘，其餘皆受重創，而義律的艦隊只受了點輕傷。不過因為距離黃埔港太近，義律也不敢放肆追擊，「穿鼻洋海戰」落下帷幕。

1800
道光
1825
虎門銷煙
鴉片戰爭
1850 咸豐
太平天國
英法聯軍
同治
1875 光緒
中法戰爭
甲午戰爭
《馬關條約》
1900 八國聯軍
《辛丑條約》
中華民國
袁世凱稱帝
1925

槍炮與屎尿的對決

一場莫名其妙的穿鼻洋海戰之後，義律不由得心中一喜，原來清朝軍隊水準這麼次。有了底氣之後，義律接連五天攻打了九龍官湧炮台。不過關天培和林則徐也不是傻子，穿鼻洋海戰之後，也加強了防禦，所以接下來這些日子，義律也沒討著好。這時候，林則徐開始驕傲自滿了，他上書道光，虛報戰功，「七戰七捷」，而且把洋人貶得一文不值。道光心中大喜，一八三九年十二月，回覆林則徐：「仍准通商，殊屬不成事體，至區區稅銀，何足計論。」既然洋人這幫不懂事，打又打不過咱們，那點貿易小錢，對大清來說，根本是九牛一毛，咱們乾脆閉關，拒絕一切貿易。這一決定，直接惹怒了英國國會。

一八四〇年一月五日，林則徐根據上級指示，開始封關禁海。地球的另一面，英國人也被氣得半死，大清欺人太甚！不讓販賣鴉片也就算了，竟然連正常貿易也不允許，說出來的話也口氣大得要命，「蠻夷」、「番邦」叫得不停，連女王陛下都被稱為一介女流，是可忍孰不可忍！

維多利亞女王這時候也開始慫恿國會，一月十六日，她在國會發表演講，傾訴自己如何被林則徐語言侮辱的悲慘遭遇，獲得一片同情。在維多利亞女王的推動下，在顛地等人持久耐心地奔走呼號下，最終英國國會就是否對清開戰，進行投票表決。

那一場投票，場面實在是火爆至極，一幫議員就像潑婦罵街一樣，互相辱罵，以至於動手打架。一面是極力主張教訓大清的維多利亞女王派，一面是認為發動戰爭過於羞恥的「節操派」，雙方互相攻訐。不止如此，還大打出手，你扯我的頭髮，我拽你耳朵，疊羅漢一樣廝打在一起，汙言穢語更是滿天飛。打累之餘，喝口水就開始投票，不過一直是「節操派」略佔上風。在維多利亞女王的影響下，整整吵了三天之後，最終以二七一票對二六二票的微弱優勢，發動戰爭的議案通過。

有了國會授權之後，剩下的事好辦。義律的堂哥懿律擔任總指揮，懿律也想著要為自己小弟出氣，兩人一拍即合。一八四〇年六月，懿律從印度率領四十多艘軍艦，載著四千多名印度士兵，耀武耀威地停在了廣州海面，戰爭一觸即發。

義律看見大哥帶著一大幫人過來，頓時神氣十分。義律還提出建議，鎮守此地的林則徐是個硬爪子，不好欺負，最好是直接北上，直搗黃龍。浩浩蕩蕩地洋鬼子們向北進發了。

大軍北上之際，懿律遇到了難題，開戰簡單，只是戰書如何送達，實在是傷腦筋。在我們看來，懿律實在是有點死腦筋，都什麼時代了，還送戰書，直接偷襲不就得了，老祖宗孫子在幾千年前就教導過，行軍打仗就要出其不意，「戰陣之間，不厭詐偽」。不過在英國人看來，不宣而戰實在是下流事。

行至福建廈門海域時，懿律最終還是決定派人送戰書。一條小火輪，掛著白旗向廈門出發了。快到岸時，正好遇見廈門鄉勇在巡邏，水兵尚未來得及開口，鄉勇一看是洋鬼子，頓時火冒三丈，當時福建早已傳遍林則徐禁煙的消息，鄉勇們直接一頓魚叉把小火輪給嚇走了，戰書自然也沒法下達。回去之後，懿律決定再試試，一連三次，都是一樣的結果。這下事情卡住了，難道要這樣打道回府嗎？義律靈機一動，提議將戰書放入漂流

1800
1825
英國憲章運動
歐洲革命
1850
日本黑船事件
美國南北戰爭
大政奉還
1875
日本兼併琉球
日本頒布帝國憲法
1900
日俄戰爭
日韓合併
第一次世界大戰
俄羅斯二月革命
1925

瓶，反正遲早會漂到岸。眾人一聽，好主意啊，義律這廝不愧中國通啊！

戰書漂流之後，懿律繼續北上。懿律畢竟是職業軍人，知道行軍補給的重要性，得先拿下一個城市，以作水、糧基地。懿律選擇了定海（今浙江舟山）。與在廈門的待遇截然相反，當地漁民是載歌載舞，殺豬宰羊歡迎英軍。為什麼會這樣？原來漁民每天打漁，生活苦哈哈，他們以為洋人們是來做生意，那豈有不歡迎的道理！可見當時清朝消息之閉塞，僅僅往北多走了幾百里地，當地村民對於洋人的印象就天壤之別。可憐這幫天真的村民，被無情的大炮一轟，做鳥獸狀散了。僅僅一天，一八四〇年七月六日，定海縣城陷落，鴉片戰爭正式爆發。稍作休整，英軍繼續北上。八月初，英軍抵達天津大沽海面，道光傻眼了，原本在萬里之外的廣東打架，怎麼突然跑到家門口來了，慌忙之下，道光疾呼停火好商量。八月二十日，道光透過琦善告訴洋人，同意一切條件，包括處理林則徐等一系列要求。也算道光運氣好，恰好當時英軍瘧疾流行，不得以之下，懿律率軍南歸廣州。與此同時，林則徐的好日子也到頭，十月初，琦善作為新的欽差大臣赴任，林則徐則被革職查辦，在廣州聽候發落。

琦善，滿族正黃旗貴族，是主和派的代表。琦善在朝中一向與林則徐不對盤，當年他就是「弛禁派」的代表人物之一。琦善到了廣州之後，先是對著林則徐一通批評教育，接著就和義律談判去了。雙方開出的條件懸殊太大，當時義律就要求割讓香港等要求，琦善實在難以接受，談判進入無休止的扯皮階段。就在琦善還施施然談判之際，義律的耐心已經被耗盡，義律決定先教訓大清一頓，打得知道疼再談判。

一八四一年一月七日，英軍炮轟虎門沙角、大角炮台，清軍死傷七百多人，沉船十一艘，又是一場慘敗。嚇得琦善兩腿發軟，直呼停火一切好商量。一月二十一日，琦善答應義律的全部要求，私下擬定《穿鼻草約》，主要內容是：香港本島及港口割讓英國；賠償英國政府六百萬銀元；開放廣州為通商口岸；英軍撤出大角、沙角炮台，歸還定海。琦善怕洋人不假，但他更怕主子道光，所以琦善並未敢簽字，更不敢上報道光。欺君可是殺頭的罪。琦善有膽子隱瞞不報，其他官員可沒膽量陪他玩。在林則徐的指導下，巡撫鄧廷楨上書直呈其事。道光知道後，大為震怒，覺得丟盡大清的臉，下旨將琦善押解回京查辦。與此同時，林則徐以四品卿銜貶走浙江。琦善久久不簽字，也惹怒了洋人。一八四一年二月二十三日，英軍再次攻擊虎門炮台。當時水師提督關天培督戰靖遠炮台。不過琦善怕洋人生氣，拒不發兵支援，可憐關天培寡不敵眾，壯烈犧牲。當時關天培就已經抱著必死的決心，他讓隨從帶著他的舊衣物和掉落的一顆牙齒，逃往廣州城。這一場一面倒的戰鬥，結果不用多說，關天培含恨而終。

琦善被解職，道光派奕山、楊芳、隆文三人前往廣東。這三人，一個賽一個草包。五月二十一日的廣州城戰，奕山手握重兵，竟然棄城逃跑。負責軍事的楊芳則更為荒唐，明知洋人隨時可能打進城，事前竟然胸有成竹的表示他自有破敵良計。楊參贊在廣州城內大肆收集狗血、女人褻衣、穢物等，以為這些髒物可破洋人邪法。廣州城戰那天，著實把洋人給噁心了一回，那場面，真是狗血與屎尿齊噴，內褲與褻衣共舞，整個廣州城儼然一個大糞池。時人有詩贊曰：

楊枝無力愛南風，參贊如何用此公。
糞桶尚言施妙計，穢聲長播粵城中。

實在是臭不可當，愚昧至極。反倒是老百姓在此期間表現英勇，五月二十九日的「三元里抗英」就是最好的例證。

1800
道光
1825
虎門銷煙
鴉片戰爭
1850 咸豐
太平天國
英法聯軍
同治
1875 光緒
中法戰爭
甲午戰爭
《馬關條約》
1900 八國聯軍
《辛丑條約》
中華民國
袁世凱稱帝
1925

八旗兵的最後榮耀

就在林則徐貶走浙江之際，他的老對手義律也遭到了英國政府的解職。此時《穿鼻草約》剛傳到英國，外交大臣巴麥尊認為義律要求的利益太少，一八四一年五月，新任英國公使砵甸乍（又譯璞鼎查）來華，隨之而來的是大批英國軍艦，其中包括：十艘軍艦、四艘輪船、二十二艘運輸船搭載英國陸軍第十八皇家愛爾蘭團、第二十六卡梅拉尼亞步兵團、第四十九威爾士步兵團、第五十五威斯特摩蘭郡步兵團、印度人組建的馬德拉斯來福槍隊。

當時大清擁有二十多萬的八旗軍，四十多萬的綠營軍，僅正規軍就接近七十萬，還不包括各種准軍事武裝，看上去「軍容壯盛」，砵甸乍這點軍隊完全不夠塞牙縫。只是此時的八旗軍，早已不是當初進關時的虎狼之師，多數八旗子弟整天提籠架鳥，喝酒抽煙逛青樓。

砵甸乍到來之後，迅速擴大鴉片戰爭，喪心病狂地發動一系列侵略戰爭。一八四一年八月二十五日，廈門陷落，定海、鎮海也跟著陷落。由於雙方裝備差距太大，冷兵器根本無法對抗熱兵器，每一場戰鬥都是一面倒的屠殺。參加戰鬥的英國賓漢在《英軍在華作戰記》中記錄稱：「高地上的旗手選了一個最顯著的位置，站著搖旗，絲毫不怕落在他四旁從輪船打來的炮彈。最後弗萊吉森號的一顆炮彈把他打倒，另一個人趕緊取其委而代之。」

人總是在某一關鍵時刻，才能顯示出價值，「有的人活著，他已經死了；有的人死了，他還活著」。棄城逃跑的浙江提督余步雲，雖逃得了一時，最後不也死在道光的聖旨下嗎？而戰死沙場的定海「三總兵」（葛雲飛、王錫朋、鄭國鴻），卻受到了世人敬仰。

其中當以葛雲飛的犧牲最令人唏噓。事前葛雲飛已經接到英軍將來的消息，有人勸他離開，葛雲飛卻回道：「大丈夫以身許國，只能竭力殺敵，哪能臨陣逃走？」大戰來襲，王、鄭先後殉國，面對洋人的船堅炮利，葛雲飛卻毫不畏懼，「我若死而有知，當化厲鬼協剿夷寇。」自古忠孝不能兩全，葛雲飛選擇了精忠報國，「是我盡忠之時已到，請代慰老母：節哀保重；轉告兒孫：要奮發圖強，繼我殺敵衛國志向。」最終力戰而死。可憐老母張氏，忍受白髮人送黑髮人的傷痛，深明大義的張氏一慟即止，只說：「吾有子矣！」這樣的英雄母子怎能讓人不敬佩！

清軍節節敗退，讓道光大為火光，此時道光依然執迷不悟，認為夷人不足為慮。道光任命侄子奕經為揚威將軍，負責抗擊洋人。這位腦滿腸肥的滿人，一路上遊山玩水，吃喝嫖賭，花費了五十七天才到浙江，一時之間，被各國武官傳為笑話。一八四二年三月，奕經任命虎年虎月虎日虎時出生，生肖為虎的寧夏鎮總兵段永福為指揮官，迷信地相信所謂虎吃羊（洋）的說法。

奕經計畫從寧波、鎮海、定海三個方向進攻，一舉收復失地。不料軍中出現間諜，一位名為陸心蘭的五品小官，將奕經的作戰計畫透露給洋人，還欺騙奕經寧波、鎮江兩地夷人守備不足，「陸心蘭紿言寧（波）、鎮（江）二城守備虛弱，潛師襲之可得也，毋帶火器，以警敵人，奕經從之。」其結果可想而知，一場大屠殺如

1800—
1825—
英國憲章運動
歐洲革命
1850—
日本黑船事件
美國南北戰爭
大政奉還
1875—
日本兼併琉球
日本頒布帝國憲法
1900—
日俄戰爭
日韓合併
第一次世界大戰
俄羅斯二月革命
1925—

期上演。

這次反攻計畫失敗之後，道光算是徹底怕了洋人。一八四二年三月二十七日，主和派的耆英、伊里布上台。在此期間，還發生了震驚朝野的「屍諫」事件。何為「屍諫」？「屍諫」就是指大臣為使皇上接受意見，以死進諫的做法。「屍諫」在任何朝代都是大事，即使大臣所諫之事再過荒謬，也會被贊忠勇。此次「屍諫」的是軍機大臣王鼎。

王鼎是林則徐的好友，林則徐前赴廣東禁煙前的最後一頓飯，就是在他家裡吃的，可知二人關係。當時朝中主和派佔上風，一幫人全都把鴉片戰爭的罪過推在林則徐身上。另一位軍機大臣穆彰阿，更是欲置林則徐死地而後快。當時林則徐貶走浙江，提議流放林則徐到新疆伊犁的人就是穆彰阿。

浙東反擊戰失敗之後，道光面臨換帥，王鼎更是力薦老友林則徐。每次上朝都與穆彰阿發生言語交鋒，王鼎更是怒罵穆彰阿為秦檜、嚴嵩，誤國誤民，無奈道光糊塗，「上笑視蒲城曰，卿醉矣，命太監扶之出。」意思就是道光笑著說：「王愛卿，你喝醉了吧？太監，趕緊把他帶出去！」

王鼎一時氣不過，要學那春秋衛國的忠臣史魚，來個「屍諫」。王鼎在其遺書中稱：「條約不可輕許，惡例不可輕開，穆不可任，林不可棄也。」穆彰阿聽說王鼎「屍諫」事後，嚇得半死，這可是不得了的大事。派手下親信陳孚恩、張芾，前往王鼎家，一頓威逼利誘之後，騙出王鼎遺書，篡改遺書。可憐王鼎「屍諫」之事，道光至死未知，白白葬送了性命。林則徐在得知摯友為了自己「屍諫」而死之後，大病一場，在西安滯留了兩個多月。

耆英和伊里布上任之後，一面好吃好喝待著英軍，「饋送英夷牛羊」，一面與英軍談判。英國人這次也十分強硬，為了達到目的，期間又多次攻打長三角城市。一八四二年五月十八日，乍浦之戰打響，清軍佐領隆福自刎。隨後英軍攻打吳淞炮台，兩江總督牛鑑棄城逃跑（真是熟悉的一幕），江南提督陳化成英勇殉國。

七月二十一日，鎮江也遭到攻擊。鎮江之戰與之前的戰鬥不同，是開戰以來，真正給英軍造成損失的一次。在這之前，英軍先是密集炮火轟擊清軍防禦工事，進而陸軍登陸作戰。借著先進的火炮，在登陸前清軍早已被轟得七葷八素，所以一路下來，英軍都是很輕鬆地獲得勝利。由於輕敵，英軍在攻打鎮江時，沒有實施以往的炮火轟擊，直接登陸，與鎮守此處的青州八旗短兵相接。一仗下來，雖然英軍獲得了最後的勝利，但也死傷百餘名。

鎮守海防的八旗兵不在少數，何以此次戰役如此英勇？這一千名青州八旗兵，幾乎全軍覆沒，壯烈殉國，包括將領海齡，為何這般視死如歸？很大程度是因為青州八旗自清初就駐紮此地。二百餘年，他們的祖墳，他們的族人，他們的家眷全都在此，根本退無可退，比起空蕩蕩的口號，他們有更切實地體會，自然奮勇向前。

海齡打了個漂亮仗，但在很長時間裡卻被國人忘記，並沒有把他當做英雄。原因是這位滿族鑲白旗將領，有狹隘的民族主義思想。開戰前，海齡以抓捕「陸心蘭式」的漢奸為由，在城內抓捕漢人，隨後擴大至不可收拾，「都統海齡令旗兵滿城捉漢奸，至是捕城內居民百七十餘人，於小校場行刑，並及婦人孺子，呼冤之聲不絕，郡守惟流淚而已。」

英軍即將攻進城之際，海齡的妻子抱著兒子跳火自焚，「許妾所為，君但督士卒，至死勿棄城……掖小兒走於北門躍入猛火中以自死。」為報國恨家仇，海齡率領青州八旗兵殺紅了眼，無奈一千多八旗兵，根本不是上萬名英軍的對手，海齡自殺。

1800
1825
英國憲章運動
歐洲革命
1850
日本黑船事件
美國南北戰爭
大政奉還
1875
日本兼併琉球
日本頒布帝國憲法
1900
日俄戰爭
日韓合併
第一次世界大戰
俄羅斯二月革命
1925

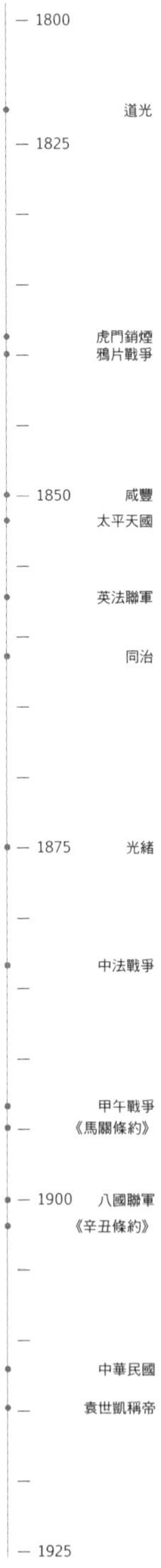

也許是為了洩憤，英軍攻破鎮江之後，「毀城垣，焚衙署，縱黑鬼姦淫婦女，道路死傷枕藉」，發生了慘絕人寰的慘案。事後有英軍回憶道：「只要是真實的回憶，就可覺得這顆心很難說是有人道的了。但即使是心腸最硬、資格最老，以殺人越貨為生的人，看到這種悲慘景象也不能無動於衷的。」

英國人的野蠻行徑，完全嚇傻了清朝官員。一八四二年八月四日，英軍艦隊封鎖了南京下關江面，砵甸乍揚言，若不能在限定日期內答應條件，南京城將會遭到炮擊。嚇得道光趕緊授權耆英、牛鑑、伊里布三人，全權代表求和。

和尚廟裡的城下之盟

一八四二年八月二十九日，中國近代史上第一個不平等條約——《南京條約》（又稱《江寧條約》）簽訂，從此中國走入歷史的深淵。英軍封鎖南京下關江面之後，耆英和伊里布就全盤接受了砵甸乍的要求。商議的地點是南京靜海寺，這座千年古剎見證了整個屈辱的過程。

整個談判分為兩個階段。一八四二年八月十二日至十九日，當時雙方還只是派出級別較低的官員，耆英派出四品佐領塔芬布等人，前赴下關江面的英艦上談判。時值盛夏，英軍代表馬禮遜覺得酷熱難當，提出前往不遠處的靜海寺議事。八月二十日至二十九日，耆英、伊里布和砵甸乍進行高級商議，最終在英艦康華麗號上簽訂了喪權辱國的《南京條約》。九月六日，道光批准了這一條約，愛面子的道光還在條約上寫滿「大清皇帝恩准」的字樣，實在是可笑。

條約簽訂之後，不知廉恥的耆英等人，還在佛門清淨之地，大肆宰殺牲口，犒勞英軍。無言的靜海寺，曾經的佛門聖地，承受了奇恥大辱。

《南京條約》是大清建國二百餘年，首次對外戰敗簽訂的不平等條約。條約原文包括十三項。概括如下：

一、宣布雙方結束戰爭，進入和平狀態。雙方互相釋放軍民，英軍撤軍。

1800—
1825—
英國憲章運動
歐洲革命
1850—
日本黑船事件
美國南北戰爭
大政奉還
1875—
日本兼併琉球
日本頒布帝國憲法
1900—
日俄戰爭
日韓合併
第一次世界大戰
俄羅斯二月革命
1925—

二、「五口通商」。宣布廣州、廈門、上海、福州和寧波五個城市為通商口岸。通商才是英國最主要的目的，這也對後來中國產生了重大影響。上海當時不過是江邊沙頭，英國人慧眼識珠，認為上海連著廣闊的江浙腹地，自此，上海逐漸取代廣州的貿易地位，一八五〇年之後，上海貿易總額就已超過廣州。限於當時的地理位置及經濟環境影響，其他幾個城市並沒有較大的改變，「五口通商」實際上只是在廣州的基礎上增加了上海。

三、清朝永久把香港割讓給英國治理。後來的事大家已經清楚，直至一九九七年香港才回歸。這也開了割地的惡例，此後俄國就依此辦法，從中國西北、東北割去大片土地。其實英國要求割讓香港，只是作為後方基地之用，尤其是明朝把澳門租借給葡萄牙，更是刺激了英國人。在此之前，英國人還考慮過寧波和舟山，不過最終選定了香港。現在看來，香港的確是中國最好的深水港，沒有之一，英國畢竟是海洋國家，選擇港口的眼光還是很毒辣的。

四、清朝賠款兩千一百萬銀元。其中六百萬作為鴉片銷煙的賠償；一千二百萬作為軍費賠償；三百萬賠償英商損失，分四年繳納清。這相當於當時大清一年財政收入的三分之一。嘉慶以後，大清帝國就已腐敗嚴重，民不聊生，白蓮教、天地會等多處起義，現如今再背上更多的苛捐雜稅，揭竿而起的農民起義可以預想得到。

五、中英雙方平等往來。在眾多的條款當中，道光以及多數官員，最關心的就是此條，其他條款對於道光來說，根本就不是什麼大事。譬如在割讓香港前，北京方面甚至沒人知道香港在何處，又怎會有人關心。反倒是平等往來這一條，讓天朝上國的大清官員心理上難以接受。

六、「關稅協定」，即雙方貿易關稅「均宜秉公議定則例」。在當時，其實這是一個雙方滿意的協議，並非如今人們認為的屈辱條約。關稅協定為五%，甚至比原先的自主關稅還略高。這不僅減少了貿易摩擦，還增加收入。負責談判的耆英知道，雙方關稅方面的矛盾，也是引起戰爭的原因之一。如此條款，何樂而不為呢？

七、「領事裁判權」，也就是治外法權。說白了就是洋人在中國犯法，不歸清朝管，歸洋人本國的法庭處理，也就是夷人管理夷人。現在看來是對清朝司法權的侵害，造就了「國中有國」的局面。但在當時，這同樣是一條皆大歡喜的條款。在鴉片戰爭前，清朝官員就已經不樂意處理洋人案件，而洋人認為清朝法律太重，動輒死刑，也接受不了，雙方也因此起了不少矛盾。如今洋人願意自己處理自己的案件，當然樂意之極。

《南京條約》簽訂之後，雙方各執一份，目前英方那份依然存放於英國國會，而中方那份則隨著國民黨進入台灣，現存於台北故宮博物院。

《南京條約》作為近代中國第一份不平等條約，給中國帶來了深遠的影響。最明顯的改變在政治方面。自《南京條約》之後，清朝不再是個擁有獨立主權的國家，不僅因割讓香港而領土主權受損，治外法權等也讓清朝司法權受到侵害，此外清朝還被迫開放國門，劃定租界、最惠國待遇、軍艦停泊權等外交權力，不僅加速清朝的現代化，也加速它的滅亡。

經濟方面，「五口通商」之後，上海借著《南京條約》簽訂，一舉超越廣州，成為中國最發達的港口城市。隨著貿易的日益發展，上海洋行林立，英、法、美先後設立租界，「十里洋場」逐漸形成，上海也成為近代中國對外的視窗。

文化宗教方面，不僅先進的西方科技文化逐漸滲透至中國，基督教也因此快速發展。鴉片戰爭前，清朝採取嚴禁的態度對待基督教，一八四六年，道光下詔弛禁天主教，讓三十萬地下基督徒浮出水面。也正因為此，

1800
1825
英國憲章運動
歐洲革命
1850
日本黑船事件
美國南北戰爭
大政奉還
1875
日本兼併琉球
日本頒布帝國憲法
1900
日俄戰爭
日韓合併
第一次世界大戰
俄羅斯二月革命
1925

一代梟雄洪秀全才會接觸到西方基督教。

不過很明顯，從領導道光到普通的官員，大清依然沒有吸取教訓，還沉浸在「天朝上國」的夢中，以後挨更多的板子是少不了了。《南京條約》開了惡例，其他帝國列強看到英國獲利之後，也紛紛採用大炮威嚇的方法，獲取利益，這真是一群惡狗跟在後面分食。一八四四年七月三日，清朝與美國簽訂了《望廈條約》，同年十月二十四日，中法《黃埔條約》在軍艦「阿基米德」號上簽訂。這三個不平等條約，全由耆英一人包辦，可恨耆英一輩子崇洋媚外，最後耆英還是因洋人而死，第二次鴉片戰爭期間，惹怒洋人被咸豐賜自盡。

《南京條約》的巨額賠款，讓道光加緊搜刮人民，人民負擔空前加重，民不聊生，進一步加劇國內的階級矛盾，揭竿而起的農民起義如牛毛般遍布中國。

1800
道光
1825
虎門銷煙
鴉片戰爭
1850 咸豐
太平天國
英法聯軍
同治
1875 光緒
中法戰爭
甲午戰爭
《馬關條約》
1900 八國聯軍
《辛丑條約》
中華民國
袁世凱稱帝
1925

閱讀鏈結：禁煙大臣林則徐是怎麼死的？

林則徐生於一七八五年八月三十日（乾隆五十年），卒於一八五〇年十一月二十二日（道光三十年），福建侯官人。他是中華民族抵禦外辱過程中偉大的民族英雄，因主張嚴禁鴉片、抵抗西方的侵略、堅持維護中國主權和民族利益深受全世界中國人的敬仰。

道光十八年（一八三八年），道光皇帝特命林則徐為欽差大臣赴粵查辦禁煙。道光十九年四月二十二日（一八三九年六月三日），林則徐在虎門海灘上將從英國手裡收繳全部鴉片近二萬箱（約二百三十七萬餘斤）當眾銷毀，沉重地打擊了侵略者的囂張氣焰。

林則徐抗英有功，卻遭投降派誣陷。道光二十一年（一八四一年七月十四日），昏庸、剛愎的道光皇帝為討好英帝國主義，將在廣東查禁鴉片立有首功的林則徐罷去欽差大臣和兩廣總督的職務，調往浙江軍營「戴罪立功」。一個月之後，林則徐又被道光皇帝一道諭旨「從重發往伊犁，效力贖罪。」他忍辱負重，踏上戍途。

道光三十年（一八五〇年）清政府為進剿太平軍，再任命他為欽差大臣，督理廣西軍務。他帶著兒子林聰勇和親信幕僚劉存仁，離開了家鄉福建，星夜兼程，直奔廣西。當一行人路經廣東普寧時，林則徐突然發病，且病情越來越重，不省人事了。一八五〇年十一月二十二日，林則徐暴卒於潮州普寧縣行館，終年六十六歲。

關於林則徐為何突然發病而死，民間認為可能是被人陷害。因為林則徐在廣東大力禁煙，得罪了不少人，被人下毒害死也是可能的。至於下毒之人，傳得沸沸揚揚的就是林則徐在廣州查辦鴉片時雇用的廚子鄭發，林則徐獲罪充軍伊犁後，鄭發就投靠洋人了。

據坊間傳言，林則徐臨死前大喊「星斗南」三字，按福州方言，「星斗南」乃「新豆欄」。而新豆欄在廣州十三行附近。按林則徐曾孫林蘭岑的分析，廣東十三行行商們，乃食夷利者，特恨林公，怕他重來使壞，故買通廚人鄭發，用巴豆這種十分厲害的瀉藥熬粥給林公喝，林公於是病泄不已，委頓而死。更有人直接點名，最恨林公的，乃是行商商總伍家，聽說林公復督粵事，巨恐，遂遣親信帶鉅款賄賂林公廚人。林則徐死後，廣東一帶就傳說：有人親眼看見在廣州一家客棧，十三洋行總頭目伍紹榮手下的一名親信與鄭發竊竊私語，桌上有一堆白花花的元寶。還有人說，林則徐轎子的扶手上，抹有劇毒……

近年來有人根據新近發現的林則徐《訃文》和林則徐之子林汝舟《致陳子茂書》等材料，認為林則徐的死因不是被毒死也並不只是腹瀉。自十一月十二日至十五日，林則徐一直在趕路，沒有服藥，所以吐瀉情況已很嚴重。十五、十六日服用「中和之劑」後，吐瀉情況有所好轉，但林則徐抱病繼續日夜兼程，辛勞顛簸，身體得不到休息，病情則轉為「胸次結脹」、「痰喘發厥」，引發了心肺舊疾，以致「兩脈俱空，上喘下墜」，「喘急愈甚」。在元氣大虧、脾胃虛寒的情況下，醫生卻又「投以參桂重劑」、「連進蕧劑」，結果藥力未及奏效，反使喘咳增加，舌蹇氣促，加上他已是六十六歲高齡之人，經不起路途顛簸，終致無法挽救。

有關林則徐暴死的原因，還有其他說法，但仍是眾說紛紜，莫衷一是，成為多年來的一個謎。

1800
道光
1825
虎門銷煙
鴉片戰爭
1850 咸豐
太平天國
英法聯軍
同治
1875 光緒
中法戰爭
甲午戰爭
《馬關條約》
1900 八國聯軍
《辛丑條約》
中華民國
袁世凱稱帝
1925

1839-1919

第二章：英法聯軍

（亞羅號戰爭，英法對華遠征）

「六不」總督的悲劇

一八五六年，第二次鴉片戰爭爆發。我們稱之為「第二次鴉片戰爭」，是因為這場戰爭的目的和本質與一八四〇年鴉片戰爭相同，可以看做是第一次鴉片戰爭的延續。西方世界則稱之為「亞羅號戰爭」，因「亞羅號事件」而起。

「亞羅號事件」其實是一件很簡單的外交事件，放在今天完全可以透過外交交涉解決。一八五六年十月八日清晨，廣州水師登船搜查了港籍商船亞羅號（Arrow），原因是有人舉報亞羅號是被盜船隻。檢查過程中，雙方發生衝突，水師水兵扯下懸掛著的英國國旗，踩踏米字旗。在發現亞羅號執照已經過期十二天後，水師千總梁國定逮捕了全部十三名中國水手，愛爾蘭籍的船長因在別處吃早餐躲過一劫。

就這麼一件簡單的事，放在今天，完全是雞毛蒜皮的小事，英國人卻抓住不放，大做文章。事情發生後，英國駐廣州代理領事巴夏禮大肆叫囂「國旗踩踏事件」，稱國家精神受到侮辱，要求兩廣總督葉名琛放人道歉，懲辦千總。就在英國人施加壓力之際，法國人也找到了藉口，即「馬神父事件」，這事更簡單，法國傳教士馬賴違反規定，進入廣西西林縣傳教，被當地知縣斬首。英法兩國聯合在一起，藉著這些芝麻粒小事，大動干戈。

正所謂欲加之罪何患無辭！真正的原因到底是什麼呢？說到底還是通商的問題。「五口通商」之後，除了上海、廣州，其他幾個城市都不合格，列強們急著擴大通商口岸。中美《望廈條約》中明明寫著：「所有貿易及海面各款恐不無稍有變通之處，應候十二年後，兩國派員公平酌辦。」為什麼不透過外交協商呢？實際上英、法也不想動武，誰無緣無故想開啟戰爭呢。早些時候，英、法、美三國就提出修改條約，可清朝根本就沒人願意出頭對話，禮部不做聲，理藩院裝沒聽見，最後把燙手山芋送到了葉名琛手中。

葉名琛的做法更絕，完全裝聾作啞，管你怎麼叫喚，我就不回答，「遇中外交涉事，略書數字答之，或竟不答。」在巴夏禮武力施壓之後，葉名琛最終答應釋放被捕水手，但拒絕道歉。現在我們知道，英國人的目的也根本不是所謂的「放人道歉」，而是透過武力恐嚇修改條約。一八五六年十月二十三日，英軍炮擊虎門，第二次鴉片戰爭拉開帷幕。

戰鬥沒什麼出人意料的地方，僅僅一個星期，廣州城告破。一方面是雙方武器裝備差距，另一方面則是當時清朝大軍都在鎮壓太平天國運動，葉名琛手中並沒有多少可調軍隊。破城後，英軍在總督府大肆搶掠一番，後因為人手不足，退出了廣州城。整個城戰期間，葉名琛面對洋人的態度是「不戰、不守」，他「危坐二堂，絕無懼色」，為何這麼自信？原來葉名琛是位道家信徒，他在總督府後院蓋了座「長春仙館」，裡面供奉著呂洞賓和李太白，他一早占卜，仙人占語表明沒事，不料英軍還是攻破了廣州城。當時有民謠笑話道：「洋炮打城破，中堂仙館坐；忽然雙淚垂，兩大仙誤我。」

英軍撤出廣州城之後，葉名琛也被惹怒，他下令懸賞殺洋，「但凡見上岸與在船滋事英匪，痛加剿捕，准其格殺勿論，仍准按名賞三十大元」；鼓勵地方群眾舉辦團練；收買港商作為間諜，瞭解英軍動向；斷絕香港

1800
1825
英國憲章運動
歐洲革命
1850
日本黑船事件
美國南北戰爭
大政奉還
1875
日本兼併琉球
日本頒布帝國憲法
1900
日俄戰爭
日韓合併
第一次世界大戰
俄羅斯二月革命
1925

的物資供應。在葉名琛的積極反擊下，英軍在接下來的幾個月中，吃了不少苦頭，英軍頭領包令都被憤怒的英政府解職。

一八五七年十月，額爾金爵士率領援軍抵達香港，此時英軍早已被葉名琛整個夠嗆，額爾金也認為葉名琛是個硬茬子，一直在猶豫是否要繞開廣東，直接北上。恰在此時，一艘廣州官船被英軍截獲，船上有大量官方文件。文件顯示由於葉名琛關閉貿易，鼓勵群眾殺洋人，此時廣州城內已經一片混亂，更因為支援前線鎮壓太平軍，手中無兵無餉。這份文件改變了額爾金的想法，他決定直接再次攻擊廣州城。

一八五七年九月，英軍出動約一萬一千名士兵，法軍共約六千七百人，英法聯軍軍艦共一百七十三艘，抵達廣州海面，美國由於國內形勢緊張，沒有參與。在多次協商不和之後，十二月二十八日，英法聯軍攻打廣州城。面對來勢洶洶的英法聯軍，葉名琛繼續奉行不抵抗政策，他既不投降，也不逃走，一八五八年一月五日，葉名琛被英法聯軍俘獲。自此，英法聯合控制了廣州，直至戰爭結束。

葉名琛的不抵抗政策，也遭到了時人的詬病，「不戰不和不守；不死不降不走；相臣度量，疆臣抱負，古之所無，今亦罕有」，被譏為「六不總督」，就連皇帝咸豐都將戰爭責任推在他身上，更別提朝野大臣的各種汙言穢語。在當時輿論的刻意醜化下，葉名琛背上了「賣國賊」的黑鍋。可事實是怎樣的呢？

葉名琛被俘之後，在香港被羈押在英艦「無畏號」上。在香港的四十八天中，他不曾向英軍求饒，始終保持一種如石如竹的氣節。英軍也是首次俘虜如此高階的清朝官員，對他很是尊重，「偶然有人上艦，都向葉脫帽致意，他也欠身脫帽還禮。」有人曾問起葉名琛為何不自殺，為何要苟且偷生，他的回答是：「我之所以不死而來者，當時聞夷人欲送我到英國。聞其國王素稱明理，意欲得見該國王，當面理論，既經和好，何以無端起釁？」好個葉名琛，原來他是想面見英女王評理。

這種想法的確很幼稚，很可笑，但也顯示出葉名琛的氣節。就連馬克思都在社論中評價他：「葉總督有禮貌地、心平氣和地答覆了激動了的年輕英國領事的蠻橫要求。中國官吏心平氣和，冷靜沉著，彬彬有禮。」事實上葉名琛被送往了印度的加爾各答。葉名琛到了印度之後，只吃從廣州帶來的自備糧食，「恥食敵粟」，「日誦《呂祖經》不輟，自書『海上蘇武』。」在得知自己見英女王無望後，絕食而死，葉名琛也是清末對外鬥爭中犧牲的最高階官員。

這就是真實的葉名琛。時人在謾罵他賣國賊的時候，又有幾人真正設身處地考慮過。當時為了支援前線鎮壓太平軍，廣州早已沒兵沒銀，面對殺氣騰騰的英法聯軍，難道真要以卵擊石，生靈塗炭才是大清的忠臣嗎？也許後來人們的「六不」譏笑，正是葉名琛令人敬佩的地方。「不戰、不守」是無奈之舉，更是保全百姓性命；「不和、不降、不死、不走」就是向皇帝表明忠心。如此一代良臣，最後餓死在加爾各答，最後還心繫大清，實在令人唏噓，「海上蘇武」名副其實。葉名琛死後，有人挽聯悼念曰：

公道在人心，雖然十載深思，難禁流涕；

靈魂歸海外，想見一腔孤憤，化作洪濤。

1800
1825
英國憲章運動
歐洲革命
1850
日本黑船事件
美國南北戰爭
大政奉還
1875
日本兼併琉球
日本頒布帝國憲法
1900
日俄戰爭
日韓合併
第一次世界大戰
俄羅斯二月革命
1925

兩個強盜的勝利

英法聯軍在俘獲葉名琛之後，並沒有達到修改條約的目的，肯定不會善罷甘休。一八五八年四月，英法艦隊載著二千六百多人抵達天津大沽口，俄、美兩國公使也裝模作樣地派了幾艘軍艦跟在後面，美其名曰「調停」。俄國與其他三國不同，如果說英法美還是為了通商做生意，那麼俄國則是赤裸裸地掠奪土地。

有人會奇怪沙皇俄國為何如此執著於土地呢？很大程度上因為他們想擁有自己的出海口，我們都知道俄國北面的北冰洋，根本就無法作為出海口使用。俄國趁著英法聯軍北上之際，渾水摸魚，一八五八年五月二十八日，逼迫黑龍江將軍弈山簽訂《璦琿條約》（璦琿即今黑龍江黑河），割佔東北大批領土，俄國也獲得夢寐以求的東出海口，以及深水不凍港符拉迪沃斯托克。

咸豐面臨著他老子曾經的問題，果然是父子一條心，咸豐也採取「停火好商量」的辦法。咸豐派直隸總督譚廷襄為欽差大臣前往談判。

不過此時的洋人早已和大清打交道多年，知道中國官場慣用的「推磨緩衝之計」，這次洋人壓根就沒打算跟咸豐磨嘰，認準了先打再說。五月二十日，準備完畢的英法聯軍炮轟大沽口炮台，欽差大臣譚廷襄嚇得撤腿一溜煙沒影了。領導跑了，下面的人自然跟著跑，最後只剩下區區數百人抵抗，很快炮台失手。洋人軍艦沿著白河向上，五月二十六日，達到天津城下，不言而喻，又一個城下之盟即將誕生。

此時的洋人早已熟悉大清皇帝和官員的心思，在揚言攻打北京後，咸豐急忙派大學士桂良、吏部尚書花沙納為欽差大臣談判，譚廷襄這個窩囊廢也被革職充軍去了。與其說是談判，不如說是要求，沒有所謂的討價還價，一八五八年六月，桂良被迫先後與四國簽訂了《天津條約》。看上去一切順利，大炮一轟，條約到手，只需換個公約就生效。但我們都知道在大沽口打了三次架，接下來那兩次架又是因何而起呢？

原因是咸豐對《天津條約》條款不滿意，到底是什麼樣過分的條款，讓看見洋人像耗子見貓般的咸豐，這樣難以接受呢？《天津條約》中約定四國可以在北京駐使節，並要面見咸豐換公約，這就是咸豐的心中塊壘。咸豐害怕朝中大臣看見洋人不下跪，跟著也不下跪，他認為這會對禮教產生重大衝擊。為了避免和洋人見面，咸豐甚至願意讓出更多的利益，但死腦筋的洋人，非要面見這位神秘的天朝掌門人。可憐咸豐，不能像他祖先乾隆那樣趕走洋人，攔不住洋人只能從背後偷襲了。

咸豐命令鐵帽子王僧格林沁在天津北塘方向設伏，同時要求公使們由北塘進京。一八五九年六月二十日，英法美三國公使帶著條約抵達大沽口，準備北上進京。不知為何，也許是剛打勝仗志得意滿，洋人們執意從大沽口北上。雙方發生爭吵，一八五九年六月二十五日，第二次大沽口戰役爆發。

不過洋人們遭到了重創，原因是他們認為這次不過是進京換約，所以帶兵不多，只有十二艘軍艦，而咸豐則早已命令天津方面加強防備，以有備打無備，讓大清官兵佔足了便宜。炮戰從下午三點開始，僅僅一個小時，居高臨下的大清官兵，已經轟沉了四艘軍艦，聯軍主帥賀布也負傷在身。無奈之下，賀布命令下船登陸，泥濘難行的沼澤，讓洋人們成為活靶子。戰鬥持續到第二天凌晨，洋人們才鎩羽而歸，這也是鴉片戰爭以來，

1800
1825
英國憲章運動
歐洲革命
1850
日本黑船事件
美國南北戰爭
大政奉還
1875
日本兼併琉球
日本頒布帝國憲法
1900
日俄戰爭
日韓合併
第一次世界大戰
俄羅斯二月革命
1925

清朝廷唯一打勝的戰鬥。

咸豐是高興了，這口氣洋人們又如何嚥得下！第三次大沽口戰鬥很快到來，這次是洋人們的報復戰。俄國人倒是雞賊，在開戰前偷偷溜進北京，打著東正教團監護的稱號，偷偷換約成功。老美也不差，乖乖由北塘進京，八月換約成功，反正死的洋人都是英法聯軍，事不關己高高掛起嘛。不過戰敗的消息傳回英法國內時，英法兩國就炸開了鍋，決定好好教訓一下咸豐。

一八六〇年二月，英法聯軍捲土重來，從廣東一路北上，邊打邊停，舟山、大連灣、煙台都被攻陷。在京的俄國代表，一面偽裝善良，一面給英法聯軍提供情報，告知大沽口炮台防禦情況。八月一日，聯軍從北塘登陸，兵發天津，一路連克清軍，拿下新河、塘沽。英法聯軍勢不可擋，僧林格沁奉命撤退，大沽口完全聯軍被控制。由於準備充足，再加上此時清軍重心在剿滅太平軍、撚軍，很快天津失守。接下來就是老生常談的一幕了：請求停火，欽差大臣和談。

談判失敗，原因是雙方就駐軍北京這一條款談不攏，欽差大臣恒祺隨即離開天津。當時天津的大小官員，一看形勢不對，全都帶著一家老小，收拾細軟四處奔逃，偌大的天津城竟然沒個朝廷官員，最後要靠本地大鄉紳管理，實在是諷刺。聯軍繼續北上，咸豐派出了怡親王載垣，在通州張家灣議和，無奈還是失敗。不超載垣脾氣真是火爆，談判失敗也就罷了，一怒之下還擄走了負責談判的巴夏禮等三十九人，這也為後來火燒圓明園埋下伏筆。

聯軍得知載垣擄走談判代表後，一片震怒，決心要進北京城報復。與此同時，咸豐也早已命令僧林格沁率領三萬蒙古鐵騎埋伏在八里橋，準備與洋人決一死戰。九月十八日，聯軍攻陷通州，二十一日，與僧王率領的蒙古鐵騎在八里橋相遇。那一場戰鬥可以說是兩個紀元的對決，僧王作為成吉思汗的直系子孫，率領曾經橫掃世界的蒙古鐵騎，第一次面對熱兵器時代的火炮洋槍。

慘烈八里橋戰役，可以說是蒙古鐵騎在這個世界上的最後一道閃光，僧王的榮耀之師，受到了熱兵器的嘲弄，三萬蒙古鐵騎全軍覆沒，而洋人們損失幾乎可以忽略不計。完全就是一場屠殺，蒙古鐵騎帶著祖先的榮光，無畏地衝向洋人的炮火，可恨還沒能近身，就已經被轟得人仰馬翻，血肉橫飛。這種戰鬥使人油然生出悲憫之心，自此之後，再無蒙古騎兵的神話，別了，成吉思汗！

得知僧王戰敗後，咸豐倉惶出逃，前往熱河避暑山莊，美其名曰「北狩」。其實當時北京城還是可以守住的，畢竟兵力渾厚，無奈咸豐和他的祖先都是遊牧民族出身，根本沒有守城的心思和習慣，眼看著敵人來就棄城逃跑了。

英法聯軍於十月十三日從安定門攻入北京，憋了一肚子惡氣的洋人，衝向內城，一心打算好好教訓咸豐。在救出被擄走的巴夏禮等人時，發現他們被關押在監牢中，受盡了各種折磨，更讓洋人惡向膽邊生。十月十八日，洋人佔領整個北京城，清王朝積攢了數百年的財富，讓這幫洋人目瞪口呆，所有人都失去了理智，開始大肆燒殺搶掠。

在洗劫過程中，洋人遇到了一位名叫龔半倫的，他告訴洋人大清的財富全都在圓明園。龔半倫一路領著洋大人來到圓明園，「火燒圓明園」的悲劇上演。可惜愛國詩人龔自珍早已去世，否則真恨不能把這逆子剁成肉泥去護花。不過對於洋人為何燒毀圓明園，很可能是因為當時外城的老百姓跟著搶東西。這是很可能的，君不見現在高速公路上側翻一輛裝滿西瓜的貨車，還有大把人去搶嗎？現如今人人知道的圓明園大水法，也很可能

1800
1825
英國憲章運動
歐洲革命
1850
日本黑船事件
美國南北戰爭
大政奉還
1875
日本兼併琉球
日本頒布帝國憲法
1900
日俄戰爭
日韓合併
第一次世界大戰
俄羅斯二月革命
1925

是由中國人搶去再偷賣的，否則不符合邏輯，洋人根本不會在意那仿造他們的「生肖水龍頭」。

英法聯軍的野蠻行徑，不僅傷害了中國人，也惹怒了英、法國內的文明人，法國大作家雨果就曾經描述道：「在世界的一隅，存在著人類的一大奇蹟，這個奇蹟就是圓明園……有一天，兩個強盜闖進了圓明園。一個強盜大肆掠劫，另一個強盜縱火焚燒。一場對圓明園的空前洗劫開始了，兩個征服者平分贓物。真是豐功偉績，天賜的橫財！兩個勝利者一個裝滿了他的口袋，另一個看見了，就塞滿他的箱子。然後，他們手挽著手，哈哈大笑的回到了歐洲。這就是這兩個強盜的歷史。這兩了強盜，一個叫法蘭西，一個叫英吉利。」

不管怎麼說，那都是民族最深的傷痛，當謹記之。

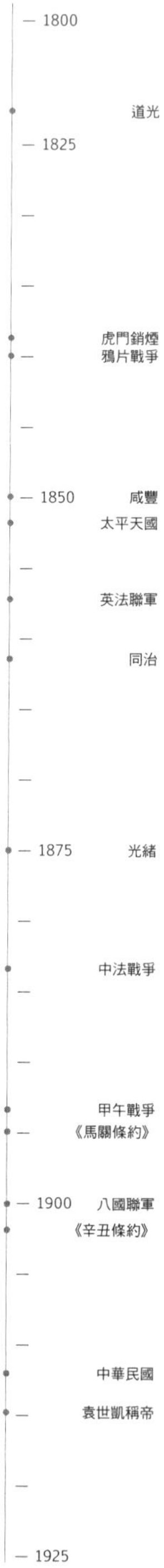

「好朋友」西伯利亞狼

一八六〇年十月二十四、二十五日，英法聯軍以燒毀紫禁城為威脅，迫使負責談判的恭親王奕訢答應全部要求，清政府先後與英法俄三國簽訂《北京條約》，同時承認尚未換約成功的英法《天津條約》生效。在整個歷時四年的第二次鴉片戰爭中，清政府簽訂了大量的不平等條約，主要包括：《中俄璦琿條約》、《中俄天津條約》、《中美天津條約》、《中法天津條約》、《中英天津條約》、《中俄北京條約》、《中英北京條約》、《中法北京條約》以及其他補充條約。

這麼多條約看上去紛繁複雜，其實很簡單，條約締結的時間分兩批，締結的國家也可以分為兩類。第一批不平等條約締結於首次大沽口戰役後，即一八五八年六月前後；第二批締結於英法聯軍打下北京後。列強也可以根據目的分為兩類，一類是以通商和做生意為目的的英法美，另一類則是以掠奪領土為目的的沙俄。

在首批不平等條約中，《中俄璦琿條約》締結得最早。雞賊的俄國人，看到英法聯軍出兵，藉口保護東北，出兵佔領外興安嶺等大片土地。由於清朝認為關外乃是龍興之地，不允許漢人出關外，所以當時東北千里無人煙，俄國人很容易就佔領了大批領土。直到後來，清朝才慢慢放寬出關政策，如今的東北人，多數都是清末從河北、山西、山東一帶遷過去的。

1800
1825
英國憲章運動
歐洲革命
1850
日本黑船事件
美國南北戰爭
大政奉還
1875
日本兼併琉球
日本頒布帝國憲法
1900
日俄戰爭
日韓合併
第一次世界大戰
俄羅斯二月革命
1925

《璦琿條約》由於割讓領土太多，弈山簽訂後並沒有得到咸豐的認可，這也是後來俄國人一直力挺英法聯軍的原因。直到《中俄北京條約》，才承認《璦琿條約》成立。

《中英天津條約》及其補充條約中，除了常見的「增開口岸，賠款，關稅協定」等之外，英國人要求最突出的是在北京派駐公使，設使館，畢竟對於當時世界最強的日不落帝國，不平等的外交是難以忍受的。同時在補充條款中，規定鴉片販賣合法，這給清朝政府和人民帶來了更深的傷害，自此鴉片充斥整個清朝，「東亞病夫」由此而來。

對於法國人來說，在做生意之餘，更看重宗教問題。由於當時拿破崙三世即位不久，根基尚不穩定，為了討好教皇，法國人發動了第二次鴉片戰爭，所以《中法天津條約》中，除了常見的通商賠款條約之外，還要求可以自由傳教、遊歷。

至於俄、美《天津條約》，由於這兩國沒有實際出兵，屬於在旁吆喝的那一類，自然只能「利益一體均沾」。自由傳教也是這兩個國家的要求，正所謂你傳你的天主教，我傳我的東正教，自由競爭啊！

第二批條約中，沒有美國參與，原因是《中美天津條約》一早換約成功，再加上老美自己國內形勢不樂觀，接下來這一程就沒有陪著走了。其實沙俄的《天津條約》也早已換約成功，不過由於割佔大批領土的《璦琿條約》尚未被承認，俄國人只能跟在後面繼續叫喚了。

《北京條約》基本上就是《天津條約》的翻版，除了增加賠款數目，幾無差別。實際上就是英法《天津條約》沒有換約成功，英法聯軍進軍北京，最終不僅《天津條約》生效，而且在各自的《北京條約》中獲得了更多的利益。在《中英北京條約》中，香港九龍被割讓給了英國。

1800
道光
1825
虎門銷煙
鴉片戰爭
1850
咸豐
太平天國
英法聯軍
同治
1875
光緒
中法戰爭
甲午戰爭
《馬關條約》
1900
八國聯軍
《辛丑條約》
中華民國
袁世凱稱帝
1925

在《中法北京條約》中，負責翻譯的法國傳教士還私自加上一條：將以前被充公的天主教產賠還，並任法國傳教士在各省租買田地，建造自便。法國人這是得多「虔誠」，不平等條款中，持續關注宗教。從此之後，法國在眾多列強中，認準了宗教這一條道，認為宗教可以侵蝕中國人的信仰。只能說法國實在不瞭解中國人，只能一條道走到黑了。

相對於英國人和法國人，俄國人就實在多了。俄國人基本沒講通商、貿易、宗教等問題，反正靠「一體均沾」原則，最後都能獲得，俄國人將重點放在了土地上。《中俄北京條約》不僅規定《瑷琿條約》生效，還提出雙方「科學」勘測西北邊界，並利用此藉口，一八六四年簽訂了《中俄勘分西北界約記》，強佔巴爾喀什湖以東、以南和齋桑卓爾南北四十四萬多平方公里的中國領土。

這才是高手啊！不費一兵一卒，不放一槍一炮，跟在後面吆喝，輕輕鬆鬆到手一百四十多萬平方公里，比整個英法國家面積的兩倍還多。

從上面就可以看得出，英法美主要還是為了爭取雙方平等的外交關係，更多的通商口岸，以及傳教自由等，說白了還是想做生意。但沙俄完全不同，是另一類人，以佔領更多的土地為目的，最終沙俄擁有了東北亞出海口和符拉迪沃斯托克港口。

不過也因為離日本太近，使得日本感到壓力太大，後來才會爆發日俄戰爭。在這場四國搶食的過程中，獲利最多的是俄國，而且俄國人還與英法不同，他們一直聲稱自己是清政府的「好朋友」，以「調停有功」自居，這一點實在讓人討厭！哪裡是朋友，簡直就是披著人皮的西伯利亞狼。

至此，鴉片戰爭也結束了，清朝迎來短暫的平和期。最為直接的影響就是清政府終於騰出手來，全力鎮壓

1800
1825
英國憲章運動
歐洲革命
1850
日本黑船事件
美國南北戰爭
大政奉還
1875
日本兼併琉球
日本頒布帝國憲法
1900
日俄戰爭
日韓合併
第一次世界大戰
俄羅斯二月革命
1925

太平天國運動，同時列強們由於對清政府的表現滿意，配合鎮壓太平軍，很快，轟轟烈烈的天平天國運動就在中外勢力的圍剿下失敗了。與第一次鴉片戰爭不同，這次戰爭讓更多的有識之士開了眼，開始意識到必須要改革自強，所以「洋務運動」開始。在奕訢、李鴻章、左宗棠等朝廷大員的努力之下，一度經濟好轉，出現了所謂的「同治中興」。

1800
道光
1825
虎門銷煙
鴉片戰爭
1850 咸豐
太平天國
英法聯軍
同治
1875 光緒
中法戰爭
甲午戰爭
《馬關條約》
1900 八國聯軍
《辛丑條約》
中華民國
袁世凱稱帝
1925

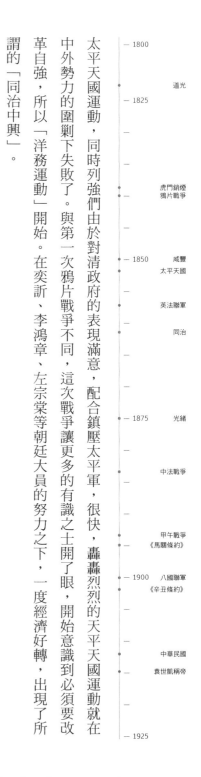

嫁到宮裡的「男人」

咸豐出逃熱河（今河北承德），留下了自己的六弟恭親王奕訢收拾北京的爛攤子。走之前少不了一番耳提面命，實際上咸豐卻沒安好心，認為奕訢會死在洋人手中。咸豐這個人，實在是清朝歷代皇帝中屈指可數的昏庸無能之輩。當初道光尚未選定繼承人時，奕訢是他的主要競爭對手，要不是咸豐受到好老師杜受田指導，憑他的才幹肯定不會被選中。也正因為此，咸豐故意把奕訢留在京城，有意把燙手山芋丟給他。不料洋人根本不想殺人，只想修約做生意，奕訢不僅沒有丟命，反而順勢壯大，這才有後面的「辛酉事變」及「洋務運動」。

也許是一路受了驚嚇，再加上沉迷女色，身體羸弱的咸豐到了熱河就一病不起。一八六一年八月二十二日，在簽訂完《北京條約》後不久，咸豐腿一蹬，丟下了內憂外患的大清朝，榮登極樂世界去了。咸豐在死之前做了三件事：第一就是讓他唯一的六歲兒子載淳繼位；任命肅順等八人為顧命大臣，輔佐小皇帝同治；最後就是將自己刻寫「御賞」和「同道堂」兩個御印，分別交給皇后和懿貴妃。

不得不說，咸豐雖然昏庸，但最後這一手是相當不錯的。肅順等人可以擬旨，但卻必須要同時蓋上「御賞」和「同道堂」御印才能生效，這讓朝中各方勢力相互牽制，等待同治小皇帝長大。想法是好的，但現實卻根本不是那麼回事。事情變化的起於同治的生母，即懿貴妃。懿貴妃也許大家還不熟悉，但要說到慈禧或者西

1800
1825
英國憲章運動
歐洲革命
1850
日本黑船事件
美國南北戰爭
大政奉還
1875
日本兼併琉球
日本頒布帝國憲法
1900
日俄戰爭
日韓合併
第一次世界大戰
俄羅斯二月革命
1925

太后，就無人不知無人不曉。

要說到慈禧的那麼多稱呼，其實也分褒貶。稱呼為慈禧，多為褒義；如果稱為西太后或者葉赫那拉氏，多是貶義，因為在滿人眼中，東比西尊貴，慈安被稱為東太后，慈禧是西太后；而老佛爺這一稱呼，則多是親近之人稱呼。後來「戊戌變法」失敗之後，康梁二位就一口一個「先帝的小妾」稱呼慈禧，實在把慈禧氣得夠嗆。

後來我們都知道，慈禧垂簾聽政，實際統治清政府達四十七年之久，成為中國歷史上僅次於武則天的女強人。慈禧早年也因為會滿漢文字在後宮中脫穎而出，被咸豐委以處理部分奏摺。又因為生下咸豐唯一的兒子載醇，母憑子貴，一舉升格為西太后。不過慈禧並不似一般的後宮妃嬪，她有著極強的政治野心和權力欲望。就連咸豐都早已察覺到這一點，在死前，還留給慈安秘旨，如若未來慈禧驕縱，可以以秘旨處之。

咸豐死後，慈禧決心除去看不順眼的顧命大臣。慈禧說服慈安，暗中串通北京城內的恭親王奕訢，在運送咸豐靈柩回京途中，藉口皇帝年紀小，抄小路提前回京，一舉將顧命大臣們扳倒，史稱「辛酉事變」。政變成功後，肅順被菜市口斬首，其他幾位，殺的殺，流放的流放，徹底掃清了「垂簾聽政」的障礙。

在接下來的幾十年中，名義上是東太后壓著慈禧，實際上慈安對政治毫無興趣，而且耳根子軟，在慈禧的百般哄騙下，當面燒毀了咸豐留下的秘旨。沒有顧忌的慈禧，開始大肆擴張自己的實力，她做事幹練，富有手腕，同樣心狠手辣，毫無婦人之仁的扭捏作態。慈安在四十五歲時無病暴卒，很可能出自慈禧之手。晚年慈禧更喜別人稱呼她老佛爺，相比於慈安，她更像個男人，甚至比一般男人要厲害得多。在慈禧統治清政府的幾十年中，她推動了一些改革，同樣簽訂了大量喪權辱國的不平等條約，清政府走入了前所未有的黑暗深淵。

1800
道光
1825
虎門銷煙
鴉片戰爭
1850 咸豐
太平天國
英法聯軍
同治
1875 光緒
中法戰爭
甲午戰爭
《馬關條約》
1900 八國聯軍
《辛丑條約》
中華民國
袁世凱稱帝
1925

閱讀鏈結：跛子皇帝——咸豐

一八五〇年至一八六一年，咸豐帝奕詝當了十一年的皇帝，這十一年風雨飄搖，內憂外患，咸豐帝在擔驚受怕中度過。一八五〇年至一八六四年爆發了太平天國戰爭，一八五六年至一八六〇年又爆發了第二次鴉片戰爭，其間天地會、撚軍等造反，更是數不勝數。遍地硝煙的國情，讓咸豐帝聲名狼藉，身心俱疲。咸豐皇帝不僅在位期間國運不暢通，他自己也是一個跛子。咸豐帝是歷史上唯一一個跛子皇帝，一個跛子怎麼會被當上皇帝的呢？道光帝有不少兒子，他一直最看好長子奕緯，一心想要把奕緯培養成皇位繼承人，不料奕緯英年早逝，道光帝後來把對奕緯的希望傾注在奕詝身上，培養他作為皇位繼承人。

道光帝從小就嚴格培養教育奕詝。奕詝五歲時，道光還為他請了當時最有名的老師杜受田來教他學習，聰明伶俐的奕詝學得很快，很受老師喜歡，道光帝也因此十分寵愛奕詝。等到奕詝年紀大一點時，道光帝除了對他進行文教，還進行武教。練習槍法、學習武功、學習騎馬射箭，各種武藝都學。道光經常帶皇子們一起去打獵，從而鍛鍊兒子們的技術，並且暗中觀察他們的真實水準。奕詝策馬揚鞭，張弓射箭，英勇非凡，讓道光帝十分欣慰。再加上他性情穩重，更是讓道光帝覺得能文能武、成熟穩重的奕詝是好的繼承人。

然而，好景不長，這一天，道光帝又帶著兒子們出獵，發生了一件大事。當大家騎至南苑叢林深處時，突

1800
1825
英國憲章運動
歐洲革命
1850
日本黑船事件
美國南北戰爭
大政奉還
1875
日本兼併琉球
日本頒布帝國憲法
1900
日俄戰爭
日韓合併
第一次世界大戰
俄羅斯二月革命
1925

然間，一隻野鹿從林中竄出來，與馬隊擦肩而過。興奮中的奕詝一看見，立馬拍馬掉頭直追，然而，他速度太快，轉頭時受慣性影響，身體失去了平衡，一時跌落下馬，立刻昏迷不醒。

宮人趕緊把奕詝帶回宮，宣太醫前往搶救。經太醫診治，奕詝只是摔傷了股骨，沒有生命危險。道光帝派人尋找名醫治療奕詝，在醫生的照料下，奕詝恢復得很快，不久就可以下床行走了。

然而，由於當時接骨時稍有錯位，痊癒之後奕詝走路還是有些不方便。就這樣，奕詝成為一個跛子。奕詝後來繼承皇位，成為後來的咸豐皇帝。他也是中國歷史上第一位也是唯一一位跛子皇帝。

1800
道光
1825
虎門銷煙
鴉片戰爭
1850 咸豐
太平天國
英法聯軍
同治
1875 光緒
中法戰爭
甲午戰爭
《馬關條約》
1900 八國聯軍
《辛丑條約》
中華民國
袁世凱稱帝
1925

1839-1919

第三章：上帝與皇帝的戰鬥

1800
道光
1825
虎門銷煙
鴉片戰爭
1850 咸豐
太平天國
英法聯軍
同治
1875 光緒
中法戰爭
甲午戰爭
《馬關條約》
1900 八國聯軍
《辛丑條約》
中華民國
袁世凱稱帝
1925

頭腦發燒的洪教主

在中國幾千年的歷史中，「一治一亂」幾乎成為定律，沒有哪個朝代能夠逃出怪怪的循環，說到農民起義，大家自然不會陌生。從古至今，有不少農民起義成功改朝換代，當初的小人物逆襲成功。直到近代，依然有一場差點成功的農民運動，那就是「太平天國運動」。

太平天國運動的起因，根本原因幾乎和每場農民起義運動相同，無非是苛捐雜稅太多，老百姓活不下去，否則中國老百姓那麼能逆來順受，誰又願意拎著腦袋起事呢？提到太平天國運動，就不得不提洪秀全，太平天國運動由他而起，自他死亡而滅，他的後半生，基本上就是這場農民起義運動的寫照。

洪秀全，原名洪仁坤，小名火秀，廣東花縣客家人。至於改名洪秀全，則是他成功後的事，畢竟當了主子，取個霸氣的名字是必要的，「秀」字拆為「禾」、「乃」，粵語「禾」發音近於「我」；「全」字分拆就是「人」、「王」，連起來則是「我乃人王」，寓意君臨天下。

一八一四年一月一日，洪秀全出生在在一個耕讀世家中。何為耕讀？說白了就是識字的種地人，當時絕大多數農村人都目不識丁，識字是讀書人的特權。洪秀全的出身讓他有機會學習文化，更因為家庭生活清苦，有迫切改變命運的渴求。洪秀全自小在村中私塾讀書，年幼的洪秀全天資聰穎，熟讀「四書五經」。這讓整個家族都為之興奮，難道說洪家要因此「一人得道雞犬升天」？

慘酷的現實，打碎了洪家人的美夢。洪秀全自從通過縣試之後，連續三次府試不中，可恨二十五歲連個秀才都考不上。一時氣急攻心，洪秀全大病一場，甚至一度昏迷，可見考取功名，出人頭地，對於洪秀全來說是多麼大的渴望。也就是這場大病，頭腦發燒昏沉的洪秀全，自稱在夢中見到了一位神仙老爺爺，對他說：奉上天的旨意，命他到人間來斬妖除魔。不過痊癒之後的洪秀全並未將這個離奇的夢放在心上，還是繼續鑽研八股文，準備考場再戰。

六年後，也就是一八四三年春，洪秀全再次前往廣州府參加府試。經過六年的辛苦學習，這一次洪秀全信心滿滿。在考試前，他在大街上遇到一位名為梁發（亦叫梁亞發、梁阿發）的新教牧師，梁發是近代中國第一位華人基督教牧師，這次匆匆偶遇，不僅在日後改變了洪秀全，更改變了中國的命運。臨了，梁發送給洪秀全一本他自著的基督教教義宣傳書——《勸世良言》。

洪秀全當時並未在意，廣州是外來文化的集中地，不時會有宣傳西方宗教的傳教士出沒。一心考試的洪秀全，繼續回到考場博取功名。可惜造化弄人，準備多年的洪秀全最終依然榜上無名，三十歲連最低等的秀才都未考取。其實這也與廣州文化發達有關，清朝的科舉考試是按區域分配名額，也許洪秀全去了廣西或者貴州，多半是能考個功名。這一次失敗，不僅讓洪秀全心灰意冷，如墜谷底，更讓清政府多年後多了一個勁敵。

失意回家的洪秀全性情大變，變得寡言少語，這讓他在村裡顯得像個怪人。無意間，洪秀全翻起梁發贈送的《勸世良言》，沒看幾頁，就讓他內心震動，因為書中的描述與自己多年的怪夢隱約相似，難道我真的是上天的使者，被派下來斬妖除魔的嗎？放在平時，洪秀全自然不會相信這些胡話，但是人在脆弱的時候，總是為

1800
1825
英國憲章運動
歐洲革命
1850
日本黑船事件
美國南北戰爭
大政奉還
1875
日本兼併琉球
日本頒布帝國憲法
1900
日俄戰爭
日韓合併
第一次世界大戰
俄羅斯二月革命
1925

自己尋找救命的稻草，在洪秀全看來，這個夢就是那根重獲內心力量的稻草。

在學習《勸世良言》之後，洪秀全越發相信自己就是那上帝的使者，他一怒之下砸毀了家中的孔聖人牌位，改拜上帝。結合《勸世良言》中的描述，洪秀全認為那位夢中贈與自己寶劍的老爺爺就是上帝，而耶穌是上帝的大兒子，自己是上帝的二兒子。洪秀全逢人便宣傳自己理解的基督教教義，「拜上帝會」由此初見雛形。

不過創教之初的洪秀全，並沒有吸引什麼信徒，絕大多數村裡人只是認為他是受刺激後的瘋言瘋語。家鄉待不下，洪秀全帶著高度的宗教熱情，游離在廣東一帶，宣揚自己的宗教教義。在洪秀全看來，當下「人心太壞，政治腐敗，天下將有大災大難，唯信仰上帝入教者可以免難。入教之人，無論男女尊貴一律平等，男曰兄弟，女曰姊妹。」此時，洪秀全終於迎來了首位信徒，那就是鄰村的一位鄉村教師，名為馮雲山。

然而馮雲山的加入，並沒有讓「拜上帝會」發展起來。分析起來，主要的原因有二：其一就是洪秀全自己對於基督教教義理解不到位，其實他也是個二把刀。就拿撒旦來說，因為撒旦在誘引夏娃偷吃禁果時，化身為蛇，不明所以的洪秀全就認為撒旦就是條蛇，殊不知那只是撒旦在特定時候的特定狀態罷了。及至後來，洪秀全因為討厭蛇，連帶著中華龍也討厭，這也是他要殺了清朝皇帝的一個原因。

其二就是客家人與當地土著的紛爭。這在當時是相當常見的，兩廣包括江西，經常發生客家人與土著的武裝械鬥，甚至跨省打架。原因很簡單，無非是後來的客家人沒有佔到好田地，只能生活在土地貧瘠的深山老林裡。林則徐在廣東都曾經為此傷腦筋過。土著與客家人矛盾如此重，身為客家人的洪秀全，又能在多為土著的廣東討著什麼好呢？一八四四年，洪秀全決定和馮雲山進入客家人眾多的廣西山區，尋找客家組織去。

1800
道光
1825
虎門銷煙
鴉片戰爭
1850 咸豐
太平天國
英法聯軍
同治
1875 光緒
中法戰爭
甲午戰爭
《馬關條約》
1900 八國聯軍
《辛丑條約》
中華民國
袁世凱稱帝
1925

洪秀全為了宣傳教義，甚至運用自己那蹩腳的古文功底，寫了大量的打油詩，希望能夠對上老百姓胃口，譬如「絲一縷荷上帝，一飲一食賴天公……五行萬物天造化，豈有別神宰其中……人而捨此而他拜，拜盡萬般總是空。」即是後來的《原道醒世訓》、《原道覺世訓》、《百正歌》等。到了廣西之後，果然如魚得水，不僅大量的客家人拿洪秀全當自己人，而且由於生活困苦，洪秀全那不夠嚴謹的教義，還真忽悠了不少人。

但在這時候，洪秀全組織能力不足的缺點體現了出來，他除了宗教熱情度高之外，實在不能把當地的信徒組織起來，好在馮雲山是有兩把刷子。在馮雲山的領導下，「拜上帝會」的信徒們逐漸凝聚在一起，開始對抗當地土著。果然，在開始的較量中，土著人吃了大虧。不過禍害也隨之而來。由於官府一向偏幫土著，再加上一群人聚在一起，稱什麼「拜上帝會」，在官府看來總歸是「非法集會」，終於，官府出手抓住了實際領導者馮雲山。

「拜上帝會」二把手馮雲山被抓後，信徒們紛紛寄希望於洪秀全大展神威，這位洪教主卻腳底抹油，一溜煙跑回廣東老家躲官司去了，可惜一幫眼巴巴等著「上帝之子」的虔誠信徒。一時之間，「拜上帝會」群龍無首，隨時可能分崩離析。

永安建制

洪秀全雖然跑路了，但是面子還是要的，絕佳的理由就是前去基督教教堂學習深造。恰好當時美國傳教士羅孝全，聽說了洪秀全到處宣揚基督教的事蹟，把羅孝全感動得不行，羅孝全決定見見這位虔誠信主的洪秀全。一八四七年，洪秀全來到廣州的新教教堂學習。沒過多久，洪秀全就要求接受洗禮，可這次羅孝全不願意了。因為羅孝全在這些日子裡發現，洪秀全所理解的基督教教義，根本就不是那麼回事，實在是夠不上洗禮的門檻。一怒之下，洪秀全離開廣州，正好此時，馮雲山獲釋的消息傳來，洪秀全決定投奔馮雲山。

到那之後，洪秀全傻眼了，形勢完全與走的時候不同，喜憂參半。喜的是馮雲山實在是靠譜夠義氣，不僅繼續認他做老大，而且把「拜上帝會」辦得風生水起；憂的則是現在冒出來一幫廣西當地的領導幹部，其中的頭領是挖煤工楊秀清，自稱可以「天父附體」，連他這個天父的二兒子都不得不服。不僅如此，楊秀清的挖煤工友蕭朝貴，也學會了這一手，蕭朝貴的必殺技是「天兄附體」。

其實這也是洪秀全自己惹下的事，當初他無情跑路，剩下一堆信徒面面相覷，要不是楊秀清和蕭朝貴站出來裝神弄鬼一番，「拜上帝會」早煙消雲散了。洪秀全無奈之下，只能認可楊秀清和蕭朝貴天父天兄附體的事實，這也為後來內部廝殺埋下禍根。

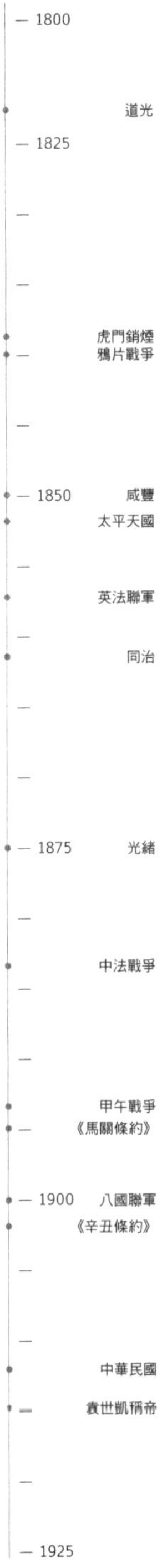

隨著「拜上帝會」逐漸強大，官府也不能坐視不管了，哪怕是聲稱信仰天父上帝的宗教組織，但在古時中國，底層百姓聚在一起總是被鎮壓。矛盾越來越尖銳，洪秀全等一幫領導商議何去何從，這真是官逼民反，一八五〇年下半年，終於決定起義造反。一八五一年一月十一日，被「逼上梁山」的「拜上帝會」教眾在廣西金田村發動起義。同年三月，建號太平天國，洪秀全稱天王。

太平天國運動並不是平地一聲雷，當時全國各地都有大大小小的反抗活動。北有撚軍，西北有回民叛亂和刀客縱橫，西南有藏民及其他少數民族叛亂，長沙有天地會，還有無數名不見經傳的小打小鬧，太平天國運動在起義初也屬於那不起眼的小打小鬧之一。不過洪秀全並沒有很低調，起義初就自封天王，要不是他認為上帝是唯一的皇帝，甚至稱帝都有可能。

由於金田村地處偏僻，太平軍有準備打無準備，金田起義非常順利。自此之後，太平軍一發不可收拾，在廣西境內左奔右突，一路上太平軍一邊宣傳教義，吸收成員，一邊以戰養戰，不做任何守城停留，直把官府追軍拖得半死不活。經過幾個月的運動戰之後，一八五一年九月，太平軍打下了第一個城市——廣西永安（今蒙山縣）。打下永安城後，疲憊的太平軍決定在此過冬，同時整頓一下隊伍，就在這裡，洪秀全制定了一系列太平天國的條例制度，史稱「永安建制」。

洪秀全頒布了眾多條例，最主要的就是下面這幾條：

一、修改曆法，制訂天曆。

這份《太平天曆》由馮雲山一人包辦，這還是他當年被捕獄中想出來的，不得不說馮雲山想得真夠遠的。

不過這份中西結合的曆法，並沒有受到大老粗楊秀清及蕭朝貴的欣賞，他倆認為這完全是在賣弄知識，毫無作

1800
1825
英國憲章運動
歐洲革命
1850
日本黑船事件
美國南北戰爭
大政奉還
1875
日本兼併琉球
日本頒布帝國憲法
1900
日俄戰爭
日韓合併
第一次世界大戰
俄羅斯二月革命
1925

用。從這就可以看得出，太平軍領導集團有分化為廣東、廣西兩極的苗頭。

二、令人民蓄髮。

這一條例大大地鼓舞了當時的漢族民眾，清政府雖然實行了兩百多年的剃髮制度，哪怕是「留髮不留頭」的嚴刑峻法，依然與儒家「身體髮膚受之父母」的教導相抵觸。不過也正因為此，太平軍被清政府起了個侮辱性的外號——「長毛賊」。

三、建立聖庫制度，財產統一管理。

說白了就是沒有私人財產，一切統歸聖庫管理，所有人不論貧富貴賤，大家一起吃大鍋飯。「有福同享有難同當」的平等政策，對於當時生活困苦的百姓來說，還是有相當大的吸引力的。

四、確定軍制。

這套制度也由軍中的高級知識份子馮雲山設計，以五人為「伍」，設伍長；五「伍」設兩司馬；四個兩司馬編制設一卒長管轄……依次五五進位，再往上則是旅帥、師帥、軍帥。一軍轄五師，理論上有一萬三千一百五十五人。

五、論功行賞，分封五軍主將為王。

當時在建制過程中，開始之初並沒有封王的計畫。由於太平軍在永安盤踞的時間太久，給了清軍集結的機會。一八五一年十二月，清政府在永安城外集合了四萬多清兵，太平軍不過區區兩萬多人。清軍開始持續不間斷地攻城，十二月十日，在城外守防的蕭朝貴被炮彈打中，當時就身受重傷，眼看著快要不行。就在此時，洪秀全決定封蕭朝貴為西王，稱「八千歲」，算是對蕭朝貴的安慰。

命運跟洪秀全開了個大大的玩笑，結果蕭朝貴實在命硬，閻王小鬼不收，挺了過來。這下不好辦了，鋪攤容易收攤難，身邊其他幾位領導開始嚷嚷著要王位，這也是農民起義運動的缺點，鼠目寸光。一周後，洪秀全只得把其他幾人封王。楊秀清封東王，稱「九千歲」（這歲數和大太監魏忠賢一樣，楊秀清竟然坦然接受）；馮雲山封南王，稱「七千歲」；典當鋪老闆韋昌輝封北王，稱「六千歲」；地主老財石達開封翼王，稱「五千歲」。

自此，太平天國初見雛形。這樣的封王制，的確有利於鼓舞人心和帶兵打仗，但因為諸王地位不平等，東王節制其他各王，楊秀清逐漸一人坐大，導致領導成員之間矛盾漸起。

1800—
1825—
英國憲章運動
歐洲革命
1850—
日本黑船事件
美國南北戰爭
大政奉還
1875—
日本兼併琉球
日本頒布帝國憲法
1900—
日俄戰爭
日韓合併
第一次世界大戰
俄羅斯二月革命
1925—

人擋殺人，佛擋殺佛

「永安建制」之後，由於清軍越打越多，太平軍不得不棄城，重操游擊戰的舊業。不過在守城期間，太平軍的領導集體商量出以後的軍事行動方針，即進入長江中上游地區，順江而下，攻打江寧（今南京）。一八五二年四月，太平軍從永安突圍成功，同時在沿途設伏，縱兵深追的清軍中伏，連清軍頭領烏爾泰都被大炮轟死，清軍嚇得再也不敢緊追，只能遙遙跟在太平軍後面。

離開永安後，太平軍直撲省城桂林。先鋒將領為羅大綱，海盜出身的他鬥爭經驗豐富，喬裝成桂林守將向榮的部隊，企圖混進城，要不是向榮前腳剛率兵離開，還真不易被識破。巧計不成只有強攻，太平軍瘋狂地攻打桂林城，從挖地道到放火藥，各種招數用盡，在攻打三十三天後，無奈調轉軍向，擬定由靈渠進入長江水系。靈渠還是秦始皇南征百越之地時所挖，兩千多年來，眾多梟雄借此路由灕江水系進入中原腹地，當年黃巢也是走的這條路，洪秀全跟著前輩的腳印，逐鹿中原。

不過在即將離開廣西時，發生了一件影響深遠的事。太平軍在經過廣西最北端的全州城時，遠望守衛森嚴，再加上太平軍著急進入長江水系，於是調頭離開。就在此時，城牆上一個守城炮兵，看見行伍中有一頂眾人抬著的華麗轎子，實在手癢，決定發一炮試試。真是見鬼，平時百發不中，那天一發就中，只看見 個人從轎子裡骨碌碌地滾了出來，看上去身受重傷，這人就是南王馮雲山。

這還了得，馮雲山可是洪秀全最早的跟隨者，也是洪秀全平衡廣西領導集團的重要人物，只能說，這位手癢的炮兵闖大禍了。太平軍戰士如喪考妣，全體發瘋似的攻打全州，全州守將直接嚇得半死，趕緊寫血書求援，無奈烏爾泰大軍剛剛慘敗，無人敢前來救援。六月二日，全州告破。為了發洩胸中的怒火，太平軍一反常態地進行了屠城，只有極少數人逃過一劫，這也看出農民起義軍殘暴的一面。

自全州屠城之後，「長毛軍」惡名遠播，甚至當時老百姓以「長毛來了」嚇唬家中哭鬧的小孩。不僅如此，中國老百姓自古以來就有「躲兵」的習慣，常言道：「匪過如梳，兵過如篦，官過如剃」。可以看得出，老百姓對於起義軍的態度，基本上是避之唯恐不及。

六月五日，來不及休整的太平軍繼續向北進發，遭到了清朝候補知府江中源率軍伏擊，損失慘重，身受重傷的南王馮雲山，沒挺過去，撒手人寰。可惜馮雲山尚未來得及享福，就在打江山的途中死了。太平軍自此少了個有頭腦的知識份子，真正是「出師未捷身先死」，洪秀全得知後，放聲大哭：「天不欲我定天下耶，何奪我良輔之速也。」

收拾心情，太平軍再次向湖南進軍。此時不僅因為宗教信仰，太平軍擰成一股繩，更有洪秀全規定的禁欲主義，即男女分營，即使是夫妻也不准同房，這讓太平軍各個勢如猛虎，根本不是東倒西歪的「鴉片軍」可以抵擋的。除此之外，各封疆大吏心懷鬼胎，沒人願意正面頂住太平軍，怕自己部隊吃虧，全都是跟在後面追，趕出自己的轄區就不管，所有這些內外因素，讓太平軍在接下來的一年中，勢如破竹，無人敢攖其鋒，真有「人擋殺人佛擋殺佛」的氣概。

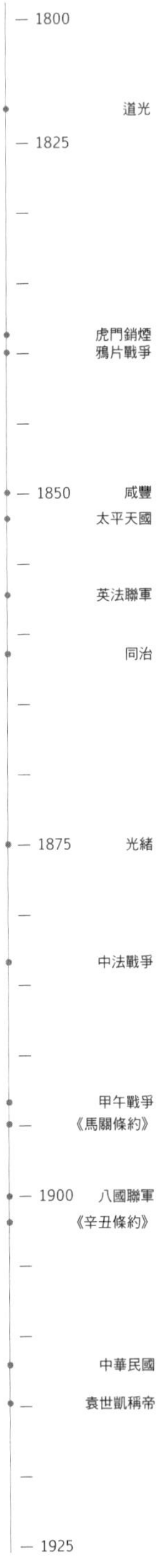

一時之間，大江南北，風起雲湧，不少地下組織積極回應太平軍。在攻打長沙時，天地會幫助，同時華北撚軍聲勢漸大，為太平軍分擔了北方南下的清軍，看上去清政府已無能為力。洋人也看出這一點，宣布保持中立，坐看清政府與太平軍兩軍對壘，等待最後分出勝負。在眾多外部有利條件下，太平軍在兩湖地區風生水起。除了久攻長沙不克以外，太平接連拿下永州、道州、郴州等，一八五三年一月十二日，太平軍攻克軍事重鎮、九省通衢，重要的武漢三鎮——武昌，湖北巡撫常大淳全家自盡。對於太平軍來說，唯一的損失就是西王蕭朝貴在攻打長沙時，被狙擊手打死，形勢對於太平軍非常有利。

在兩湖作戰過程中，太平軍一邊攻城掠地，一邊繼續宣傳自己的「拜上帝會」教義，同時裹挾大量難民，讓太平軍數量猛增至五十萬之多。隨著軍隊越來越大，管理上的問題也暴露無遺。不少地方武裝加入太平軍後，燒殺搶掠，無惡不作，給兩湖百姓帶來了災難。

此時清軍已不堪重用，完全不是太平軍的對手。首先氣勢上高下立判，政府軍士兵多吸食鴉片，一片病快快，而太平軍各個龍筋虎猛；數量上也差距不大，雖然名義上清軍眾多，但由於吃空餉現象嚴重，根本沒有多少實際軍隊，北方撚軍接連起事，更讓清政府統治者傷腦筋；再加上太平軍不排斥洋人武器（因為信仰同一個上帝，稱之為「洋兄弟」），太平軍武器裝備領先於政府軍。有著眾多優勢的太平軍，乘勝追擊，於一八五三年三月十九日，順長江而下，打下江寧，兩江總督陸建瀛戰死。

勝利來得如此突然，僅僅兩年，太平軍就打下了帝王之都——江寧，這讓洪秀全喜出望外。三月二十九日，洪秀全在太平軍的夾道歡迎下，騎著高頭大馬，昂首進入江寧。江寧改名天京，正式定都於此，半壁江山為洪秀全所有，他終於實現了出人頭地的夢想。

信仰的戰爭

就在洪秀全一幫人還沉浸在勝利的喜悅中時，他潛在的敵人也已出現，也就是漢族官僚團練。鄉勇團練的出現，不僅與清政府逐漸放開漢族大臣限制有關，更與太平軍的過激行為有關。太平軍在長江流域四處作戰時，由於信仰拜上帝教，沿途破壞了大量民間神像，佛、道教的神像，一律消除殆盡。最嚴重的是，太平軍還搗毀孔廟及孔子牌位。

這只能說洪秀全思想不夠成熟，搗毀其他神像無所謂，孔子牌位在起義初是萬萬不該破壞的，因為這會激起大量儒家出身的漢族官僚反感。你想，你信仰了一輩子的神，被別人汙蔑破壞，豈能有不反抗的道理。曾國藩在討伐太平軍的「討賊檄文」中，罵洪秀全最厲害的也是這一點：「……乃開闢以來，名教之奇變，我孔子、孟子之所痛哭於九泉，凡讀書識字者，又焉能袖手坐視，不思一為之所也？」在曾國藩的號召下，大量漢儒官僚開始訓練鄉勇，湘軍、淮軍更是其中的佼佼者。這幫儒生此時挺身而出，與其說是為清政府效力，更不如說是為了捍衛信仰。

湘軍的出現，對近代中國影響深遠。自宋朝趙匡胤「黃袍加身」後，為防止出現將領擁兵自重的情況，「兵無常帥，帥無常兵」的軍事準則沿用近千年。清末朝廷八旗軍、綠營軍雖然腐敗嚴重，戰鬥力太差，那也

1800
1825
英國憲章運動
歐洲革命
1850
日本黑船事件
美國南北戰爭
大政奉還
1875
日本兼併琉球
日本頒布帝國憲法
1900
日俄戰爭
日韓合併
第一次世界大戰
俄羅斯二月革命
1925

是國家軍隊，不是私人所有。湘軍則使用「兵隨將轉，兵為將有」的方針，自此軍隊成為將領私有物。湘軍這種組織方式的優點不言自明，每股軍力多數來自同鄉，將與兵、兵與兵之間聯繫緊密，一聲令下，全軍一致對外；缺點同樣突出，自曾國藩後，他的門生李鴻章又創立淮軍，淮軍則是北洋軍的前身，兵為將有，為後來幾十年的軍閥混戰開了惡例。

一八五三年，此時的政府軍尚有一些戰鬥力，湘軍也還在成長階段，雙方通力合作，鎮壓太平軍。僅僅在太平軍攻下天京後十餘天，欽差大臣向榮就在江寧孝陵衛建立江南大營，不久琦善領兵在揚州城外駐紮，建立江北大營，湘軍自長江上游逼近，三方成掎角之勢，共同壓迫天京防衛。

這次該楊秀清睡不著了，正所謂臥榻之處豈容他人鼾睡，眼皮下竟然有兩顆釘子。為了緩解天京的防衛形勢，楊秀清決定西征與北伐。為什麼最後拍板的是東王？因為此時的天王，看見如花似玉，說著吳儂軟語的江南佳麗，早已走不動路，一頭扎進脂粉堆裡去了，「從此君王不早朝」，朝中大小事都由楊秀清把關。

一八五三年五月，北伐與西征幾乎同時開始。自此，太平軍和清軍正式開闢三個戰區，分別是北方戰區，主要在華北平原一帶；西部戰區，長江中上游附近鄂皖等地；首都戰區，即天京守軍與江南、江北大營的對峙。

先說太平軍的北伐，這是一場充滿悲壯色彩的遠征。北伐由林鳳翔、李開芳、吉文元等率領，共計兩萬餘人。出發前，楊秀清就指示：「師行間道，疾趨燕都，毋貪攻城糜時日」。這個指令說明北伐以攻入北京，推翻清政府為目的。洪、楊二人對於北伐還是相當重視的，這從兩方面可以看得出：首先是掛帥的頭領，林鳳翔、李開芳和吉文元均是丞相級別的官員，丞相在太平天國官職中屬於朝中最高一級，北伐初整個太平天國也

1800
道光
1825
虎門銷煙
鴉片戰爭
1850
咸豐
太平天國
英法聯軍
同治
1875
光緒
中法戰爭
甲午戰爭
《馬關條約》
1900
八國聯軍
《辛丑條約》
中華民國
袁世凱稱帝
1925

不過區區六個丞相，僅北伐就出動了一半；其次是北伐軍帶走了太平軍九〇%的精銳，雖然只有兩萬多人，但個個都是身經百戰的廣西老戰士，精英中的精英。

北伐軍自浦口出發，一路向北。沿途北伐軍且打且走，不做停留，先後攻克安徽蒙城、亳州（今亳縣）。在安徽境內，幾乎沒有遇到任何大的抵抗，不僅打得清軍滿地跑，剛組織起來的漢族團練也不是對手，喜上加喜的是皖北大量撚軍、白蓮教等起義農民加入北伐軍，讓北伐軍的數量增至數萬人。在離開安徽時，原本計畫直接進入山東，由魯西直撲直隸（今天津），不料宿州集結了清軍「虎勇」周天爵部，被迫向西轉入河南。

在河南境內，北伐軍依然如狼似虎，在歸德（今商丘）宋家集與清軍發生正面衝突，打得河南巡撫陸應谷「倉皇失措，棄其坐轎」，繳獲大批清軍火藥等武器械。在臨近黃河渡口懷慶（今河南沁陽）時，清軍早早地把大小渡河船隻燒毀，太平軍只得尋找附近農戶擺渡的小船過河。由於人多船少，渡河戰線拉得太長，太平軍尚未完全渡河，清軍西凌阿、托明阿部眾趕到，乘機攻打北伐軍，無奈之下，負責殿后的吉文元部與大部隊脫節，輾轉南下。這是北伐軍第一次出現部隊分離的狀況，這隻南下的部隊最終幾乎全軍覆沒，只剩少許編入西征大軍中。

渡過黃河的北伐軍向天京發去一份報告，「各項具皆豐足，但欠穀米一事」，「糧料甚難」。不難看出，隨著隊伍的壯大，以及跟隨太平軍的眾多難民，吃飯成了最大的問題。其實清軍在潰敗之餘，也曾留下不少糧草，無奈北伐軍中多是廣西老兵，習慣吃米，飲食習慣的衝突也日益嚴重。為了解決後勤問題，北伐軍決定攻下懷慶。以懷慶為基地，進可以攻入直隸，退可以進入皖北，同時懷慶還產大米，臨著黃河水道，實在是上好的根據地。正是攻打懷慶的決定，讓北伐發生了轉折。

1800
1825
英國憲章運動
歐洲革命
1850
日本黑船事件
美國南北戰爭
大政奉還
1875
日本兼併琉球
日本頒布帝國憲法
1900
日俄戰爭
日韓合併
第一次世界大戰
俄羅斯二月革命
1925

一八五三年七月七日，懷慶戰役爆發。北伐軍攻打懷慶外城的做法，與當年李自成攻打開封城類似，即地道戰和地雷戰。北伐軍為了攻入內城，挖了大量地道，在靠近城牆時，放炸藥爆破，不得不說，這招對付高牆危樓的防守還是很有效的。不過費時費力的地雷戰，給了清政府調集部隊的時間。就在北伐軍圍著懷慶府瘋狂進攻時，六萬多清軍形成了外層包圍，最終北伐軍不得不向西北薄弱地帶突圍，進入山西。

此時的北伐軍由於長期奔襲，已經略見疲態，不過充滿朝氣的北伐軍還是讓沿途清軍不敢直攖其鋒，唯一有點膽量的勝保也只能跟在北伐軍後面觀望，還要承受北伐軍沿途留下的「勝保免送」字樣紙條羞辱。九月，北伐軍逐漸進入京畿重地——直隸一帶，嚇得咸豐趕緊從東北、內蒙調集蒙古騎兵。這下北伐軍的作戰劣勢顯示了出來，僧王率領的騎兵在華北平原縱橫馳騁，林、李二人的步兵又怎能跑得過四條腿的駿馬？再加上沒有後勤補給和支援部隊，讓這支北伐軍越來越艱難，不少沿途加入的雜牌軍趁機逃脫，進一步削弱了北伐軍的力量。

十月底，在進攻天津城的途中，北伐軍與僧王、勝保的部隊正面打了一架。這一架北伐軍大敗，損失數千人，被迫退守靜海鎮一帶，自此北伐軍進入被動的防守。在堅守靜海的數月中，天京方面也曾派出援軍，無奈尚未走遠就被狙擊。天氣越來越冷，粵西老兵已經難以承受，被困數月，吃飯都成問題。等待援軍的希望，在時間的消磨中逐漸變為失望，最後變為絕望。北伐軍開始分散各部向南突圍，希望回到溫暖的故鄉，只是此時的戰士們早已「饑餓不能舉刀矛」。一八五四年三月七日，僧王的騎兵攻破了林鳳翔部，林鳳翔被俘。在押往北京後，林鳳翔受盡了嚴刑拷打，最終被殺，一代猛將，就此作古。李開芳部也沒有堅持多久，僅僅四個月後，李開芳也被僧王押往北京，最終受極刑凌遲而死。

1800	
	道光
1825	
	虎門銷煙
	鴉片戰爭
1850	咸豐
	太平天國
	英法聯軍
	同治
1875	光緒
	中法戰爭
	甲午戰爭
	《馬關條約》
1900	八國聯軍
	《辛丑條約》
	中華民國
	袁世凱稱帝
1925	

西部戰場的戰鬥就較為「羽量級」了，當初西征的部隊只有區區八千人，外加一些船隻。敵人也只是尚未成熟的湘軍，而最強大的敵人——政府軍都被牽扯在北方戰場，自然是壓力不大。不過西征戰場最有趣的當屬石達開和曾國藩的較量。西征之初，太平軍並沒有取得出色的成績，反而被經驗豐富的曾國藩打得處於劣勢。

一八五五年一月，翼王石達開親自坐鎮湖口，對峙曾國藩的湘軍。此時湘軍氣勢正盛，水上作戰更是湘軍的傳統優勢項目，自然有恃無恐。石達開採用疲勞戰術騷擾湘軍，最終湘軍忍受不了騷擾，水軍輕便小船盡數從內湖駛出追擊。石達開趁機從中分割戰場，湘軍大小船就此被分開。晚上，石達開來了一招火燒連營，裝滿燃燒物的小船奔著湘軍大船直去，失去小船保護的湘軍巨船瞬間成為火把，湘軍損失慘重。那一年，曾國藩四十五歲，石達開二十四歲，石達開簡直就像周瑜轉世。

湖口大捷之後，西征戰場就進入反攻階段。太平軍在石達開的指揮下，勢如破竹，在九江再次大破湘軍，讓剛剛成立的湘軍幾近毀滅。乘坐小船逃離的曾國藩羞愧難當，要不是被部下羅澤南拉住，差點投水自盡。二月，曾國藩被困南昌，被石達開率領西征軍團團圍住。據後來曾國藩寫給族中親人的信中表示，曾國藩當時認為自己必死無疑，實在沒有生還的可能。這時候，糊塗的太平天國領導集體救了他，石達開接到楊秀清命令，回防天京，攻打江南、江北大營。可惜了這一天賜良機，曾國藩逃過一劫，鹹魚翻身的湘軍最終成為太平天國的掘墓人。

1800
1825
英國憲章運動
歐洲革命
1850
日本黑船事件
美國南北戰爭
大政奉還
1875
日本兼併琉球
日本頒布帝國憲法
1900
日俄戰爭
日韓合併
第一次世界大戰
俄羅斯二月革命
1925

權力與美人

就在北伐軍、西征軍在外玩命的時候，留守天京的諸王也在玩命，玩命地享受生活……你想，洪秀全、楊秀清這群人，早年過著粗茶淡飯的生活，甚至上頓不接下頓，如今成為統治者，哪能禁得住秦淮風流的腐蝕？所以說，小人物出身的農民起義軍，一旦成為社會上層，多半比原先的上層更會享受，畢竟幸福來得太突然，沒有心理準備和生活訓練。

對於成功的英雄來說，無外乎權力和美人兩關難過，天京城裡的顯貴們，從進城的那天起，就深陷於這兩個泥潭。洪秀全和楊秀清不同，洪秀全更喜歡美人，畢竟權力已經達到巔峰，而楊秀清更希望自己能「百尺竿頭更進一步」。

洪秀全之喜愛美色，從太平天國起義初就可以看得出。他雖然到處宣揚男女平等，一夫一妻的先進思想，自己卻妻妾成群。太平軍在「永安建制」之時，洪秀全就已經擁有十五名有名分的後宮，不計名分的估計更多。

隨著太平軍一路勢如破竹，打下武漢三鎮，洪秀全就已經有點不太想繼續行軍打仗，希望安營紮寨，做他的「山大王」。在武昌，洪秀全在行軍打仗中不忘抽空「選妃」，得「有殊色者六十人」。到了溫柔鄉江南

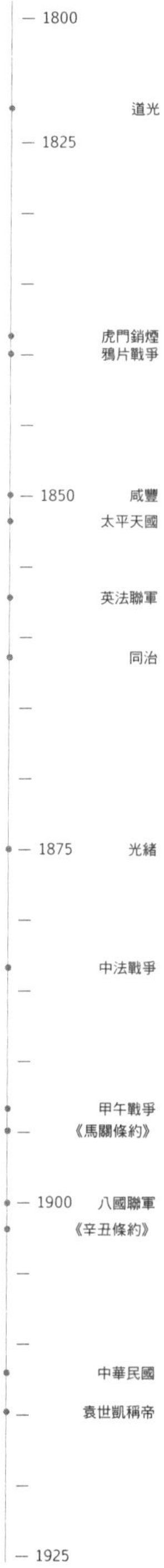

後，更不了得，洪秀全開始限制曾經一同作戰的女兵外出拋頭露面，認為「女理內事，外事不宜所聞」，再也沒有起義初如女將蘇三娘般颯爽的女戰士。看見溫婉如水的江南女子，洪秀全也開始討厭曾經同甘共苦的粵西女子，作詩曰：「面突烏騷身腥臭，嘴餓臭化燒硫磺。」

此後，洪秀全便一心一意地過起了他的帝王生活，外事全由楊秀清一手把持。洪秀全自從四十一歲踏入天王府，至五十二歲死去，十一年間從未走出過天王府，總共頒布了二十五道詔書。不得不說，洪秀全比同期在位的咸豐會享受多了。洪秀全的天王府內甚至連個太監也沒有，大小事情一律由女官處理。據洪秀全的繼任者洪福天貴供述：「我有八十八個母后，在我九歲時就給了我四個妻子……」天京陷落後，據統計，天王府內的女人至少有近二千人，生活實在是腐化之極。

當然了，洪天王還是做了件名垂青史的事情，那就是頒布了《天朝田畝制度》。一八五三年頒布的《天朝田畝制度》類似於原始的共產主義理想，即「有田同耕，有飯同食，有衣同穿，有錢同使，無處不均匀，無人不飽暖」。不得不說，《天朝田畝制度》是相當先進的思想體現，反應了洪秀全這群農民的理想。洪秀全甚至規定了具體的實施辦法，「凡分田照人口，不論男婦，算其家口多寡，人多則分多，人寡則分寡」。只可惜，限於條件，洪秀全只是提出了這個方案，最終還是實施的老政策——收地主糧食，地主收佃農糧食。

頒布完《天朝田畝制度》後，洪秀全繼續一頭扎進女人堆裡，給了楊秀清過權力癮的機會。原本是二號人物的楊秀清，漸漸有成為大哥的傾向，朝中大小事，楊秀清拍板算數。其實即使洪秀全不同意，楊秀清也可以發動殺手鐧——天父下凡，逼迫洪秀全答應。一時之間，東王楊秀清權傾朝野。這一點從東宮建設就可以看出，楊秀清的東宮從太平天國建都天京開始，一直建到他橫死，都尚未完工，甚至比天王府有過之而無不及。

不過楊秀清不是待在深宮的「紅粉之友」，他顯然更愛看外出時萬人匍匐在地的場景。據記載，楊秀清外出排場大得離譜，隨行的儀仗末尾尚未出東宮，領頭人已經過了天京西城門，這廝完全是個「權力嗜欲狂」。還有一點可以表明楊秀清酷愛權力，他曾經以「天父下凡」技能逼迫老鄉韋昌輝當眾下跪認錯，難怪人家以後要殺你哩！

楊秀清也曾經做過一件名垂歷史的好事，那就是歷史上首次女性科舉。對於這次科舉，不少人都看做是太平天國思想先進，尊重女性的體現，其實根本不是那麼回事。你想，洪秀全如此多的後宮，實在看不出尊重在什麼地方。這次科舉誕生了歷史上唯一一位女狀元——傅善祥。不過這場名為開科舉士的考試，成了楊秀清選取知識女性的工具，這位傅善祥最終也淪為楊秀清的後宮女子，在韋昌輝殺盡東宮時失蹤，要麼是橫死要麼是躲起來了，反正是淒涼的下場，可惜「花謝花飛飛滿天，紅消香斷有誰憐？」

太平天國的這些荒唐事也讓知識份子們難以接受。縱觀歷史上的大小農民起義，最後能成事的都有知識份子相助，如張良之於劉邦、劉基之於朱重八。為什麼需要知識份子的幫助？很明顯，打天下需要勇武，治天下更需要系統的思想理論，有些事情可不是硬來就可以的，這種事情知識份子在行。太平天國之時，也曾有知識份子相投，譬如歷史上首位留學生——容閎。容閎在耶魯大學畢業後，因同情農民起義，曾經把改變中國的希望寄託在太平天國身上，可到了實地考察之後，根本不是他想像中的那回事，僅僅待了一個月，容閎就離開了天京。如此社會精英都離太平天國而去，只能說太平天國的確有很多不靠譜的地方。

留在天京的領導集體們就在這樣的腐朽生活中得過且過，各自之間的革命友誼也逐漸消亡殆盡。自己既不發奮圖強，又容不下社會精英，開科取士儘是一些溜鬚拍馬之輩，這個天國很快就會不太平。

1800
1825 道光
虎門銷煙
鴉片戰爭
1850 咸豐
太平天國
英法聯軍
同治
1875 光緒
中法戰爭
甲午戰爭
《馬關條約》
1900 八國聯軍
《辛丑條約》
中華民國
袁世凱稱帝
1925

相煎何太急

一八五六年七月二十六日，已是深夜的天京城一片寂靜，除了少數巡邏的士兵以外，所有人都沉沉睡去。夜色的籠罩下，一隊人馬自遠方奔至南門城下，沒有例行檢查，城門應聲打開，魚貫進入。進城後，三千士兵肅立一旁，頭領們聚在一起低聲商量，分別是帶兵歸來的北王韋昌輝、燕王秦日綱和打開城門的佐天侯陳承瑢。聊聊幾句話，三人帶著人馬直奔東王府，把各個出口圍得水泄不通，連隻蒼蠅都別想飛過。

不明所以的東王府守衛，見到這架勢，上前詢問，話不及兩句，直接被砍死。天剛微微亮，一場屠殺開始了。東王府週邊的少數武裝早已被清除，三千精兵衝進東王府內，見人就殺，不論男女老少，手無寸鐵的東王家眷無一倖存，整個東王府成了屠宰場。韋昌輝和秦日綱在混亂中找到了被嚇醒的楊秀清，如今已不知道他們之間的對話，結局就是秦日綱手起刀落，楊秀清身首分離，和他的天父團圓了。

二號人物楊秀清的死，標誌「天京事變」爆發。楊秀清作為權傾朝野的東王，還有「天父附體」這一殺手鐧，韋昌輝等人如何敢動他？的確，韋昌輝是奉洪秀全的命令行事。至於一心在脂粉堆的天王和「權力嗜欲狂」東王之間為何會反目成仇，原因更為明瞭。一八五六年六月底，對峙三年多的江南大營被攻破，欽差大臣向榮氣急而死。一時之間，天國形勢一片大好，總領軍政的楊秀清更是膨脹到不行。

八月，楊秀清假借「天父下凡」，召洪秀全前往東王府，以天父口吻，要求洪秀全封自己為萬歲，「爾與東王均為我子，東王有咁（客家話，意為「這麼」）大功勞，何止稱九千歲？」當時洪秀全肯定頭腦「嗡」一下炸了，完全想不到楊秀清會提出跟自己平起平坐的要求。只是隻身待在東王府，而且面對的是「天父附體」的楊秀清，實在是讓洪秀全不敢拒絕。為了延緩時機，洪秀全表示要在下個月楊秀清生日時正式冊封，不得不說，洪秀全此時顯示了一世梟雄的城府、老練。

全身而退的洪秀全肯定嚇得背脊發涼，回到天王府後，越想越覺得窩囊。一咬牙，一跺腳，斬草除根的計畫出現在洪秀全心中。多年來，洪秀全一直對楊秀清一讓再讓，楊秀清卻步步緊逼，甚至出現以天父口吻棍打洪秀全的情形，兩人間的關係，可想而知。老謀深算的洪秀全，自然不會親自出手，「借刀殺人」才是上策。

這把殺人的刀就是與楊秀清一向不對盤的韋昌輝。楊秀清與韋昌輝一同發跡於廣西，原本是親密無間的戰友，卻因為楊秀清的狂妄自大，漸漸生出嫌隙。當眾辱罵韋昌輝不說，還曾逼迫韋昌輝把得罪東宮勢力的族兄「五馬分屍」，表面上韋昌輝自然是點頭哈腰，心裡恨不得生吞活剝了楊秀清。如今得到洪秀全的密詔，韋昌輝自然是樂意之極，報仇雪恨的機會來了。這才有血染東王府的一幕。

是人就總有欲望，洪秀全愛好女色，楊秀清嗜欲權力，韋昌輝則完全是個變態殺人狂。洪秀全要求僅韋昌輝除掉楊秀清一人，他卻大肆殺戮，整個東王府上萬人無辜受累而死。楊秀清死後，韋昌輝取而代之，成為新一代權勢沖天的「東王」，甚至有過之而無不及。為了斬草除根也好，滿足殺人欲望也罷，韋昌輝要求洪秀全陪他唱個雙簧。洪秀全下詔說韋昌輝濫殺無辜，要公開在天王府內杖責五百，邀請東王老部下前來觀看。不少人感歎，還是天王明事理啊！超過六千名官員前往天王府，大多數是楊秀清老部下，也有不少好奇心驅使的無聊人。真是「好奇害死貓」，所有人尚未站定，一幫士兵就衝了出來砍殺，這些人再次淪為韋昌輝取樂的工具。

殺紅眼的韋昌輝，在接下來的日子中，以清理餘孽為藉口，大肆捕殺官員、百姓，整個天京城內血流成河。平時綠油油的秦淮河，也因為拋屍太多，被染成了暗紅色。屍體順江而下，引起了湘軍的注意，敏銳的曾國藩感到，太平軍領導集體可能發生變動，一時之間，雙方停止交火，湘軍和政府軍一直觀望不前。

對峙曾國藩的石達開也已一早知道，不過韋昌輝後來的做法激怒了他，因為有不少他的部下就是無辜受死的「好奇貓」。暴怒的石達開回到天京後，找韋昌輝評理，只是此一時彼一時，如今的韋昌輝早已成為橫著天京走的「大螃蟹」，兩人不歡而散。雙手沾滿鮮血的韋昌輝，已經習慣用殺人來解決意見分歧，他決定對翼王石達開下手。石達開畢竟是心思縝密的將領，在韋昌輝動手前隻身逃離了天京。一不做二不休，反正已經結下樑子，韋昌輝直接殺了石達開天京城裡的全族上下。之後的兩個月，韋昌輝過足了昔日楊秀清的癮，可憐多災多難的天京城百姓，再一次遭到了殺人狂的折磨。

逃脫的石達開，可不是任人宰割的軟柿子，帶兵多年的他，早已在軍中樹立無上威嚴。石達開自安慶起兵，沿途吸收各股太平軍，浩浩蕩蕩地殺向天京，要宰了韋昌輝報仇。石達開此舉的確夠義氣，不過作為軍事統帥，為一己私仇，棄前線戰事不顧，有欠考慮，不過這種事放在任何人身上都難以承受，我們也不能苛責石達開的做法。幾十萬大軍眼看著就要殺進天京城，多日來草菅人命的韋昌輝，已經失去民心。真是上帝欲其滅亡必先使其瘋狂，四面楚歌的韋昌輝自知大限將至，發癲似的率領親信攻打天王府，最終敵不過忠心護主的將士，首級被砍了送給石達開。

1800
1825
英國憲章運動
歐洲革命
1850
日本黑船事件
美國南北戰爭
大政奉還
1875
日本兼併琉球
日本頒布帝國憲法
1900
日俄戰爭
日韓合併
第一次世界大戰
俄羅斯二月革命
1925

石達開可不是草包，看到大仇得報，也就洩了憤，為避免洪秀全猜忌，石達開就地解散部隊。回到天京後，洪秀全相繼殺死了秦日綱和陳承瑢等一批骨幹，「天京事變」落下帷幕。從七月二十六日楊秀清被殺，到十一月二日韋昌輝橫死，這三個多月就像上演了一場驚心動魄的真人電影。楊秀清、韋昌輝、秦日綱三王先後喪命，文武百官，黎民百姓更是死傷無數，據統計，這場內訌至少死亡兩三萬人，多為朝中精銳。損失慘重的「天京事變」，讓太平天國從此由盛轉衰，再也沒有往日的榮光。

此時的洪秀全也像隻驚弓之鳥，再也不敢大權外落，韋昌輝的例子讓他從此變得猜忌多疑，精明能幹的石達開也得不到他的信任，洪秀全開始封洪姓家族人為王。鬱鬱不得志的石達開，受不了權力被架空，洪秀全的猜忌之心更是讓他倍感失望。一八五七年，石達開帶著朝中的精銳，領著數萬大軍，以外出作戰之名，離開了如同囚牢一般的天京。石達開的出走，讓太平天國形勢雪上加霜，建國初的六王，除了南王、西王中途戰死，剩下的死的死，走的走，只剩洪秀全孤家寡人，實在令人唏噓，真是本是同根生，相煎何太急！

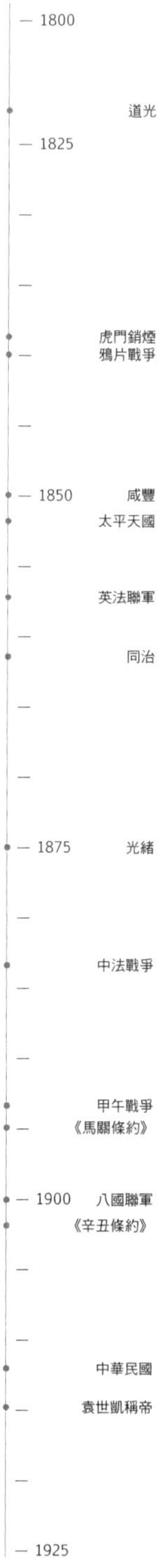

天國夢碎

天京內訌之後，天國就像一輛走在下坡路上的馬車，越跑越快，後面還有三隻手推著，最後自然是「碰」的一聲，撞個稀巴爛。洪秀全自然還是待在馬車裡繼續享生活，順帶生產「洪」牌公子、千金，駕駛員是一左一右的李秀成、陳玉成，居中坐著跟洪秀全八竿子打不著的遠房親戚洪仁玕，讓我們來看看三位駕駛員的技術如何。

居中的洪仁玕，後期統領了軍政事務，看上去是指揮馬車前進方向的人物，實際上只能稱得上是一位妄人。為什麼稱他為妄人？看洪仁玕做的事就清楚了。就拿他的得意之作《資政新篇》來說，這個改革方案想法的確先進，提出不僅要學習西方科學技術，更要學習政治體制，看上去像那麼回事。不過《資政新篇》不過是洪仁玕在香港時，從他身邊的傳教士同事聽來的說法，畢竟沾了點洋墨水，說起來還是頭頭是道，做起事來，就沒下文了，最終《資政新篇》只能掛在牆上乾瞪眼。

談到洪仁玕，覺得這人像憑空從石頭裡蹦出來一樣，太平天國早期完全沒有他的身影，直到一八五八年，坐著火箭炮一路飆升，成為天國掌舵人。其實洪仁玕是洪秀全早年創教最早的信徒之一，資歷當然夠老，再加上倆人一同玩泥巴的「戰鬥情誼」，洪秀全自然相當看重這位「留洋歸來」的小夥伴。不到一個月，洪仁玕就

1800
1825
英國憲章運動
歐洲革命
1850
日本黑船事件
美國南北戰爭
大政奉還
1875
日本兼併琉球
日本頒布帝國憲法
1900
日俄戰爭
日韓合併
第一次世界大戰
俄羅斯二月革命
1925

被封為一人之下萬人之上的軍師。

學成歸來時，他對身邊的洋人拍著胸脯保證，回去要糾正洪秀全的宗教問題，讓天國重新回到上帝的懷抱。結果讓人大跌眼鏡，他不僅完全拋棄了原先的正確思想，反而幫著洪秀全，在歧路上越走越遠。就拿封官一說，洪仁玕曾主張謹慎封官，但他自己就曾一天保薦了三十七名官員；再如一夫一妻制，在香港時他是痛心疾首這個問題，結果還不是妻妾成群。只能說這是一位「思想的巨人，行動的矮子。」

本事不大的洪仁玕做了軍師，自然會有老革命家看不順眼，三位駕駛員中的陳玉成，就和他不對眼。陳玉成是後期洪秀全提拔起來的青年軍，還是很有謀略的。陳玉成據說長相很美，花美男一枚，這倒和北齊戴面具殺敵的蘭陵王相似，可惜兩眼下方有痣，調皮的清政府稱他為「四眼狗」。隨著清政府和洋人們達成一致，敵人是越打越多，清政府、漢族團練、洋人這三隻手開始一起擠壓天京防衛。

面對四面而來的敵人，陳玉成先是配合李秀成擊破江北大營，穩定局勢，再是與李秀成兵分兩路，陳玉成自北面安徽進入湖北，李秀成自南面江西進入湖北，計畫重新打通長江中上游。不過這一次的西征已經沒了第一次西征時的光景，陳玉成在安徽就遭到了湘軍的抵抗，節節敗退。在一次撤退中，曾國藩胞弟曾國華縱兵深追，陳玉成抓住機會，在三河鎮全殲了這股湘軍，自此與曾氏家族結下不解的國仇家恨。

局部的勝利並不能挽回頹勢，太平天國的控制區域不斷縮水。曾國荃為報家仇，瘋狂地攻打安徽地區，太平天國第二大據點安慶也被湘軍包圍。原本此時陳玉成已經按照計畫即將抵達武漢三鎮，湘軍主力也全在安徽、江西一帶，武漢唾手可得，而且可以逼湘軍回救，這一手「圍魏救趙」既有效又省力。已經和清政府達成的協議的洋人開始出手偏幫，英國參贊巴夏禮勸阻陳玉成不要攻打武漢，年輕的陳玉成輕信了「洋兄弟」

的話，掉頭殺向安徽。而李秀成也竟然聽信了巴夏禮的胡說八道，眼看著武漢三鎮，率大軍回浙江去了。可以說，不管此後太平軍攻下哪座城市，打贏哪次戰鬥，都是大勢已去了。

自此後，陳玉成、李秀成倆人各自為戰，兩個駕駛員一左一右拉著馬車，四分五裂的時候就要到了。陳玉成一心想解安慶困境，而李秀成則專心在浙江上海一帶經營「自留地」，基本不關心其他地區的戰事。一心建立根據地的李秀成從安徽等地調走大量太平軍，攻打上海，不過上海有洋人坐鎮，豈有好果子吃。軍隊不足的陳玉成，陷入了湘軍、淮軍的汪洋大海，再加上曾國荃準備充足，安慶一戰大敗。

敗走壽州的陳玉成，投靠了「史上最無原則」的軍閥頭目——撚軍苗沛霖。都說沒有永遠的朋友，只有永遠的利益，但多數軍閥梟雄還是挺血氣的。這個苗沛霖甚至不配叫軍閥，朝秦暮楚，在清政府和太平天國之間宛若蕩秋千般搖擺不定。陳玉成的到來，正是太平天國式微的時候，為求自保，苗沛霖誘捕了陳玉成，真是虎落平陽被犬欺，讓人懊惱。好在苗沛霖自己不久後也沒得善終，死在亂軍中。當年負氣離家出走的石達開，也在輾轉多地後，失去了往日了英氣，沒能救大廈於將傾，一八六三年六月，在成都犧牲。

一八六四年，此時的天京已經完全被曾國荃部包圍，李秀成也不得不放棄經營了時日的後花園，回京救駕。面對重重包圍，李秀成向洪秀全提出放棄天京，轉向內地發展的建議。現在看來，這個建議是相當明智的，不過洪天王早已被腐蝕得沒有鬥志，連王府都不想出，哪裡還能棄城。幾個月下來，天京城內早已沒有一粒米，就連洪秀全都帶頭喝清晨的露水，他稱為上帝的「甘泉」。六月一日，洪秀全死亡，一個多月後，曾國荃部下用三萬斤火藥炸開城牆，天京陷落。

接下來的項目就屢見不鮮了——屠城。也許是為了給曾國華報仇，也許是清兵為報當年太平軍進城屠殺滿

1800—
1825—
英國憲章運動
歐洲革命
1850—
日本黑船事件
美國南北戰爭
大政奉還
1875—
日本兼併琉球
日本頒布帝國憲法
1900—
日俄戰爭
日韓合併
第一次世界大戰
俄羅斯二月革命
1925—

族人的仇，一場嗜血狂歡開始了，南京城再一次遭遇浩劫。混亂中，李秀成護著幼天王殺出城，本想學趙雲單騎救主，卻不想馬不行，實在尷尬，不過影響不大，沒多久兩人都被捕了。在獄中，李秀成和洪福天貴寫下了招供書，李秀成更是洋洋灑灑寫了七萬多字的《李秀成自述》，但是這一切並沒有換來同情，而是萬刀凌遲。洪秀全死後也沒得安生，他的屍體被湘軍發現，最後焚燒成灰，放在炮彈裡，一炮轟在空中，真正是死無葬身之地。

如今我們依然可以看到那本錯別字迭出的《李秀成自述》，書中回憶了太平天國的成立、發展和覆滅，每個字都是太平天國夢碎的注腳。洪秀全是消散在空氣中，但太平天國並沒有從人們心中抹去。歷時十四年太平天國運動打擊了腐朽的清政府，加速中國與西方的融合，也激起了漢族官僚積極入世的心理，才會有此後幾十年的「洋務運動」。但太平天國運動同樣給人們帶來傷痛，十幾年間，江浙之地，屍橫遍野，人口銳減四〇%以上，至少死亡上億人（魯迅在《阿長與山海經》中曾對太平軍的殘暴有過描述），可以稱作「史上死人最多的戰爭」。

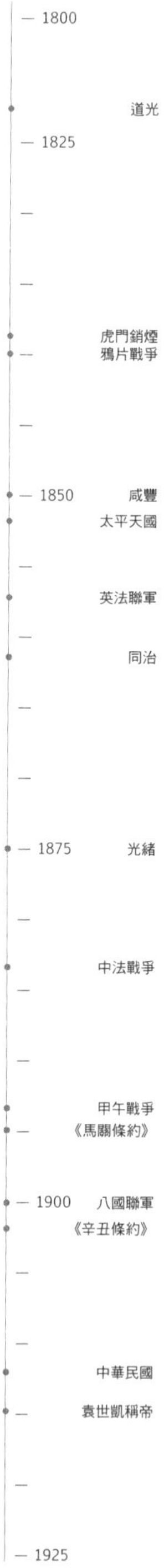

閱讀鏈結：歷史上唯一的女狀元

歷史上不僅有女駙馬，還有女狀元。這位女狀元可不是男扮女裝去趕考，她是以真實身分參加的，而且也被權力機構認可了，這是怎麼一回事兒呢？故事發生在一八五三年，太平天國開創科舉女科，中國才有了第一個，也是唯一的一個女狀元——傅善祥。

「艫聲聽未了，山水送孤帆；對面青如畫，回頭綠滿岩。半空雲嫋嫋，一帶水巉巉；船尾澄流迴，峰腰旭照銜。青疑留古岸，翠欲上征衫；流響驚鳧雁，濃蔭鬱檜杉。」

據說，這首五言律詩是南京才女傅善祥在太平天國科舉考試中的傑作，她把山水行舟的情景描繪得活靈活現，一舉征服所有考官，拿下頭籌，奪得了中國歷史上唯一的女狀元。這位女狀元出生於南京城裡的一戶書香人家，父親即是一個資深教書先生。她和姐姐傅鸞祥從小在父親影響下，自幼學習詩文，不僅長得清秀美麗，而且氣質芳華，是南京城著名的才貌俱全的姐妹花。

太平天國入主南京那年，姐們倆都被太平軍收編到「女館」中。姐姐鸞祥年方十八，妹妹善祥十六歲。「女館」就是太平軍作戰時期的「女營」。到南京後，女館裡的女子不再參加戰爭，但編制仍然是軍事化的。館中成員生活安排得十分緊張，白天經常要參加挖壕溝、挑磚石等勞動，晚上則聽牧師傳道。文弱的傅善祥姐

1800—
1825—
英國憲章運動
歐洲革命
1850—
日本黑船事件
美國南北戰爭
大政奉還
1875—
日本兼併琉球
日本頒布帝國憲法
1900—
日俄戰爭
日韓合併
第一次世界大戰
俄羅斯二月革命
1925—

妹從來沒有過過這種生活，一時之間很吃不消。當時，傅善祥還做了一首詩來抒發自己的感受：「蛤蟆座上聞新法，蟋蟀燈前憶舊歡；來日鴻溝還有約，暫謀將息到更闌。」

然而，這樣的生活持續了很短時間，因為傅家姐妹出眾的才貌不久就引起了太平天國諸王的注目。傅鸞祥在天王宮掌理宮制誥事，無意間被天王洪秀全看中，遂收為寵姬。妹妹善祥則被分派到東王府內做文職。傅鸞祥在與洪秀全閒聊時，經常提到她的妹妹傅善祥，流露出掛念之情。洪秀全聽後便想，不如把傅善祥也收進天王府裡來，既可以疏解愛妃思念之情，自己也可以再增一個佳麗。

可是，這時的傅善祥在東王府中已經大有名氣了。她從「女侍史」升為女簿書，憑藉錦心繡口的絕世才情和溫婉綽約風姿深深打動了東王楊秀清。楊秀清是從刀光劍影中拼打出來的血性漢子，見到這個絕世美才女，萬般寵愛千般喜歡。突然聽說天王要接傅善祥入宮，楊秀清又惱火又急躁，可不能把到手的寶貝給人搶走了，必須找個辦法打消天王的念頭。

左思右想，楊秀清終於想出來一個好辦法。讓傅善祥去參加科舉考試，太平天國的科舉制度是仿照明朝的，女人是沒有資格參加的，如今既然太平天國提倡男女平等，開設女科考試也不會有人質疑。一旦開了女科，傅善祥的才學足以金榜題名。她一旦中狀元，天王就不好打她主意了。楊秀清的小算盤就這麼想好了。

剛好碰上自己四十歲的生日，楊秀清趁機提出分男女兩科開考取士，輕鬆取得了天王的同意。女科考試和男科考試一樣正規，洪秀全欽派妹妹洪宣嬌為女科的正考官，再為其配備了兩名副考官。第一次女子科考，讓知識女青年們高興不已，競相報名參加，據統計，當時應試女子達二百人之多。

傅善祥的文學底蘊和深厚才學讓她在科考中一馬當先，交出震撼人心的考卷。她的文章處處精華，字字珠

1800
道光
1825
虎門銷煙
鴉片戰爭
1850 咸豐
太平天國
英法聯軍
同治
1875 光緒
中法戰爭
甲午戰爭
《馬關條約》
1900 八國聯軍
《辛丑條約》
中華民國
袁世凱稱帝
1925

璣，頭名狀元非她莫屬。洪秀全賞賜小姨子黃緞一匹、紅縐二匹外，又特賜花冠錦服，主考官洪宣嬌親自為她戴花，傅善祥身價暴漲。女狀元披紅掛彩，跨馬遊街，一路上鑼鼓笙簫，遊行三天，風頭正勁，一時無兩。

楊秀清的小計謀得逞了，天王果真不便將傅善祥不明不白地收進後宮，傅善祥得以留在東王府。楊秀清封女狀元為東殿尚書，主管批答章奏，撰寫來往公文，參與機要，成了東王府運籌帷幄的得力助手之一，與東王的接觸更多更近了。不過，天王不能公開收女狀元為妃，那東王更不能公開納傅善祥為妾，只有委屈她了，二人在東王府內玩起了地下戀，一起工作，一起生活，卿卿我我，朝夕相伴，二人之事成為東王府公開的秘密。

有人看不下去了！這人就是洪秀全的妹妹洪宣嬌，她本是楊秀清的老相好，無奈哥哥將其指配給西王蕭朝貴，二人只好斷了關係。而蕭朝貴戰死後，兩人藕斷絲連，一度舊情復燃，如今，突然闖進一個才貌俱全的奇女子，楊秀清的注意力一下全被轉移了，這讓被冷落的洪宣嬌十分惱火，妒火中燒的她決定治理一下這個狐狸精。恰巧這個時候，傅善祥先上門找她麻煩了。

傅善祥當時職位是女館中團團帥，官籍隸屬東王府。她利用近水樓臺先得月的機會，向掌握實權的東王進言，建議撤銷女館，許太平天國的女子全部各回各家，沒有家的就趕緊找個婆家。當時的女館是女子的聚居處，太平天國起義以來，把男女分開，只許夫妻一月團聚一次，這一規定引起很大民憤。如今，清軍大舉攻城，資金緊張，集中養那麼多男女壓力很大，把那些已婚婦女放回家中夫妻團聚，讓年輕未婚女子嫁給人家，這樣一來，不僅減少了軍費，又平息了民憤，實乃兩全其美之策。天王和東王深覺有理，採納了傅善祥的建議，並令她主管此事。於是，兩個女人間的風波正式開始了。

洪宣嬌是女館的第一直接領導人，女館對於如今單身的她來說，是唯一的精神以及政治上的依靠。傅善祥

1800—
1825—
英國憲章運動
歐洲革命
1850—
日本黑船事件
美國南北戰爭
大政奉還
1875—
日本兼併琉球
日本頒布帝國憲法
1900—
日俄戰爭
日韓合併
第一次世界大戰
俄羅斯二月革命
1925—

突然把女館撤銷，可是把她打擊得夠戧。於是，她多番出手阻撓，並且煽動太平軍將士到女館挑選妻妾，一時之間，把女館鬧得群鶯亂飛，雞飛狗跳，給傅善祥不斷地添亂子；還對哥哥洪秀全狀告傅善祥，添油加醋地說她這麼狂妄，也許是東王在背後支持！多疑的洪秀全本來就對掌大權的東王不放心，如今一聽，更是心有餘悸了，於是就想方設法對付東王。

不久，楊秀清知道了天王對自己的疑心以及對傅善祥的戒備。於是便先下手為強，整治傅善祥，以示忠誠。他趁傅善祥偷吸了幾口鴉片之機，大治其罪。不但免了她的官職，還把她打入天牢，甚至還給她帶上枷鎖，押到街上遊街示眾，風光的女狀元一下跌落谷底。

傅善祥落獄，楊秀清其實也很不捨。在獄中，痛不欲生的傅善祥，給楊秀清寫了一封帶淚的書信，還附帶呈上了一件自己貼身的粉紅色兜肚。楊秀清看了以後心一軟，下令釋放了傅善祥，並官復原職，依舊讓她住在東王府裡。兩人又繼續成為地下戀人。

然而，在咸豐六年（一八五六年）的八月，東王府遭遇了大劫難。在洪秀全的密令下，韋昌輝以及秦日綱聯合把東王府殺了個雞犬不留。傅善祥到底是否葬身於這次劫難？有人說，傅善祥有幸逃脫了這場劫難，組織東王府的殘餘人馬與翼王石達開聯合攻打西王府，為楊秀清復仇。還有人說，她與東王府中的一個男文職人員逃了出來，一起遠走高飛，隱姓埋名於江湖了。如此佳人，最好的結局就是不知結局。

1800
道光
1825
虎門銷煙
鴉片戰爭
1850 咸豐
太平天國
英法聯軍
同治
1875 光緒
中法戰爭
甲午戰爭
《馬關條約》
1900 八國聯軍
《辛丑條約》
中華民國
袁世凱稱帝
1925

1839-1919

第四章：洋務運動

師夷長技以制百姓

大清王朝在一八六〇年前後遭受了重大打擊，國內是農民起義如火如荼，國外是洋人一頓胖揍。原本眼看著不行了，卻沒想到還能迎來「同治中興」。說起來「同治中興」的兩個誘因也恰恰是「太平天國運動」和「第二次鴉片戰爭」，這就像人與人打架一樣，非得被揍痛了，才知道想辦法，洋務運動其實就是打架護著臉的自救行為。

中國人做事總講究「師出有名」，一幫人開始搜尋可用的理論依據。林則徐的好朋友魏源主張「師夷長技以制夷」，林則徐的學生馮桂芬主張「以中國之倫常名教為原本，輔以諸國富強之術」，最終以魏源的主張為口號，開始了轟轟烈烈的師夷活動。說是以「制夷」為目的，那是騙人的面子話。為什麼這麼說？假如真是為了抗擊洋人，那第一次鴉片以後為什麼不開展學習？也許會說那次洋人打得不厲害，但第二次也不見得凶到哪裡去。「火燒圓明園」之後，朝廷官員和老百姓的生活並沒有受到多大影響，整個社會的文化價值體系也沒有受到衝擊，士子依然是以科舉為事業，每天談論之乎者也；經濟生活更是沒點變化，還不是老婆孩子熱炕頭，小日子安安穩穩。

其實更大的刺激來自太平天國農民起義。曾國藩、李鴻章等人在前線鎮壓太平軍，剛開始節節敗退，根

1800
道光
1825
虎門銷煙
鴉片戰爭
1850 咸豐
太平天國
英法聯軍
同治
1875 光緒
中法戰爭
甲午戰爭
《馬關條約》
1900 八國聯軍
《辛丑條約》
中華民國
袁世凱稱帝
1925

本不是對手，很大的原因就是裝備比不上太平軍。裝備的差距不是錢的問題，而是心理問題。曾國藩等人對於西洋器物有抵觸心理，認為都是奇技淫巧，低不下頭向洋人學習；相反太平軍那幫農民沒那麼多顧忌，反正是「洋兄弟」的東西，再說用著挺好，幹嘛不用。其實中國的老百姓始終對於新鮮事物接受能力都比較強，就拿火車來說，當年英國通火車時，當地老百姓是嚇得不行，說是奶牛不產奶又或者怎樣，中國老百姓看著火車，覺得挺有趣，個個都爬上去蹲著。

再怎麼認為奇技淫巧，不值一提，但是事實擺在那，不服不行，所以稍後創辦的淮軍就西化多了。李鴻章不僅為淮軍裝備了洋槍洋炮，還請來英軍教官，學習洋操，就連「立正、稍息、齊步走」這些號子都是英文，外籍教官走後都變成安徽口音的英語。所以說，是太平天國運動刺激了漢族士大夫的神經。在不少官員心中，被洋人打敗可以接受，被沒文化的土包子借著洋槍洋炮打敗，那是說不過去的。如果沒有這場聲勢浩大的太平天國起義，「洋務運動」還得推遲。

太平天國運動還給「洋務運動」創造了另一條有力條件，那就是清政府政治格局的改變。清朝自建立以來，一直都對漢族官僚打壓，形成「內重外輕、滿重漢輕」的局面。「內重外輕」說的是權力高度集中在朝廷，各地大員根本沒什麼實際權力。就拿清朝外地權力最大的總督來說，從一品，但是調動部隊要上報兵部，花點錢要上報戶部，連下面的知縣、知州都由吏部直接任免，根本談不上有什麼實際權力。「滿重漢輕」則是清朝的另一個傳統，即滿人掌權，漢人辦事。在清朝皇家看來，不需要漢族官僚的什麼「治國平天下」的理想，只要老實聽話，替他辦事。

長久的冷落，的確讓漢族官僚彷彿忘記了為國為民的儒家理想，不過太平軍的刺激，讓漢族官僚重新煥發

1800
1825
英國憲章運動
歐洲革命
1850
日本黑船事件
美國南北戰爭
大政奉還
1875
日本兼併琉球
日本頒布帝國憲法
1900
日俄戰爭
日韓合併
第一次世界大戰
俄羅斯二月革命
1925

了熱情。清貴族當然也不願意權力下放，尤其對漢族官僚越來越重要感到不爽，但也是沒辦法的事，誰讓自己不爭氣呢！就拿作戰部隊來說，八旗兵和綠營軍早就是廢物一堆，也曾經推行過改革措施，根本沒有效果，軟泥扶不上牆；「殺手鐧」蒙古騎兵，也在八里橋被洋槍洋炮幹得乾乾淨淨，不靠著湘軍、淮軍，清政府哪裡挺得過太平天國的衝擊，估計早就滅亡了。這種看法在當時就已經是共識，英國公使威妥瑪就曾預言清政府抗不過太平軍的衝擊，嚇得不少洋人匆匆離開中國。

所以說，此時的正規軍是湘軍、淮軍，不少湘淮軍的將領因為軍功晉升總督、巡撫。只是曾、李等人的總督職能比之前要大了許多，不僅有大量私人軍隊跟著，還能截留上交中央的財政，舉薦了大批熟識的漢人擔任要職，形成對抗清政府的地方王國。

恰好此時的清政府由一幫政變上台的人掌權，恭親王奕訢、軍機大臣文祥是比較開明的，在中央頂著壓力幫助地方洋務派。

慈禧雖然扶持了張之洞代表的「清流」，以此抨擊依靠軍功上台的官僚，但畢竟還是向著曾、李等人。慈禧的這種思想主要和她的教育有關，慈禧雖然早年幫著她老公批批摺子，但文化水準還是不高，現在我們還能看到她寫的摺子，錯別字滿紙，她受的主要教育就是聽戲。像慈禧這樣文化水準不高的自然不會喜歡聽文縐縐的昆曲，她的口味和普通老百姓差不多，喜歡聽有點粗糙的花部。那時候四大徽班進京唱戲，再融合點其他戲曲，就成了京劇，「同光十三絕」就是這樣火起來的。

慈禧和這些伶人的感情都很好，後來一些宮女回憶，那些伶人談起慈禧就兩眼淚汪汪。聽得多了，自然就會受影響，京劇裡充滿了倫理道德教育，由此慈禧對於幫助清政府度過難關的曾、李等人懷有感恩的心。這話

說起來好像不可信，在一般帝王看來，臣子做什麼都是分內的事，哪裡還談得上感恩，但慈禧不是帝王，只是個沒受什麼教育的婦道人家。在這樣的想法支配下，慈禧自始都沒有真正批評過曾、李等人，認為他們救了大清朝，所以放開了手讓這群漢族官僚去弄「洋務運動」。也真是歪打正著，放手不管反倒讓清政府起死回生，迎來了「同治中興」。

1800
1825
英國憲章運動
歐洲革命
1850
日本黑船事件
美國南北戰爭
大政奉還
1875
日本兼併琉球
日本頒布帝國憲法
1900
日俄戰爭
日韓合併
第一次世界大戰
俄羅斯二月革命
1925

花大錢，辦大事

在整個洋務運動中，地方勢力的熱情要遠遠高於中央，這是一場自下而上的變革。由於當時社會風氣尚未改變，所以談到洋務運動，多與個人有關，而不是社會階層的集體行動。洋務運動根據目的不同，基本可以分為前和後期，前期以「自強」為口號，目標是打造一支強大的軍隊，所以多是創辦各種製造局，也就是兵工廠，翻譯局、新學堂的設立，也都是為了培養駕馭新武器的人才；後來做著做著發現沒錢了，就改為「求富」，辦了一批民用企業。

在具體的創辦實業中，曾國藩因為死得早，所以只籌辦了安慶內軍械所（遷往南京後改為金陵製造局）和主持派遣留美幼童計畫，前者成就不大，後者共四批一百二十名留美幼童，還是出了不少名人，譬如鐵路工程師詹天佑、民國首任總理唐紹儀等。但想到十來歲的孩子漂洋過海去美國，回國後還要被人罵賣國賊，真是可憐。

中國人都喜愛花大錢，辦大事，大場面。洋務運動期間，每個地方大員在辦實業的時候，都喊出「亞洲第一」之類的口號，左宗棠的福州船政局就是遠東第一大船廠。左宗棠的洋務工作是比較出色的，可惜他任浙閩總督時駐節福州，有點偏，要是把船廠建在杭州可能會更好。福州船政局內不僅有造船廠，還有碼頭、學校等配套設施，基本上是個能自足的小社會。船政局的馬尾學堂是比較出名的，因為出了嚴復，還有在黃海海戰中犧牲的鄧世昌、劉步蟾、林永升等人。不過新式學堂並沒有獲得社會主流的認同，經常面臨招不到人的尷尬，要不是一些窮孩子看重那點錢，估計得關門大吉。

李鴻章辦的企業就比較多了，他先是繼承了老師曾國藩的金陵製造局，而後又辦了江南製造總局，也就是今天的江南造船廠，後期為了賺錢供軍工企業，又在上海辦了輪船招商局。輪船招商局是比較成功的，在當時就能賺錢，一直存在到今天。當時各地雖然辦了不少洋務企業，說實話都是一直賠錢，靠著財政補貼和截留的稅收支撐，有幾年超過九〇%的財政都被地方截留，中央也沒辦法，因為地方勢力很大。眾多洋務企業裡也就輪船招商局和開平礦務局能盈利，開平礦務局與之前的企業有些不同，屬於官督商辦的模式，李鴻章派買辦唐廷樞打理，比官辦企業要市場化得多。

除了這些湘淮軍出身的地方大員外，「清流」張之洞也做了些貢獻。張之洞在兩廣總督任上時就想辦一家全亞洲最大的鋼鐵廠，好在他被調任兩湖總督，鋼鐵廠也就搬到了武漢，否則廣州附近沒鐵沒煤，肯定得虧死。在辦了漢陽鋼鐵廠之後，張之洞還辦了湖北織布局，效益還是不錯的。

漢族官僚辦得風生水起，皇家也派完顏崇厚辦了天津機器製造局。不過崇厚並不是經商的料，而且一心貪錢，最後搞得津局烏煙瘴氣，好在後來崇厚因為「天津教案」被派去法國道歉，由李鴻章接手。李鴻章接手後，厲行改革，才又起死回生。開平礦務局就是為了解決津局的能源問題設立的，最後津局發展得相當不錯，還造出了中國第一艘潛水艇，可惜津局在「八國聯軍」侵華的時候被破壞了。

只可惜眾多洋務企業多是官辦，最多向前一步變為官督商辦，沒有走完最後一步，即徹底的民辦。洋務

1800 道光
1825
虎門銷煙
鴉片戰爭
1850 咸豐
太平天國
英法聯軍
同治
1875 光緒
中法戰爭
甲午戰爭
《馬關條約》
1900 八國聯軍
《辛丑條約》
中華民國
袁世凱稱帝
1925

運動中也有一些完全民營的企業，不過限於環境和資金，形不成規模。效果比較好的是上海地區，那裡租界林立，得風氣之先，而且太平天國之後，留下了大量的孤兒，沒有活可幹的孤兒為上海地區解決了勞動力問題。不少買辦透過前期累積資本後，自己做了老闆，這就是中國民族資產階級的由來。

總體說來，洋務運動在實業方面的成就是第一位的，這不可否認。要沒有這些見識深遠的時代領袖做出努力，中國還得像鴉片戰爭期間那麼貧窮，人們依然那麼愚昧，之後的瓜分狂潮只會更深。

學外語，找京師同文館

洋務運動持續了幾十年，人們一般都以一八六一年總理衙門的設立為起點，以北洋艦隊全軍覆沒的甲午戰爭為終點，這起點就不太準確。總理衙門的設立，並不是洋務派的自發行為，而是第二次鴉片戰爭後列強的要求。西方各國實在受不了沒人接待搭理的禮部，這才有了總理衙門的設立。恭親王奕訢設立之初，其實就是哄洋人來著，久而久之，就發現糊弄不過去了。事情越來越多，比如通商方面的事情，那會沒有商務部，只能由總理衙門擔著；外面來了洋人傳教士，宗教問題也得管，等等。反正一句話，只要跟洋人沾邊的活，都得攬在身上。

不過總理衙門的辦事效率實在不敢恭維，威妥瑪曾經描述過：談事之前，先去吃飯（看來咱們酒桌上談生意的傳統源遠流長啊），一桌人不敢說話，親王說話了，一幫人跟著唯唯諾諾，什麼正事都談不了。後來李鴻章逐漸總領朝政，洋人有事全都去找李鴻章，一方面他說話靠譜，還有就是不囉嗦。李鴻章身上帶著點江湖氣，辦事雷厲風行，很受洋人喜愛，總理衙門也就成了擺設。

其實不光總理衙門辦事磨磨蹭蹭，整個清政府都存在這個問題，唯一高效率的只有海關。以前清朝只有粵海關，負責替皇家買些自鳴鐘之類的小玩意，後來被洋人逼著才在北京有了總局海關。當時清政府沒人懂關稅知識，沒辦法只好請洋人幫忙打理，也就是相當於今天的外包。第一任稅務司是英國人李泰國，這人脾氣暴躁，受不了朝中一幫老學究慢條斯理，又被威妥瑪嚇唬說清朝要滅亡，所以跑路了。

蘇格蘭人赫德做了第二任，赫德是個中國通，不僅熟識中國官場潛規則，而且他也夠圓滑，在任上一幹五十年。赫德管理下的海關，完全按照西方公務員制度，即高薪但是沒有灰色收入。海關在赫德的管理下，一度成為清政府最清廉的部門，幾乎沒有貪汙腐敗的現象。僅僅十年，中國的海關稅收就超過兩千萬兩，當時清政府歲入也不過七千萬兩上下，清政府嚷著「攘夷」，結果還是靠洋人度過後面的好多難關。

奕訢除了設立總理衙門，還做了一些實事，其中比較出名的就是創辦京師同文館。同文館說白了就翻譯館，培養一些翻譯人才。同樣是新式學堂，同文館也遇到招生難的問題，後來在政府的壓力下，少數旗人子弟入學。到底是中央直屬的學校，待遇比馬尾學堂之類的民間學校好得多，同文館學子每月八兩銀子（這工資相當高了，當時農村三口之家一年的開銷都不會超過這個數），除此之外，每天三餐送上門，中午正餐是七個碟子八個碗，簡直是神仙般的日子。吃得不舒服，三天兩頭鬧學潮，有朋友拜訪，可以囑咐廚房做幾個小菜下酒，這樣的學生，能把心思放在學習上嗎？所以同文館的成績是比較差的。

同文館的俄文系裡，有兩個號稱成績最好的學生，一個學了十四年，一個學了九年，前者把俄文字母背了下來，後者沒有，真是不知道學的什麼。英文館出了幾個翻譯官，也都是二把刀，成績最好的屬張德彝，去了英國。嚴復在英國留學時，聽了張德彝的翻譯，非常不屑，說張德彝連日常對話都解決不了，生活自然是一團糟。不過張德彝後來去了很多國家遊歷，寫了不少遊記，譬如《航海述奇》，寫下了當年最早的出國感受。同文館最出名的學生當屬齊如山，不過也沒看出他在外語上的成績，齊如山後來配合梅蘭芳改革了京劇，成為一代戲曲大師。

除了京師同文館，上海還有個廣方言館，更是籍籍無名，沒聽說過有什麼厲害的成就。李鴻章的江南製造局也有個翻譯館，這個翻譯館全都是洋人供職，還是做了不少實事。我們現在的數理化課本，多是出自這個翻譯局，譬如「鈉、鎂、鉀、鈣」這些字，都是當時洋人按照英語讀音造出來的漢字。

雖然當時還建立其他不少新式學堂，但因為科舉制度沒有改變，還是考八股文，所以這些新學問並沒有被社會主流接受。就連大名鼎鼎的嚴復也不例外，他留學回來後就已經揚名四海，卻還是受到他的舉人叔父嘲笑，認為他沒個功名。為了博取功名，進入社會主流，嚴復曾經奮發攻讀過八股，最後也沒有考上，直到慈禧請嚴復擔任新政科舉考官，賞了個進士，嚴復才算揚眉吐氣。嚴復尚且如此，其他人可想而知。上千年的科舉慣性實在太強，甚至到了魯迅讀書時還沒改變。魯迅雖然去了江南水師學堂，學的是新文化，還是每年要回去鄉試。有一年魯迅考到中途覺得沒勁，撂挑子跑了，因為前幾輪成績靠前，家裡人還找了槍手替魯迅考。

所以說，文化的改革是最困難的改革。儘管當時新學堂林立，也引進不少外國書籍，但在國人眼中，始終是歪門邪道，不是正經人該走的道。洋務運動在文化、教育方面雖然使了不少力氣，還只是一小部分人的個體行動，沒能在士大夫群體中形成較大的影響，至於基數最大的社會底層，幾乎沒有影響。

大炮口上曬褲衩

洋務運動辦的企業多是改內容不改體制，也就是官辦或者官督商辦，唯獨有一個特例，那就是北洋水師。北洋水師完全按照外國海軍建制，就連《北洋海軍章程》都是漢化的歐洲海軍章程。創辦海軍的想法由李鴻章提出，當年李鴻章曾隨著僧林格沁在天津大沽口接洽英法聯軍，洋人堅船利炮深深地震撼了他，再加上幾十年來洋人都是從海上直撲京師，李鴻章一輩子都認為海軍是最重要的軍事力量。

一八七四年，已經開始「明治維新」十多年的日本，開始對台灣下手，日本人的貪婪讓清廷下決心創辦海軍，所以整個清末海軍的假想敵都是日本。在江蘇巡撫丁日昌的建議下，海軍分為三支艦隊，即北洋、福建、南洋水師。北洋艦隊由李鴻章督辦，南洋艦隊由沈葆楨（林則徐的女婿）督辦，每年下撥四百萬兩銀子。沈葆楨像他的岳父一樣，是個有家國情懷的人，覺得四百萬兩分用太少了，主動提出把銀子全部給李鴻章，優先發展拱衛京師的北洋水師。

此後的幾年中，李鴻章透過赫德，不斷從英、德等國購進當時最先進的軍艦。整個北洋艦隊的核心是定遠、鎮遠兩艘巨無霸鐵甲艦，一百二十萬兩一艘，從英國人那裡買來。這兩艘鐵甲艦可以說奠定了北洋水師的亞洲第一位置。

1800
道光
1825
虎門銷煙
鴉片戰爭
1850 咸豐
太平天國
英法聯軍
同治
1875 光緒
中法戰爭
甲午戰爭
《馬關條約》
1900 八國聯軍
《辛丑條約》
中華民國
袁世凱稱帝
1925

七千多噸的排水量，305㎜的巨炮口徑，看著都嚇人，而當時亞洲第二的日本海軍，最大的軍艦不過四千多噸的排水量，艦炮口徑更是小得多。除了這兩艘鐵甲艦外，還配有八艘巡洋艦，六艘炮艦，補給艦、魚雷艦更是陣容豪華，可以這麼說，當時全亞洲國家的海軍加起來都比不上北洋艦隊，亞洲第一、世界第八的排名是名副其實的。

北洋艦隊的高層官員也全都是正經科班出身，多是福州船政學堂畢業，在英國皇家海軍學校學習，技術上是完全沒問題的。李鴻章還請來英國海軍軍官琅威理執教，琅威理操練海軍相當嚴格，甚至上個廁所都要打旗語指揮，平時的訓練可想而知。據說北洋艦隊的軍艦每天都要擦得油光鋥亮，教官戴上白手套擦拭，有丁點的汙染都不行。洋教頭的辛勤操練讓北洋艦隊日益強大，但也導致清政府包括水軍將士的自大，剛開始劉步蟾、林永升等人還服琅威理，過了幾年，自認為自己成熟了，開始不服教官，最終爆發了「撤旗事件」。

「撤旗事件」其實就是定遠管帶劉步蟾目中無人導致的一次事件，劉步蟾看提督丁汝昌不在艦上，升起了自己的總兵旗，根本沒把副提督琅威理放在眼裡。

事情鬧大之後，心中有些自大的李鴻章也傾向於自己人，最終就是洋教頭離開北洋艦隊。嚴厲的洋教頭走後，北洋艦隊更加無法無天，不僅吸鴉片成風，連基地附近的妓院都有數十家。劉步蟾還帶著留學時的同學東鄉平八郎參觀了北洋艦隊，心中不免有羞辱東鄉平八郎的意思。不過東鄉平八郎並沒有在意所謂的豪華軍艦，他看到船艦上到處是灰塵，上面擺放著關公像，水兵也懶懶散散，甚至主炮口上掛滿了晾曬的衣褲，根本沒有隨時作戰的能力。

雖然東鄉平八郎認識到這一點，但是李鴻章和他的北洋水師艦長們還在自我陶醉中。一八九一年，為了震

1800
1825
英國憲章運動
歐洲革命
1850
日本黑船事件
美國南北戰爭
大政奉還
1875
日本兼併琉球
日本頒布帝國憲法
1900
日俄戰爭
日韓合併
第一次世界大戰
俄羅斯二月革命
1925

懾日本，李鴻章親自安排北洋艦隊訪問日本。在訪問日本的四十多天裡，日本人的確被鐵甲船震撼到了，但很明顯不是震懾，反而激起了日本朝野的凶性。日本全國人民萬眾一心，從上到下，節衣縮食，省錢打造一支媲美北洋艦隊的海軍。從皇后不做新衣服，到大臣派自己女兒去繅絲廠做女工，甚至幾萬日本女人下南洋賣淫賺錢，為的就是建設海軍。反觀清朝呢，慈禧是準備挪用海軍經費建造頤和園，大臣之間互相推諉，給洋務運動下絆腳鏈子的居多，就連同為洋務派的封疆大吏之間都互不幫忙，老百姓更是繼續冷漠迷信。

由於日本上下齊心，實業方面的改革更為成功，清朝是走到官商督辦就不願意撒手，認為企業都是自己的私產，而日本是扶植起來後賣給民營企業家，徹底走市場化的路子，譬如三菱、三井等企業都是那時候興起來的。

清政府的這種「個人私有」觀念處處可見，早期的湘淮軍部隊為私人所有，接連著洋務企業也為私人所有，甚至是之後的北洋艦隊，在李鴻章眼中也是個人財產，否則也不會安排一個忠於他的陸軍軍官丁汝昌擔任提督，這一切都讓中日兩國的改革運動拉開差距。

現在來看「洋務運動」和「明治維新」，兩者之間的相同點很多，兩國幾乎同時被西方的船堅炮利打開國門，清朝至少還和洋人比劃了兩下，打了兩次鴉片戰爭，日本甚至打都沒打就屈服，即「黑船事件」（日本人此前沒見過洋人鐵船，稱之為黑乎乎的黑船）；兩國同樣為了富強開始變革，清朝的改革條件比日本要好得多，清朝當時百姓普遍識字率較高，日本文盲佔絕大多數，清政府每年歲入七千萬兩上下，而日本只有幾百萬兩。

後來因為甲午戰爭清朝敗給日本，多說是因為清政府頑固勢力強大，日本又何嘗不是這樣，德川幕府也在江戶（今東京）經營了數百年，反對變革的勢力一點也不比清朝小；說因為李鴻章等人阻礙民族資產階級的發展，「明治維新」又哪裡有民族資產階級的參與呢？可能最大的原因就是人心士氣的不同，清朝是由內到外的渙散，人心散了，隊伍不好帶；日本則是全民團結一心，從天皇到卑微的妓女，咬牙切齒，努力向上，最終導致兩個變革結果截然不同。

閱讀鏈結：中國無法產生近代科學原因是什麼？

中國古代的技術那麼發達，卻為何始終不能「技進乎道」，產生系統的科學？在需要科技支撐中國經濟進一步發展、騰飛的今天，這個問題更有其重要的時代意義。

一直以來，各國專家都對這個問題給出了自己的答案。

比如大名鼎鼎的馬克思・韋伯就說，帝制時代，中國雖然已經了資本市場，勞動分工和對外貿易也都日趨發達，但由於傳統文化崇尚復古，不激勵創新和進步，而且技術多被正統讀書人看做是小道，所以未能給人加以系統的整理，最終也就無法形成科學。

以治中國科技史聞名於世的李約瑟博士則把它歸結於，「中國和西方對待純粹的和應用性自然科學的態度，科學家和工程師在古代中國社會中的地位，以及哲學、宗教、法律、語言、生產方式和產品交換等方面存在顯著的差異。」

二十世紀八〇年代以來，中國本土的學者也試著從自己研究的角度，用自己的方式來對這個問題做出解答。他們的解釋可以歸納為外因論、內因論和綜合分析論。在這其中，外因論者佔據了顯著的優勢。

中國古代是自居自足的自然經濟，其特點是小農業和家庭手工業的互補和結合，並非是如近代西歐那樣的社會化、商品化經濟，所以其對複雜科技知識的需求幾乎為零。

西方自來就有濃厚的商業傳統，其近代崛起，是以海上貿易為開端的。而後來興起的採礦業、建築業和軍械製造業也紛紛向把技術推向科學注入了動力。伽利略和吉伯特就是在那個時代背景下開始其科學研究的。不過，這種說法也遭到了一定的質疑，一些學者認為，經濟活動的擴展並不能作為現代科學興起的充分條件，因為十二世紀的義大利和宋朝時的中國都是世界貿易大國，但近代最為重要的科學，如現代力學和磁學卻並沒有在這兩個國度產生。

也有人認為，中國沒有產生近代科學，是因為歷朝歷代的中國政府都採取重農抑商的國策，而比較重要的工業如冶礦和煮鹽又採取國家壟斷的形式經營，更重要的是，中國政府在全國各地設置關卡，對商品的流通和買賣都課以重稅，嚴重阻礙了商業的發展，阻礙了統一市場的形成，所以阻礙了與商業手工業密切相關的技術的進步，進而也就將近代科學興起的萌芽扼殺在搖籃裡。

不過，古代中國的情況複雜得多，並不是每個朝代都限制工商業的發展。比如五代十國的大分裂時期，貿易是各個政權賴以立身立國的根本，所以得到各個統治者的大力扶持。而據新梳理出來的史料證明，唐宋元三朝的海外貿易的發達程度遠遠超乎今人的想像，即使明令「禁海」的明朝，其海外貿易也並沒有被始終如一地強制執行，而且明朝的法令是鼓勵私人開礦的。

另有一種觀點說，中國的讀書人都為八股取士的科舉制度給戕害了，他們的心智完全沉浸在儒家教條的背誦和宋儒理學的闡述上，以致對社會現實問題和農業、手工業知識沒有絲毫興趣，更不會「斯文掃地」地擼起袖子去參加農業、手工業的勞動，不能與「工農大眾相結合」。而躬身勞動的手工業者又處於社會最底層，他

1800
1825
英國憲章運動
歐洲革命
1850
日本黑船事件
美國南北戰爭
大政奉還
1875
日本兼併琉球
日本頒布帝國憲法
1900
日俄戰爭
日韓合併
第一次世界大戰
俄羅斯二月革命
1925

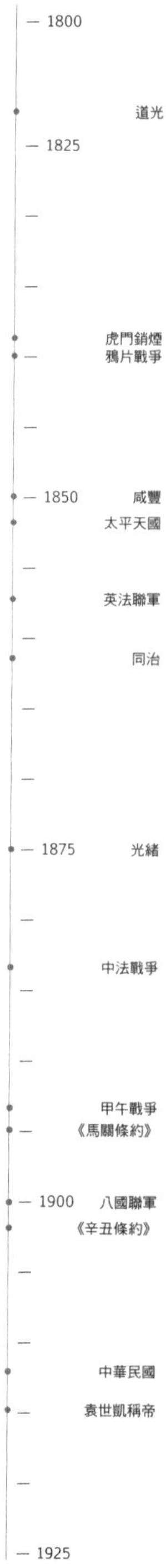

們只有個別的、不成系統的零散技藝，而無法將之抽象為普遍的定理和規律。智慧與技藝的脫節成了中國科學的死結，這不能不說是一個巨大的遺憾。

然而，按照這種觀點，又如何解釋沈括、徐光啟等注重技藝的知識份子的存在？

還有人做出統計，說工業革命前夜，歐洲人平均佔有的資源和動力（馬）較中國人而言多了許多。而中國的人口實在太龐大了，所以勞動力較之其他資源來說太過便宜。在這種情況下，如果你是作坊主，你是選擇便宜的勞動力，還是會花一筆大價錢造一個機械並改進其技術呢？答案是顯而易見的。

當然，這也只是一家之言。這個問題還遠遠沒有被終結，相信在學者們的不懈探索下，終會逼近事情的真相，給它一個合理的解釋。

1839-1919

第五章：中法戰爭

（法清越南戰爭）

強幫小弟出頭

我們都知道，中國自古就有藩屬國的傳統，與清朝聯繫緊密藩屬國主要有西南的越南、東南的琉球（今日本沖繩一帶）、東北的朝鮮和北方的蒙古。藩屬國作為中國對外的門戶，就是嘴唇和牙齒的關係。藩屬國的意思其實就是奉中國為老大，每年進貢些土特產，當自己被欺負時可以找大哥。大哥危難時，有的小兄弟也還蠻講義氣的，譬如太平天國時，尼泊爾就曾請求帶著大炮來援助，不過被要面子的清政府婉拒了。清末時候，這幾個小兄弟在離開大哥的過程中，都發生了一些「依依惜別」的故事，不過都因為大哥泥菩薩過江，自身難保，最後或者獨立，或被吞併。

法國作為歐洲大陸長期的霸主，看著英國拿下印度，心裡自然不平衡，很早之前，法國人就選中越南，作為東方的根據地。當時法國還是天主教在歐洲重要的護教國，所以本著「不戰而屈人之兵」的想法，法國人實行宗教先行的方針。不過越南千年前就已經接受佛教，天主教又怎能是對手。宗教不行就只有動用武力，一八五六年，法國人在挑起第二次鴉片戰爭的同時，也向越南派了一支小分隊，開始武力殖民越南。

哪裡有壓迫哪裡就有反抗，之後隨著法軍步步向北，越南人民也奮起反抗。說來也奇怪，清朝腐敗不堪，小弟越南的阮家王朝也開始走下坡路。正規軍不行，越南人民的鐮刀鋤頭又怎是洋槍洋炮的對手，阮氏朝廷開

1800
道光
1825
虎門銷煙
鴉片戰爭
1850 咸豐
太平天國
英法聯軍
同治
1875 光緒
中法戰爭
甲午戰爭
《馬關條約》
1900 八國聯軍
《辛丑條約》
中華民國
袁世凱稱帝
1925

始透過各種管道向宗主國求救。如今一些越南史學家為了製造越南自古獨立的假像，否認了當時超過三十次的求援，這是不準確的。清政府礙於自身狀況和宗主國的面子，一直支支吾吾，說不出個東西南北。反倒是劉永福的黑旗軍，給了法國人一些壓力。

黑旗軍其實是太平軍的遺留產物，以黑色七星旗為標誌。劉永福當年被清軍一路追殺，跑到了越南北部，做起了山大王。越南人看黑旗軍從天朝來，所以也就認了。後來阮氏越來越軟，跟法國人簽訂《西貢條約》（西貢即現在的胡志明市），不過法國人並不滿足荒瘠的南圻（越南版圖呈一條狹長「S」，由北向南分為北圻、中圻、南圻），繼續向北推進。眼看著就要打到清、越邊境，北圻軍務節制黃佐炎向盤踞山頭的劉永福求救。劉永福這人很夠義氣，否則也不會有那麼多人死心塌地跟著在深山老林裡。雖然黑旗軍在國內是叛軍，但是越南畢竟是藩屬國，有保護的義務，這一點劉永福還是清楚的。

法國人因為之前勝利來得太輕鬆，繼續孤軍深入，走哪打哪。北圻將領與劉永福的秘密達成約定，雙方在河內城紙橋附近設伏。結果法國人被衝出來數倍於己的黑旗軍砍得人仰馬翻，司令官安鄴也蹬腳升天了。事情傳到法國，自然是一片咋咋呼呼，再加上法國人在普法戰爭中剛剛割地賠款，心裡更受不了這刺激，輸給德國人就算了，連越南人都打不過了嗎？很快，一大波法國人繞過半個地球，來到越南，三下兩下佔領了越南超過九〇%的土地。一八八三年十二月，法軍攻打了駐紮在紅河三角洲北圻的清軍，越法戰爭終於演變為中法戰爭。

1800
1825
英國憲章運動
歐洲革命
1850
日本黑船事件
美國南北戰爭
大政奉還
1875
日本兼併琉球
日本頒布帝國憲法
1900
日俄戰爭
日韓合併
第一次世界大戰
俄羅斯二月革命
1925

互倒內閣的中法較量

事情越鬧越大，不少人都在看著清政府的態度，此時清朝也與日本在進行關於琉球的談判，對待藩屬國的態度至關重要。朝中左宗棠、張之洞等人主張教訓一下法國人，李鴻章則是求和派的代表。清政府在多方壓力下，對法國宣戰，不得不說，清政府雖然軟弱，但是對待藩屬國問題還是比較強硬，包括琉球問題，也是自始至終沒有答應日本的要求。

宣了戰就得有動作，只是此時的八旗軍、綠營軍都已經不成器，沒辦法只能招撫劉永福的黑旗軍。這跟北宋招安宋江，派宋江去征討方臘是一個意思。劉永福畢竟帶兵打仗多年，再加上有越南本地佬的幫忙，倒是的確給法國人製造了不少麻煩。不過在絕對實力面前，還是產生不了多大的作用，法國人已經佔領了超過九〇%的領土。

法國人也覺得心裡窩囊，明明武器先進得多，就是在清、越邊境的深山老林裡發揮不出啥作用，總歸不能大炮轟平山頭吧，法軍經常在行軍途中吃悶棍。再加上法國國內矛盾很嚴重，當時法國無產階級剛剛爆發革命，建立了巴黎公社，雖然被資產階級鎮壓，但是矛盾還是相當嚴重的。而且歐洲新興的德國，看老霸主法國不爽，開始尋找盟友，為之後的一次世界大戰做準備。主政的茹費理內閣，為了轉移民眾視線，這場萬里之外的中法戰爭容不得失敗。

一八八四年二月，孤拔成為新的法軍統帥，他帶著國會追加通過的錢財兵馬，直撲駐紮在北寧的清軍四十營。不得不說，清政府軍隊實在是軟泥扶不上牆，明明人數比法軍多得多，還是嚇得屁滾尿流。這事導致清政府的「內閣」先倒台了，以奕訢為首的軍機處被慈禧解散。法國人因為本國局勢緊張，也不想再繼續打下去，開始和清政府談判。李鴻章再次被推到台前，沒辦法，外國人只認李鴻章。

李鴻章和法國代表福祿諾簽訂了《中法會議簡明條約》（即李福協定）。條約無非是讓清政府不要插手法、越之間的事情，清政府甚至可以保留越南宗主國的名號。李鴻章也因為怕被人罵賣國賊，只能左推右擋，玩太極拳，在具體細節方面沒給出具體答覆，譬如法軍如何與駐紮在越南的清軍交接。福祿諾就管不了那麼多，單方面派八百人去諒山接防。沒有清政府的命令，那清軍如何肯答應，兩邊談不投機開打，結果自然佔據人數、地勢上風的清軍獲勝。

這下法國人真生氣了，覺得李鴻章不夠意思，明明答應撤軍還在背後使小動作。孤拔帶著法國艦隊開始向從海上攻打東南沿海。當時左宗棠的福建水師相當厲害，法國人蠻忌憚，正好趁此機會找福建水師比劃兩下。孤拔帶著法艦突襲馬尾，來個甕中捉鱉，堵著門炮轟福建水師。可惜左宗棠半世心血，被轟得渣渣都不剩。

福建水師的覆滅，還是有很多細節可以說道的。首先就是對於清政府掌權者的影響，一直以來李鴻章都認為日本是清政府潛在的大威脅，所以一直主辦海軍，這也是朝廷的基本共識。但辦了多年的福建水師眨眼間就灰飛煙滅，實在是讓人寒心，真不知道辦的什麼水師。之後幾年朝廷縮減海軍預算，甚至挪用海軍軍費，與這種思想不無關係。其次就是為何南洋、北洋水師不馳援，看著福建水師全軍覆沒。這又和軍隊私有化有關，人

1800
道光
1825
虎門銷煙
鴉片戰爭
1850
咸豐
太平天國
英法聯軍
同治
1875
光緒
中法戰爭
甲午戰爭
《馬關條約》
1900
八國聯軍
《辛丑條約》
中華民國
袁世凱稱帝
1925

人都認為福建水師是左宗棠的私人財產，左宗棠自己也這麼認為，別人自然不會通力合作。軍隊私有化對於後來北洋水師的覆滅也有一定影響，大家還是抱著不支援的態度對待北洋水師，所以李鴻章才會慨歎「以一軍之力對抗一國，不敗也難」。再次就是整個清、法海戰期間，東鄉平八郎都全程觀摩，這實在令人感到恐怖，東鄉已經在為數年後的清、日作戰做準備。

法軍除了毀掉福建水師，還攻打了台灣基隆。法國人在台灣就慘多了。原本按照李鴻章的想法是「斬手足，保心臟」，也就是放棄一些週邊地區，專心於大陸。可台灣人民不願意，哭著喊著留請求清政府不要丟下他們。台灣人自己組織鄉勇抗擊法國人，原本準備撤離的防務大臣劉銘傳也被台灣人感動，留下來親自督導防務。無巧不巧，一場流行病阻擊了法國人前進的腳步，連孤拔都把小命留在了台灣。當時限於醫療水準，現在很普通的流感都是能置人於死地的無形殺手，譬如一九一八年的西班牙流感，超過十億人患病，死了幾千萬。

海戰是告一段落，陸戰還沒消停，法國人繼續向北推進。此時的負責人是左宗棠，法國人剛轟了他的福建水師，估計心裡攢著恨呢！左宗棠找來了已經退休的七旬老人馮子材，薑還是老的辣，馮子材到了鎮南關後挖深壕、埋陷阱、加固工事，與劉永福加強合作。馮、劉兩人都是身經百戰的老戰士，採用騷擾的戰術噁心法國人。果然，沉不住氣的法國人決心找清軍主力決戰。也真是天公作美，那天大霧。其實伸手不見五指的大霧在雲南邊境的深山老林裡還是比較常見的，否則也不會稱南方為霧障之地。有了大霧的幫助，法國人的洋槍洋炮沒了大作用，作戰回到冷兵器時代的大刀長矛。肉搏是清軍的強項，馮子材光著膀子，帶領一幫人上去一陣乒乒乓乓，法國人跑路，這就是「鎮南關大捷」。

戰鬥還是很依賴士氣，法國人在鎮南關掉了魂，連帶著諒山也丟給了馮子材。這下好了，國內是歡天喜地，法國上下則是群情激憤，最終茹費理內閣也頂不住壓力，集體辭職閃人了。現在老是說鎮南關大捷迫使茹費理內閣解散，沉重打擊了法國，這種說法是對的，但還不夠精確。誠然，鎮南關大捷是導致茹費理辭職的直接原因，但前面也說過，茹費理內閣面臨嚴重的國內國際問題，反對黨也比較強大，所以內閣倒台並不是這一場不大的戰鬥所導致。而且法國已經進入民主內閣時代，實在看不出一期內閣的下台會對法國有什麼重大打擊，現在日本還不是隔三差五換首相，也沒出什麼亂子。

戰爭的結束意味著收拾爛攤子的開始。李鴻章再次出面簽訂條約。一八八五年六月九日，《中法新約》簽訂，核心內容是承認法國是越南的宗主國。條約一出，李鴻章就背上了「賣國賊」的黑鍋，連左宗棠都罵他「李鴻章誤盡蒼生，將落個千古罵名」。直到現在，人們依然用法國「不戰而勝」來形容中法戰爭。

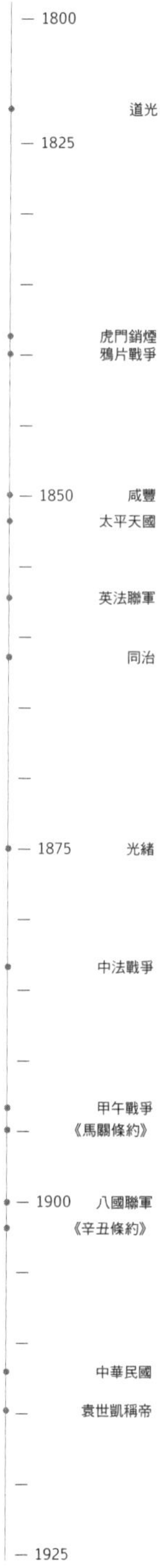

閱讀鏈結：李鴻章真的是漢奸嗎？

瞭解中國近代歷史的人，沒有不知道李鴻章的，因為晚清時代許多重大的事件他都參與了。但是長期以來，李鴻章都與「賣國賊」、「民族罪人」的字眼聯繫在一起。他是遭萬人唾罵的《馬關條約》、《辛丑和約》的簽署者，老百姓懷疑他得了日本人的「好處」，說他是「賣國賊」，甚至有人公開聲明要刺殺他，以雪「心頭奇恥大辱」。

不能否認，諸多強加於中國人民身上的不平等條約阻礙了中國社會的發展，致使中國落後於其他國家。然而簽約的始末，李鴻章只是奉命收拾殘局，所有條款都經朝廷同意，他並未背著皇帝出賣過任何國家權益。

就拿一八八四年中法戰爭來說，中國雖取得鎮南關大捷，但從總的軍事形勢來看，中國仍處於劣勢；法國茹費里內閣雖然倒台，但法國資產階級對華戰爭政策並未改變；從當時國際形勢來看，對中國造成嚴重威脅的主要是俄國和日本。

俄國對新疆的侵略，日本向朝鮮的滲透，使清政府可能會面臨更險惡、更難應付的局面。不難看出，李鴻章採取的「乘勝即收」方針是認識到了把亡國滅種作為以卵擊石的代價之愚蠢後所做出的選擇，而絕不是狹隘的民族主義者們所說的「投降賣國」政策。

作為一個落後國家的代表去和猶如「虎狼群」的列強周旋，這實在不是一份好差事。生逢大清國最黑暗、最動盪的年代，李鴻章的每一次「出場」無不是在國家生死存亡之時，大清國要他承擔的無不是難為之事。

一八九六年，俄國沙皇加冕，各國派員祝賀，朝廷派出去的又是李鴻章。李鴻章以在馬關被刺為由一再推辭，而朝廷一再堅決不准，直到李鴻章表示「非敢愛身，唯虞辱命」，「一息尚存，萬程當赴」。似乎除了李鴻章就沒有第二人能承擔起這份任命。

每當清政府把這個巨大的帝國帶到毀滅的邊緣的時候，他們唯一可以用的人就是李鴻章，「李鴻章」三個字就這樣被釘在了歷史的恥辱柱上。

但是，任何事物都需要多角度地審視才能下結論，看待李鴻章也是如此，輕易以「大漢奸」、「賣國賊」之語蓋棺論定似乎有失公允，同時，他是有功勞的，在第二次鴉片戰爭後，面對強敵，他清醒地認識到「窮則變，變則通」，「富強相因」的現實。

在此基礎上，他提出了一些具有發展眼光的看法和做法：

掀起了「師夷長技以自強」的洋務運動。在「自強」、「求富」的旗號下，創辦近代軍事工業，興辦近代民用工業，創建近代海軍，建立新式學校，派遣留學生出國深造，培養人才。

中國所有機械製造、近代的採煤、鐵路、電報、輪船運輸、紡織工業的誕生和發展無一不有他的推動。而了在辦新式學堂、派留洋學生等方面更有不可磨滅的貢獻。

在他的主持與參與下，洋務派創辦了中國近代第一個軍工企業、第一條電報電纜線、第一座鋼鐵廠、第一支海軍艦隊、第一個電報公司……

1800
1825
英國憲章運動
歐洲革命
1850
日本黑船事件
美國南北戰爭
大政奉還
1875
日本兼併琉球
日本頒布帝國憲法
1900
日俄戰爭
日韓合併
第一次世界大戰
俄羅斯二月革命
1925

對李鴻章的功與過，不能簡單地歸於「賣國」、「罪人」，國難當頭，強敵入侵，他做到了一位臣子所應做的。也許梁啟超對他的評價可以說明這一點，即「敬李鴻章之才」，「惜李鴻章之識」，「悲李鴻章之遇」。

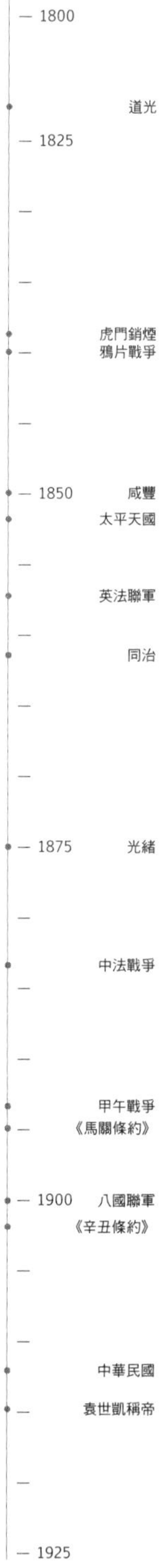

1839-1919

第六章：中日甲午戰爭

（日清戰爭）

一場押上國家的「賭局」

中、日兩國同屬於漢字文化圈，有著很多的相同點，不過兩國在歷史上基本上都處於不太友好的態勢，從擦槍走火到大打出手時有發生。在眾多次交手中，至少有五次是比較重要的。第一次是唐高宗李治時期，日本入侵朝鮮半島的唐朝藩屬國，雙方首次交手。唐朝國力雄厚，日本自然不是對手。不過戰敗的日本並不是垂頭喪氣或者跪地求援，而是瘋狂地向大唐派遣學習人員，鑑真和尚東渡就是在那之後。直到今天，日本文化中依然可以看到唐文化的元素。日本這個國家就是如此，打得過的時候自然是殘暴至極，遇見打不過的也能迅速擺脫挫敗感，快速學習。這一點很重要，清末的「民治維新」與「洋務運動」同樣是東亞人被西方列強毆打，中國人是磨磨唧唧地學，日本人則是迅速而徹底地學習，甚至喊出「脫亞入歐」的口號。

第二次交手是忽必烈時期，橫掃世界的蒙古鐵騎也曾想對日本動手。不過在過海途中遇見狂風暴雨，上了岸已經是強弩之末，被幾個日本浪人給打發了。這是日本運氣好，否則日本多半也要被蒙古人毆打一番。

第三次交手是明朝萬曆年間的事情，還是因為朝鮮半島的事情起頭。可以發現，每當日本對外有所動作時，總是挑選兩個跳板，一是朝鮮，一是台灣。如果說日本是條貪吃蛇，朝鮮和台灣就像蛇的上下顎，大陸就是日本長期想吞下的大象。主持這次戰鬥的日方頭頭是大名鼎鼎的豐臣秀吉。豐臣秀吉結束了日本的「戰國時

1800
道光
1825
虎門銷煙
鴉片戰爭
1850 咸豐
太平天國
英法聯軍
同治
1875 光緒
中法戰爭
甲午戰爭
《馬關條約》
1900 八國聯軍
《辛丑條約》
中華民國
袁世凱稱帝
1925

代」，他首次統一日本後，不禁信心高漲，覺得可以吞併中國，甚至定下了移民計畫。結果我們已經清楚，日軍被明朝軍隊大敗，豐臣秀吉因此抑鬱不得志掛了。

第四次交手就是一八九四－一八九五年的甲午戰爭。這次戰爭可以說是歷次交手中最重要的一次。中、日兩國都是被西方強行打開國門，拖入西方體系。在起初經過一頓暴打之後，兩國幾乎同時開始變革自強。日本的明治維新不需多說，經過日本上下的努力，效果還是相當不錯，甚至今天的日本依然在享受著民治維新的成果。清政府的洋務運動也不能說是一場失敗的學習，至少也給現代中國帶來了許多影響，「同治中興」也因此而來。但為何此後百年中國陷入艱難困苦，而日本卻一飛沖天，這一切都由這一場事關中、日兩國的大戰——甲午戰爭決定。

甲午戰爭前，兩國經過一番折騰，都覺得自己狀態不錯，成為亞洲的一、二號強國。不過要想徹底擺脫西方列強的欺負，雙方都需要贏一場振興國運的大戰。對於清政府來說，實力不強不弱的日本是最好的試驗品，而且毗鄰中國，身邊挨著一個野心勃勃的日本，總歸是不太舒服。這種思想現在看來覺得很愚昧，但在當時卻是主流。不僅清政府這樣認為，就連西方列強都認為日本決不是清朝的對手，畢竟北洋水師實力強大，清朝的GDP（國內生產總值）是日本的十幾倍。如果說甲午戰爭是清、日雙方振興各自國運的賭局，那麼賭注就是整個國家。

就在清政府普遍樂觀的情形下，還是有一些人偏向於保守，李鴻章就是這類人的代表。自古前線打仗都是文官主戰的多，真正帶兵打仗的武將卻不喜歡輕易開啟戰端。李鴻章是帶著淮軍一路打過來的人，而且他明白，一旦清、日開戰，北洋水師首當其衝，所以李鴻章主張以威懾為主，從他安排北洋水師去日本耀武揚威就

1800
1825
英國憲章運動
歐洲革命
1850
日本黑船事件
美國南北戰爭
大政奉還
1875
日本兼併琉球
日本頒布帝國憲法
1900
日俄戰爭
日韓合併
第一次世界大戰
俄羅斯二月革命
1925

1800
道光
1825
虎門銷煙
鴉片戰爭
1850 咸豐
太平天國
英法聯軍
同治
1875 光緒
中法戰爭
甲午戰爭
《馬關條約》
1900 八國聯軍
《辛丑條約》
中華民國
袁世凱稱帝
1925

可以看得出。

日本對於即將到來的大戰態度就完全不同了。日本在見識北洋水師鐵甲艦之後，就被激發出狠勁，以打敗清朝為目標，勒緊褲腰帶改革。日本水師的指揮官東鄉平八郎老早就開始研究北洋水師，為日後的開戰做準備。

在經過多年準備後，日本覺得時機已經成熟，為了打一場蓄謀已久的戰鬥，開始到處挑逗清政府發怒。還是老一套，日本選擇以朝鮮為跳板，試探清朝的反應，最終甲午戰爭如日本所願到來，並且把清朝打得一場糊塗。藉著打敗清朝的勢頭，日本一躍成為亞洲第一強國，並在之後的第一次世界大戰中賺足便宜，分享了全部戰爭紅利。中國卻因為這一場「賭局」輸了太徹底，從此一瀉千里，再也沒有翻身的可能，開始半個多世紀的苦難日子。

至於第五次交手就是「八年抗戰」，就像發生在昨天，血的教訓，歷歷在目。

吃我一記悶棍

十九世紀下半葉，整個東亞都在向西方學習，日本學得最好，是個優等生，清朝馬馬虎虎，中等生，朝鮮就只能算差等生了。朝鮮國內眾多的維新勢力中，東學黨的聲勢很大。所謂東學，就是從東（即中國）而來的儒、釋、道混合物。東學黨這群人盲目排外（除了中國人），還反對封建統治，最後的結果自然是政府鎮壓。誰知道朝鮮政府也腐敗無能，招架不住，開始向宗主國求救。

原本經過越南的事，清政府也不大想管這些爛事，愛怎麼折騰怎麼折騰，甲午年又是慈禧六十大壽，誰不希望能過個舒坦的生日呢。可日本不幹了，你想，日本勒了那麼久褲腰帶，就為了和清朝幹一架，這機會怎麼能錯過？再加上日本老百姓已經有點頂不住，國內矛盾很嚴重，就連首相伊藤博文都被彈劾，這一仗真是箭在弦上，不得不發。在日本的百般慫恿下，清政府終於派直隸提督葉志超領兵前往朝鮮，日本借著保護僑民的理由，也開始向朝鮮發兵。結果清軍一到，東學黨起義軍直接就作鳥獸散了。

事情到這原本就該畫上句號，清軍將領聶士成向李鴻章建議撤軍，日本在國際輿論的壓力下，自然會跟著撤軍。不清楚李鴻章怎麼想的，他不撤淮軍，認準朝鮮屬於藩屬國，卻又由著日本在朝鮮搞東搞西。這下倒好，朝鮮政府夾在清、日兩國之間，騎牆騎久了，分成親日、親清兩派。兩派又互相爭權奪利，搞得背後的兩

1800
1825
英國憲章運動
歐洲革命
1850
日本黑船事件
美國南北戰爭
大政奉還
1875
日本兼併琉球
日本頒布帝國憲法
1900
日俄戰爭
日韓合併
第一次世界大戰
俄羅斯二月革命
1925

個大哥也越來越緊張。日本越來越囂張，明眼人都能看得出日本是來找打架的，清政府開始向朝鮮運送軍隊。在日本的有意挑釁下，「擦槍走火」的導火索很快點著。

一八九四年七月二十五日，北洋水師的濟遠號、廣乙號（原屬於廣東水師，朝鮮形勢緊張臨時調入北洋水師）護送租來的英國商船高升號前往朝鮮牙山。返航途中，走在前面的濟遠號「偶遇」了日本海軍聯合艦隊的第一編隊（由最先進的吉野號、浪速號、秋津洲號組成）。雙方對峙了一會後，吉野號突然之間開炮，甲午戰爭隨著一聲炮響開始。後來日本還狡辯說是濟遠號先開的炮，稍有常識的人都應該想到，以一敵三的濟遠號實在沒有先開炮的可能。這就和人打架一樣，哪有一對三還先動手的，找死不是。猝不及防，濟遠號掉頭跑路，開始還掛著威風凜凜的大清龍旗，跑著跑著改成白旗，最後竟然懸掛日本軍旗，實在丟臉。

就在這時候，高升號滿載著清軍來到這片豐島海面，正和不遠處的浪速號撞個滿懷。浪速號艦長東鄉平八郎逼停了高升號，接下來發生了慘不忍睹的一幕。東鄉逼迫高升號跟在浪速後面，清軍自然抗議，東鄉冷血地命令浪速號開炮，轟沉了毫無作戰能力的商船，船上清軍幾乎全部葬身大海，這就是「高升號事件」。不得不說，日本軍國主義的殘忍暴露無遺，對著濟遠號開炮就算了，連毫無還手之力的商船都不放過，對著千餘名落水的淮軍機槍掃射，實在是禽獸行徑。這和幾十年後日本神風機隊偷襲珍珠港是一個意思。「高升號事件」傳到國內後，再軟的清政府也嚥不下這口氣，八月一日，清、日雙方互相宣戰。

國家放兩旁，小妾擺中間

雙方一宣戰，戰火就從海上蔓延到陸地。不過此時的淮軍，早已不是鎮壓太平軍時的淮軍，來看看他們的表演。葉志超是清軍在朝鮮的最高指揮官，他愣是帶著三千多人的淮軍精銳從牙山登陸口撤退，不敢在岸上狙擊尚未集結好的日軍。這一撤退直接撤到平壤，給日軍留下了充裕的時間運輸部隊。

到了平壤之後，葉志超做的第一件事就是給朝廷發電報，說道牙山大捷殺了倭寇多少多少人。慈禧一開心，一件黃馬褂快馬加鞭送到平壤。這時候，李鴻章又派出一萬三千多人的淮軍精銳趕到平壤，再加上朝鮮本地佬的支持，葉志超在平壤至少掌握兩萬人馬。反觀日本呢，由於過海不容易，還在不間斷地運輸陸軍。稍微有點頭腦的人都知道，此時去打日本軍再好不過，葉志超的做法是死守平壤，挖深壕，築高牆。

九月初，日本陸軍終於集結好，接近兩萬人。看上去蠻嚇人，武器裝備先進，而且人數也不少，但其實後勤根本沒法保障，難道還能靠船運送糧食養大軍嗎？日軍一路向北，很快，到了平壤城下。守軍經過一個月的準備，早已經備足了糧食，準備和日軍在平壤城大幹一場。淮軍眾將士氣勢高昂，不少人摩拳擦掌，要為葬身大海的兄弟報仇。只是此時的葉志超有了心事，他在幾天前收到了一封家書，最寵愛的小妾在信中嚶嚶淒淒，懇求葉大官人多為家中大小老婆考慮，沒了你這個家就散了呀！葉志超一想，是呀，我家中還有那麼多美人，我怎能死，先撤再說。

葉志超一心想著家中的妻妾，哪裡還顧得上守城之類的芝麻小事，一路狂奔，六天跑了五百里，一直過了鴨綠江。天吶，這是怎樣的行軍速度，都說兵貴神速，行伍出身的葉志超果然厲害。日本人也愣了，什麼情況？就趕在後面追。這下淮軍徹底被激發了潛能，腳底抹油都算慢，看兩萬淮軍飛毛腿。真是兵慫慫一個，將熊熊一窩，看著老大撒腿跑，後面淮軍也嚇得半死，明明離日軍還遠得很，一幫淮軍精銳就開始你擁我擠，結果發生踩踏事件，活生生被踩死了上千人。

當然啦，葉志超這慫人的做法也讓朝廷震怒，沒多久就被押解進京，判了斬監侯，沒多久就掛了，估計是受不了天朝百姓的悠悠之口。淮軍節節敗退，咱還有別的軍隊啊！八旗、綠營就別提了，那是真不行，滿清貴族自己也清楚，這回換湘軍上。吳大澂率領數千湘軍自山海關直奔遼東，迎戰從鴨綠江過來的日軍。

出戰前，吳大澂還發布了討倭檄文，不得不說，這篇檄文實在是寫得氣壯山河，能與陳琳的《討曹操檄》、駱賓王的《討武曌檄》相媲美，檄文寫道：「若竟迷而不悟，拼死拒敵，試選精兵利器與本大臣接戰三次，勝負不難立見。迨至該兵三戰三北之時，本大臣自有七縱七擒之法。」實在是拉風，竟然要學諸葛亮七擒孟獲，打得日本人心服口服。興許真是為了七縱七擒，吳大澂還帶了幾麻袋的繩子，可惜兩軍剛一碰面，湘軍更不是對手，整個遼東陷落。

清軍一路敗退，老百姓慘了，旅順陷落後，日軍進行了慘絕人寰的屠城，全城百姓只有抬屍的三十六人倖免於難。這種反人類的野蠻行徑震驚了全世界，西方國家紛紛抨擊日本太過野蠻。日本人什麼都不怕，最怕西方人說他們不文明，畢竟還在全面學習當中。伊藤博文成立了專門的對外輿論工作組，派遣特使到歐洲，透過行賄等方式，收買歐洲各大報紙的編輯，很快輿論轉向。

其實在整個甲午戰爭中，日本的宣傳工作都做得極為出色，值得後人學習。戰前日本就派出大量特務，做足了情報工作，這讓日本在整個甲午戰爭中佔足了便宜。

同學對打的甲午海戰

另一邊，海戰也是打得不亦樂乎，這是近代兩國首次使用鐵甲艦進行實戰，所以整個世界都相當關心清、日海戰。豐島海戰之後，吃了悶虧的李鴻章並沒有怒不可遏，依然傾向於保守，畢竟北洋水師是他半生的心血。這一年光緒已經十四歲，按照清朝傳統（順治十四歲親政，康熙也十四歲親政），慈禧要退居幕後，皇帝親政。光緒原本就血氣方剛，年輕人嘛，肯定是喊著打，畢竟打贏了也算了不起的武功。光緒的老師翁同龢又和李鴻章不對頭，巴不得北洋水師出去打，這一老一少組成的帝黨一時之間佔據上風，李鴻章只能派出北洋水師主力出海尋找日本聯合艦隊決戰。

為了平息光緒的怒火，北洋艦隊不敢再做縮頭烏龜。一八九四年九月十二日，丁汝昌率領十二艘主力艦從威海基地出發，保護陸軍在鴨綠江大東口登陸。日本人聽到消息後，興奮不已，終於等到北洋艦隊「出殼」的日子。一天後，日本聯合艦隊主力向著遼東海域進發，一心尋找北洋艦隊比劃比劃。蒙在鼓裡的北洋艦隊還在施施然運送物資，幾天後，北洋艦隊完成了護送任務，準備凱旋歸去。水兵吃完早餐開始例行的巳時操。（北洋艦隊日常佇列練習，多在上午巳時操練，水兵稱為巳時操。巳時指上午九—十一點。）

這邊還做著操，那邊聯合艦隊第一遊擊隊已經發現了北洋艦隊。十時二十三分，吉野號發出信號「東北方

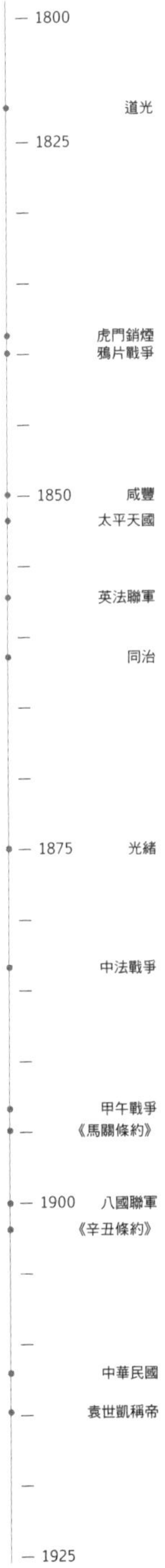

向發現三艘以上敵艦」，聯合艦隊開足馬力衝過去。當然啦，北洋艦隊也不是軟柿子，幾分鐘後就發現了聯合艦隊，丁汝昌命令全軍進入戰備狀態。在丁汝昌的指揮下，北洋艦隊以定遠艦為頭排成箭頭陣型，像一把利劍迎向日本海軍。

開了兩小時，兩撥人終於臉對臉了。真是仇人見面分外眼紅，不過雙方誰都不敢輕易出手，都明白對方是硬骨頭。當時中、日軍艦力量對比如下：

	火炮／門	魚雷發射管／架	總排水量／萬噸	總兵力／人	均速／節
北洋水師	195	556	27	2126	14.5
日本艦隊	268	568	36	3916	10.2

可以看得出，日軍經過幾年的追趕，早已鹹魚翻身，硬體力量甚至已經超過北洋艦隊。雙方的火炮門數雖然日本佔優勢，但北洋艦隊擁有八門305mm的巨炮，日本超過300mm的巨炮只有三門。日本當時因為比較窮，買不起巨艦巨炮，只能多買小口徑的速射炮。魚雷管架雖然雙方都很多，但其實雙方在這次海戰中只零星放了幾顆，沒起什麼大作用。聯合艦隊的總排水量是遠遠高於北洋艦隊的，但定遠、鎮遠兩艘超級巨無霸，就像一群兔子中的兩隻獅子，讓日本人心中打嘀咕。再看雙方的航速，看上去北洋艦隊優勢較大，其實並非如此。北洋艦隊的戰艦航速相差不大，基本在十五節（一節就是一小時一海浬，一海浬約是一・八五公里）上下，但是日本聯合艦隊的各戰艦差別就大了去了，有的像老爺車一樣連十節都不到，有的能高達二十節以上，尤其是東鄉平八郎指揮的浪速號，航速超過二十五節。

還有一件有意思的事情，就是中、日雙方的艦長有很多是留學時的同學。北洋艦隊的管帶們自然多是福州馬尾學堂的同學，他們在英國留學時還與東鄉平八郎一同學習，現在在戰場上相遇，真是百感交集吧！

中午十二點五十分，醞釀了許久的丁汝昌下了攻擊的命令，旗艦定遠號首先開炮，巨炮的第一彈打偏砸在海裡，隨後北洋艦隊一齊發炮，整個海水沸騰了。日本海軍也開始發炮還擊，舉世矚目的甲午海戰（也稱黃海海戰、大東溝海戰）拉開序幕。

就在雙方對轟的時候，北洋艦隊各管帶突然發現指揮的旗語（當時沒有無線電，靠揮舞旗幟指揮）沒了，此時的旗艦定遠號上也慌作一團。原來定遠號四炮齊發時，震動太大，直接震斷了艦橋（艦橋相當於軍艦的大腦）。不僅把指揮的設備摔個稀巴爛，連站在艦橋上丁汝昌也摔成重傷。真是尷尬，定遠號服役時間已經過了十二年，再加上平時疏於管理，設備老化嚴重，結果剛開炮，北洋艦隊就已經失去了指揮。

接下來的海戰就基本靠平時訓練的默契，北洋艦隊緊緊跟在旗艦兩旁。日本人看到北洋艦隊跑不快，多是躲在定遠、鎮遠後面放炮，於是命令浪速、吉野、秋津洲繞到北洋編隊的右側，對著年紀偏大的致遠號、經遠號猛攻，塊頭偏大的致遠、經遠哪裡能跟得上這幾艘滑不留手的快速艦，簡直成了活靶子。很快，致遠號著火，致遠號管帶鄧世昌一狠心，乾脆命令駕駛員開足馬力衝向吉野號，要拉著吉野同歸於盡。艦長河原要一嚇得趕緊招呼身旁的浪速號幫忙，東鄉平八郎對著老同學沒有手軟，接連發了兩顆魚雷，致遠號躲了第一顆，可惜中了第二顆，功虧一簣，在吉野號不遠處沉了下去。

在後來的影視劇中，描寫了一幕感人的狗救主人的事，這是真實的。當時每個軍艦上都養了些小動物，不僅僅是狗，還有貓之類的。說句實話，有些是水兵們的寵物，當時北洋水師已經腐敗得比較嚴重，貓、狗則多是為了防止老鼠咬壞設備。救鄧世昌的「太陽」就是一隻軍犬，不過鄧世昌一心與致遠共存亡，心存死志的他推開了愛犬。其他各處也是炮火連天，因為缺少指揮，整個北洋艦隊已經打得完全沒有章法。吉野、浪速等快速艦抓住機會，欺負北洋艦隊笨重不靈活，東一槍西一炮的打，經遠、超勇、揚威、廣甲也都相繼失去作戰能力。當然，定遠、鎮遠的巨炮也發揮了相當大的作用，聯合艦隊的旗艦松島號被定遠接連擊中兩次，彈藥庫著火爆炸。巨炮雖然厲害，但是北洋艦隊使用幾十年前的瞄準方法，十炮能中兩三炮就不錯了，所以沒發揮出最大的威力。還有一點，據後來的記載，北洋艦隊難得打中日軍的炮彈，很多是實心炮彈，不爆炸，也就是沒有使用開花彈，裡面塞滿了煤渣啊之類的東西，所以擊中了也是砸個大窟窿，那又能怎樣呢，日艦還是照樣帶著透明窟窿作戰。

整個海戰持續到傍晚，雙方都損失慘重，其實也說不上哪邊真正贏了。北洋艦隊損失了五艘軍艦，死傷千餘人。日本聯合艦隊也有五艘軍艦受傷，尤其是旗艦松島號受傷嚴重，但都沒有沉沒，死傷了六百多人。大概在下午接近六點時，聯合艦隊頭目伊東佑亨下令撤退，此時北洋艦隊還追擊了一會，後來接替指揮的劉步蟾看到自己也損失慘重，就率隊返回基地。

現在看來，甲午海戰是近代世界上第一次大型艦隊之間的直接對抗，無論從規模還是持續時間，都是史無前例的。雙方其實也說不出誰輸誰贏，最多只能說日本略佔上風，但為何甲午海戰成為甲午戰爭的轉捩點呢？原因就是此戰過後，李鴻章為了保全北洋艦隊，命令丁汝昌只准待在威海基地內。而日本聯合艦隊在經過一番休整後，受甲午海戰的鼓舞，繼續跑到黃海海域尋找北洋艦隊。一個繼續找著打，一個打一次就不敢露頭，讓原本沒分出勝負的中、日雙方在實際後果上差別很大，北洋水師失去了黃海的控制權。

劉公島包餃子

在世界海戰史上，有一條不成文的規律，就是艦隊對港口必敗。為什麼這麼說，因為大多數軍事港口基地為了保護軍艦，都會建立大量的陸地防禦工事，漂在海面上的艦隊要想打下基地，是件很困難的事。日本海軍在攻打北洋艦隊威海基地時，卻成功全殲了北洋水師，真是什麼奇事都有。

當日甲午海戰結束之後，北洋艦隊沒打過聯合艦隊，這讓朝中的主戰派失望，主和派開始逐漸抬頭。李鴻章捨不得辛苦建立的北洋水師一打再打，命令丁汝昌縮在威海基地。丁汝昌這人雖然忠心耿耿，但騎兵出身的他根本不懂海戰，只知道聽主子的話。劉公島是孤懸在威海海外的一座小島，與海岸之間只有五公里，這片狹小的空間就是北洋艦隊的「龜殼」。在海岸上建有大量的炮台，作為保護基地的屏障。劉公島上也有炮台，不過都是固定方向朝外，不能調整炮頭。為了防止日本軍艦攻進基地，丁汝昌還在基地兩側的出海口布置大量水雷，活生生把北洋艦隊包在中間。

面對堅硬的「龜殼」，看上去好似鐵桶陣，實際上日本人已經想到了對付的招數——以子之矛攻子之盾。聯合艦隊不會直接傻傻地闖進基地，那是自尋死路，但是一旦陸軍從兩翼登陸，佔領岸上的威海炮台，那不是對著不遠處的北洋艦隊甕中捉鱉。其實這是很容易想到的辦法，清政府也認識到了這一點。這時候，清朝各地

1800
道光
1825
虎門銷煙
鴉片戰爭
1850 咸豐
太平天國
英法聯軍
同治
1875 光緒
中法戰爭
甲午戰爭
《馬關條約》
1900 八國聯軍
《辛丑條約》
中華民國
袁世凱稱帝
1925

大員之間的矛盾又拖了後腿，山東巡撫李秉衡與李鴻章不對盤，對威海海岸防務工作不上心，僅僅派出兩千多人防守，這哪裡夠日軍塞牙縫的。

一八九五年一月底，聯合艦隊運送約兩萬五千人「山東作戰軍」從榮成登陸。登陸過程中，清政府曾經命令丁汝昌攻擊還未集結好的日軍，丁汝昌哪裡會聽清政府的話，他只認李鴻章，最後錯過了一次好機會。日軍集結好之後，直奔威海基地後方，途中雖然有抵抗，但山東大員防守不上心的確影響了抵抗的強度。還是那句話，大家都認為北洋艦隊是李鴻章的私人財產，幹嘛那麼賣命？否則不會整個甲午海戰沒有其他水師的支援。至於廣甲、廣乙、廣丙三艘軍艦，還是因為曾國荃（曾國藩弟）與李鴻章私交不錯，再加上為了在慈禧大壽時參加檢閱，才派去北洋艦隊，不曾想還在甲午戰爭中被毀了。

也就幾天時間，日軍就拿下了威海南、北岸炮台，一路上抵抗的少，逃命的多。這下北洋艦隊真成一隻憋在殼裡的王八，四面受敵。海面上是四散而開的聯合艦隊，兩側布滿了魚雷，岸上的防守炮台又被日本佔領，直接被包餃子了。在接下來的幾天，岸上的日軍一邊炮轟港內的北洋艦隊，一面讓東鄉平八郎出面勸降，也就是大棒加胡蘿蔔策略。東鄉平八郎的勸降書寫得情真意切，回憶留學時的快樂時光，還保證去了日本後生活無憂，說自己之前也捨不得痛下殺手，只是各自為主，無奈的事情。

不得不說，丁汝昌這幫人雖然有點「愚」，但的確有中國人的氣節，丁汝昌沒有答應日本人的勸降，在彈盡糧絕之後，選擇了自殺。不過丁汝昌在當時並沒有成為為國犧牲的英雄，成了甲午戰爭失敗的替罪羊，後來清政府甚至一度要求他的靈柩不准下葬。提督丁汝昌一死，島上的人沒了主心骨，島上的士紳和外籍教員紛紛鼓動投降。二把手劉步蟾也不敢背這個黑鍋，跟著丁汝昌的腳步自殺了，隨後主事的楊用霖、戴宗騫等人全都跟風自殺。事情最後由牛昶昞出面寫了投降書，不過這人太慫，他把投降的罪名推到丁汝昌頭上，搞得丁汝昌背著黑鍋死去。

就這樣，整個北洋艦隊被日軍沒收，曾經不可一世的北洋水師從此消失。剩下的定遠等艦被日本人拖回日本，有的甚至還參加了之後的侵華戰爭，實在令人唏噓。

1800	
	道光
1825	
	虎門銷煙
	鴉片戰爭
1850	咸豐
	太平天國
	英法聯軍
	同治
1875	光緒
	中法戰爭
	甲午戰爭
	《馬關條約》
1900	八國聯軍
	《辛丑條約》
	中華民國
	袁世凱稱帝
1925	

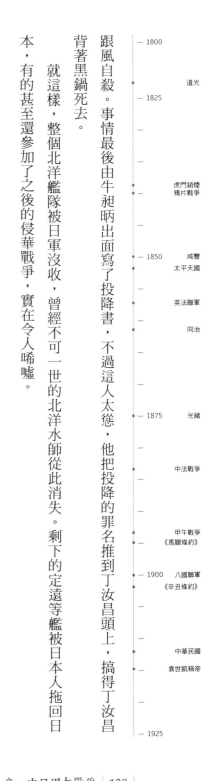

丟人差點丟命的《馬關條約》

事情到了這一步，沒什麼好說的，割地賠款唄。當時清政府想讓奕訢出面談判，不過日本人指名道姓只要李鴻章，有侮辱李鴻章的意思，因為李鴻章是洋務運動和北洋水師的首領。一八九五年四月，李鴻章抵達日本赤間關馬關港（今日本下關）。因為敗得一塌糊塗，這一次談判與之前的談判不同，根本沒有商量迴旋的餘地，日本首相伊藤博文直接甩出已經擬好的條約，坐看李鴻章簽字。

李鴻章一看內容，直接人都發暈，日本的胃口實在太大。不過當務之急是請求日本方面先停火，山東和遼東的日軍都在逼近京師，而日本人的意思先簽再停火，雙方僵持住了。就在這時，一個日本國內激進分子打了李鴻章一槍，子彈擦著李鴻章的左面頰，頓時血流滿面，已經年過古稀的李鴻章直接被嚇昏了過去。伊藤博文等人也是嚇了一跳，最後出於同情才答應先停火。梁啟超在《李鴻章傳》裡寫道：「……遂允將中國前提出之停戰節略押畫。口舌所不能爭者，借一槍子之傷而得之。」想想有多可悲，最後竟然是因為李鴻章中了一槍才答應停火。

不久後，丟人丟到家的《馬關條約》出爐，主要的內容有以下幾點：

一、賠款二億兩白銀（相當於三億日圓）。

1800
1825
英國憲章運動
歐洲革命
1850
日本黑船事件
美國南北戰爭
大政奉還
1875
日本兼併琉球
日本頒布帝國憲法
1900
日俄戰爭
日韓合併
第一次世界大戰
俄羅斯二月革命
1925

實際賠款根本不只這個數，除了高額的利息之外，日本還各種玩耍賴，說什麼銀子是庫平銀，成色不足之類的話，反正是多收了不少，還有後來的贖遼費三千萬兩。大家想想看，當時日本的歲入不過幾百萬而已，突然之間受到幾倍於年收入的錢，這是多麼大的一筆錢。這筆錢，日本人沒有亂花，直到今天，在日本的「靖國神社」裡依然有這筆錢的去向說明。其中一億兩用於擴建海軍，這讓日本海軍一躍成為實際上最強大的海軍之一，不久後的日、俄對馬海戰能打贏，靠得就是這筆錢。除此之外，陸軍也有一定的擴充，剩下的大部分賠款被用於教育，這也是日本後來能夠一再強盛的原因。日本注重教育的傳統一直保留到今天，日本的高中畢業率和大學畢業率一直都是世界第一。

二、割讓遼東半島、台灣及澎湖列島。

之前就有說過，日本每當像中國出手時，總會一上一下的開刀，上是遼東或者之前的藩屬國朝鮮，下是台灣及澎湖列島。日本侵佔中國的野心讓西方列強很擔心，一旦日本離了島，那哪裡還能擋得住，所以在俄、德、法三國的「友情勸告」下，清政府出了三千萬兩白銀，贖回了遼東。清政府之所以砸鍋賣鐵也要收回遼東，是因為那是滿族的龍興之地，那裡可藏有大清朝的龍脈呢！

不過清政府對於台灣的態度就差得多了，反倒是台灣人民相當愛國，不願意被日本人統治。劉永福的八旗軍之前從中越邊境被派到台灣，劉永福配合當地老百姓，頑強抵抗日本軍隊。日本派出約五萬日軍，最後死傷兩萬多人，連親王宮能久都死在了台灣。

三、承認朝鮮為獨立國家。

這一條對於朝鮮半島影響深遠，一八九七年，朝鮮半島的確從清朝的藩屬國成為大韓帝國。不過日本可不會真心誠意地朝鮮人民謀幸福，僅僅過了三年，朝鮮就被日本給吞併了。今天韓國人嘴邊經常掛著的大韓帝國怎麼怎麼樣，不過在歷史上出現了三年。

四、開放沙市、重慶、杭州、蘇州等為通商口岸，日本享有最惠國待遇。

這就是一條老生常談的條例了，幾乎清末每個條約中都有類似的條例。

《馬關條約》的簽訂，給中、日帶來了重大的影響。日本自然是借著這筆賠款一飛沖天，進入列強的行列，中國則越來越慘。在甲午之前，各大列強基本都是逼迫清朝開關做生意，攫取的多是經濟利益，除了沙俄，很少有列強對瓜分中國有興趣。為什麼呢？成本太大，吃不下。現在日本開了瓜分的惡例，其他列強一看，自然是趕緊能搶一點是一點，這才有之後列強瓜分中國的狂潮。另外一點，《馬關條約》的簽訂，讓國內有識之士對於洋務運動感到徹底的失望，列強瓜分中國更讓他們有亡國滅種的危機感，維新變法走上台前。

1800
1825
英國憲章運動
歐洲革命
1850
日本黑船事件
美國南北戰爭
大政奉還
1875
日本兼併琉球
日本頒布帝國憲法
1900
日俄戰爭
日韓合併
第一次世界大戰
俄羅斯二月革命
1925

閱讀鏈結：揭秘北洋海軍的工資

一八六一年，咸豐皇帝去世後，小皇帝同治繼位，因為年幼無力，慈禧與慈安兩位太后垂簾聽政，輔佐政事，清朝進入了女人當家的時期。在這以後的二十多年裡，中國社會還算是穩定和平，但在一八八五年八月二十三日的時候，這短暫的安逸被打破。

當日在福建海面的馬江，法國海軍與中國的北洋艦隊作戰，僅僅四十分鐘，中國艦隊就被擊沉，這件事情對於清政府來說，無疑是一個巨大的刺激。舉朝上下一片憤慨，眾大臣提議重建海軍，重振聲威。

一遇到重大狀況，女人總是顯得慌亂無章，慈禧當時既想出口惡氣，又害怕得罪外國人，變得矛盾重重，此時，一個男人堅決的站了出來，力抗此事，替慈禧解了燃眉之急，他便是鼎鼎大名的北洋通商大臣李鴻章。

李大人的辦事能力一流，不過三年時間，便將海軍風風火火地建立了起來，而且還排到了世界的第七位，亞洲第一位。這支北洋海軍成立不久，便出現了滿員，甚至超員的問題，許多綠營兵，甚至是八旗子弟，都紛紛要求去當北洋海軍。有些人為了能進入海軍系統，不惜砸鍋賣鐵，請客送禮，很是下血本。

不過區區一個北洋海軍，居然能吸引這麼多兵源，其中還不乏高幹子弟，這個答案恐怕只有李鴻章自己能夠解釋——北洋海軍的薪水高。

1800
道光
1825
虎門銷煙
鴉片戰爭
1850 咸豐
太平天國
英法聯軍
同治
1875 光緒
中法戰爭
甲午戰爭
《馬關條約》
1900 八國聯軍
《辛丑條約》
中華民國
袁世凱稱帝
1925

軍人是用來打仗護國的，以生命保障國家和人民的安全。所以，要有足夠的動力，才能讓他們奮勇向前，不退縮敗陣。而海軍的要求也是更為嚴苛一些，不但需要懂得打仗，還需要懂得航海技巧。

所以，想要進入北洋海軍，都必須是正經的水師學堂畢業，也就是所說的科班出身。想要加入北洋海軍，不但要會讀書識字，還需要掌握艦艇知識，更需要懂得作戰技巧，可謂是文武兼備，這樣的人難以尋覓。所以，高薪的制定，也是為了能吸引到綜合性人才來為海軍所用。

李鴻章在這一點上還是很有遠見的，他力導高薪養兵，希望能以此作為海軍的戰鬥力之一，所以，在一開始創辦海軍的章程時，他就明確下達了指令，北洋海軍的薪水要高於其他軍種。針對此，北洋海軍的薪水進行了提升，軍官的年薪分為兩部分：一是「年俸」，二是「船俸」，也就是基本工資和年底分紅。不但如此，還取消了其他軍隊裡那些亂七八糟的薪、蔬、燭、炭、心紅、紙張等薪水分類的名目。

這樣下來，北洋海軍的薪水就很可觀了，根據記載，大概標準為：

海軍提督一年收入大概為八千四百兩白銀。

海軍總兵一年收入大概為三千九百六十兩白銀。

海軍副將一年收入大概為三千二百四十兩白銀。

海軍參將軍的一年收入大概為二千六百四十兩白銀。

這都比其他軍種裡，同級別的官兵多個三、兩倍，而且不止如此，北洋海軍還有其他的額外收入，例如，軍艦的維修費用也可以有部分劃入海軍的薪水中，叫做「行船公費」，大到煤炭裝卸，採購物資，小到購買油漆，更換國旗，都能讓海軍撈到油水。

這筆費用根據艦艇的噸位大小各不相同，噸位越大，油水就越多，例如北洋艦隊的幾支主力艦船「定遠」、「鎮遠」的行船公費每月各有八百五十兩，而其他一些小噸位的艦船就會少個二三百兩。

這些費用都是政府買單，李鴻章為了弘揚海軍，不惜大下血本，令北洋海軍在當時是名噪一時的「不差錢」部門，人人擠破頭皮都想進去撈一把。因為不但軍官的工資高，就連士兵們也是薪資豐厚，當時的北洋海軍士兵的薪水按等級來分是這樣的：

一等水手月薪十兩白銀。

一等炮目是二十兩白銀。

岸上勤雜人員月薪為三兩白銀。

魚雷匠月薪二十四兩白銀。

電燈兵月薪三十兩白銀。

不論是打雜兵還是技術兵，就連在岸邊當差的人，一個月工資也有三兩白銀，要知道當時的人均收入可都不高，當時，一家農民的年收入大概為四十兩白銀，一個工人的年收入大概為五十兩白銀，兩相對比，就充分說明了北洋海軍官兵的高薪已經遠遠高過了平常百姓的年收入。

李鴻章想透過高薪制度，吸引人才，打造一支與國際接軌的高科技水軍，但往往天不遂人願，這支海軍轟轟烈烈展開到一八九五年的時候，便消失在了世界上，有著最好的武器裝備，最精良的戰艦設備，最高昂的官兵薪資，卻在中日海戰時，幾乎沒有擊沉一艘日本戰艦就全軍覆滅了。強大的軍隊需要用錢來完善，但僅僅有錢，也是買不來一支戰鬥力強的軍隊的，李鴻章不明白的正是這個道理。

1800
道光
1825
虎門銷煙
鴉片戰爭
1850 咸豐
太平天國
英法聯軍
同治
1875 光緒
中法戰爭
甲午戰爭
《馬關條約》
1900 八國聯軍
《辛丑條約》
中華民國
袁世凱稱帝
1925

1839-1919

第七章：書生治國夢

維新不只有康、梁

《馬關條約》簽訂後，亡國亡種的危機感充斥中國，這也是實際情況，再不變估計真要完蛋了，一時之間，各種維新思潮湧出。其實中國的維新思想並不是在甲午戰爭後突然湧進來的，老早就已經有了，不過那會沒人信，更不會有人用。

最早的一撥人是馬建忠、王韜、鄭觀應等人。現在提起維新變法就想到只有康有為、梁啟超，這是不符合實際的，他們也是受了前人影響，康有為就受鄭觀應的《盛世危言》影響頗深。嚴復也是一位較早主張維新的人，這些人都是康、梁的前輩。

在清朝的官僚中，也不是完全反對變法維新，郭嵩燾、黃遵憲等人就是支持變法的開明派，郭嵩燾是首位中國駐外大使，他是親眼見過西方文明的人，自然明白變法的必要。

甲午戰爭前可能還有不少頑固派，主張以「忠信為甲冑，仁義為杆櫓」，抗擊洋人，經過中日戰爭後，早已沒人敢說這話，所以變法在當時已經基本形成共識。所謂的開明派與頑固派，不過是有的人主張變得快點，有點人主張慢點來。

還有一點，就是康、梁的維新思想與上面這些人的思想並不是一個路子，不可以混為一談。國學大師陳

1800
道光
1825
虎門銷煙
鴉片戰爭
1850 咸豐
太平天國
英法聯軍
同治
1875 光緒
中法戰爭
甲午戰爭
《馬關條約》
1900 八國聯軍
《辛丑條約》
中華民國
袁世凱稱帝
1925

寅恪很早就指出，清末的維新思想分為兩類，像他祖父陳寶箴，是受郭嵩燾「頌美西法」的影響，以「歷驗世務，欲借鏡西國以變神州舊法」為維新依據。什麼意思？所謂「歷驗世務」，就是從辦學堂、開工廠等世俗事務動手，變革到最後自然而然就會變到體制方面，由淺入深的來。

康有為的維新思想則是「治今文公羊之學，附會孔子改制以言法」。所謂「公羊學」就是儒家經學中研究傳承《春秋公羊傳》的學派。孔子留下《春秋》這一儒家經典，後來人就依著自己的理解解釋經典，逐漸就分為各個派別。公羊派就是其中一個影響較大的學派，從孔子弟子子夏開始，經由一群姓公羊的人傳承，後來這個支系就叫做公羊派了。公羊派一直傳承不斷，從「罷黜百家，獨尊儒術」的董仲舒，一直到晚清的龔自珍、魏源等人。

康有為的辦法是宣稱孔子的支持變法革新的，孔子不是也劃分「據亂世」、「升平世」、「太平世」嘛，現在是亂世，要變法一步步走向太平世。康有為的想法是好的，畢竟相比於西學，如果能在儒家經典中找到理論依據，當時的士大夫們肯定更容易接受。但是康有為的做法就有點欠妥當，當時是士大夫們最受不了的並不是他的維新學說，而是他的說話方式，康有為一開始就自詡自己是當代孔子，自稱康子。這種調調誰受得了，在別人眼中，你康有為何德何能啊？

學問不大，連個進士都考不上，還要自稱康子。再一點就是康有為了宣稱儒學也支持變革，竟然說現在的儒家經典都是西漢劉向、劉歆父子的杜撰，他說得才是真的。這一點更扯淡，經過乾嘉學派上百年的嚴密考證，儒家各經典早就條理清晰，板上釘釘，哪些是真本，哪些是偽本，早就在學術界達成了共識，康有為突然這樣大放厥詞，大家都覺得這個人有點不靠譜。所以康有為因為自己的做事方式，得罪了不少人。

除此之外，在「托古改制」的維新派中，也不僅僅有康、梁為代表的廣東派（康有為是廣東南海人，梁啟超是廣東新會人），還有章太炎（即章炳麟）為代表的江浙派。所以說，今天人們提起維新變法就只想到康、梁，這不夠全面，當時的情形是百花齊放，亡國滅種的危險讓有識之士全都動了起來。

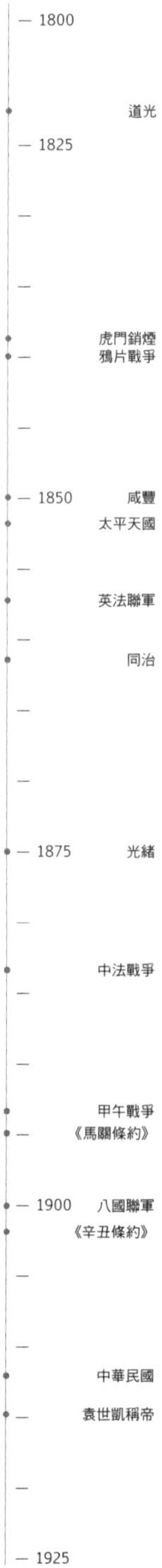

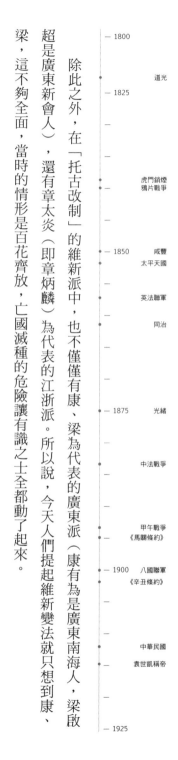

高徒出名師

康有為出身在廣東南海，一般人都叫他康南海，父親曾經做過江西的補用知縣，家庭算是小康。打小康有為也和普通讀書人一樣，讀的是四書五經，寫的是八股文，長大的理想就是考取功名。從剛開始就磕磕碰碰，考個秀才都要三次，要知道當時洪秀全和他在一個考場，洪秀全考了幾次之後就發燒見上帝去了。考舉人的過程，更是「難產」。康有為先是在廣州連考幾次不中，後來決定去京師參考，挪個窩換換運氣。

一八八二年，二十五歲的康有為在北京參加鄉試，結果還是不中。失意後的他打算在北京謀個一官半職，不過小小秀才哪有說話的份，最後在一個京官家裡做幕僚，實際就是負責寫寫文書。但是康有為不是個安心做小事的人，超級自信的他認為自己是為驚天動地的大事而生。

一次，康有為為這位京官寫奏摺，結果因為自己在奏摺裡說話口氣太大，大放厥詞，搞得這位京官丟了烏紗帽，家破人亡。這事之後，康有為在北京混不下去了，只能回老家。回家途中經過上海，當時上海已經相當開放，畢竟得風氣之先，有不少介紹西學的書。之前有說過，李鴻章主辦的江南製造總局翻譯館做得比較出色，但是銷量並不如意，積壓了很多西學著作。康有為一口氣買下了三千多冊書，這些書是他維新思想的啟蒙，其實後來康有為的很多思想都來自這批書，不過他都宣稱是自己獨創。

1800
1825
英國憲章運動
歐洲革命
1850
日本黑船事件
美國南北戰爭
大政奉還
1875
日本兼併琉球
日本頒布帝國憲法
1900
日俄戰爭
日韓合併
第一次世界大戰
俄羅斯二月革命
1925

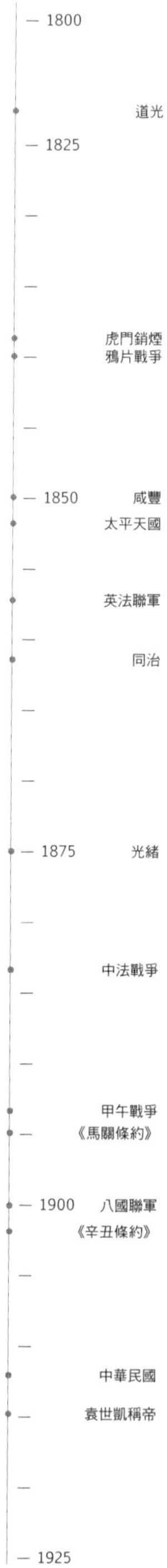

幾年後，康有為又跑到北京考試，還是沒中，水準不夠是實話。這時候社會風氣已經較為開化，至少在士大夫階層是這樣，已經有不少開明人士開辦新式學堂。康有為也開始四處宣講他的思想，由於僅僅是個秀才，外加他自己也的確沒讀什麼西方著作，三腳貓的思想肯定沒人理。鬱鬱不得志的康有為沒有放棄，這的確是他的優點，縱觀他的一生，康有為都顯得相當自信，甚至自信過頭。為了繼續宣傳自己的思想，康有為在廣州辦了萬木草堂。不過一個小小秀才，還敢在廣州辦書院，回農村辦私塾還差不多，這是當時人的想法。

招不到學生，糊不了口，這是萬木草堂當時的情況。不過廣州的經學大儒廖平對他很是照顧，兩人很聊得來。一天，廖平給康有為展示了自己的研究成果，一個是《知聖篇》、一個是《辟劉篇》。康有為看到之後，心頭大震，原來儒家經典中也有支持變革的理論依據，他再糅合一下之前學到的二把刀西學，搞出了《孔子改制考》和《新學偽經考》。按照讀書人的習慣，肯定會說自己的著作是參考了什麼，不可能是憑空拍腦袋想出來的吧？康有為卻說這是自己的個人創作，為了掩飾這個謊言，他甚至把廖平的書稿給毀了，來個死無對證。這段歷史公案一度被康有為壓得死死的，直到後來才被人發現其中的貓膩。

這兩篇文章一出，的確在當時算是比較新，但其實在國內也沒多大影響。為什麼這樣說？康有為這兩篇文章，實際上不過是從儒家經典中，自己亂翻出來的新義，甚至還有抄襲廖平的嫌疑，而在全國範圍內，嶺南儒學不過是支流，康有為只能算支流的支流，實在是沒翻出什麼大浪。雖然在士大夫當中沒什麼回應，但卻為康有為吸引了眾多年輕人的追捧，年輕人都比較喜歡新潮且偏激的言論，這也不是什麼奇怪事。開始逐漸有學生拜在康有為門下，其中就有廣州天才——梁啟超。梁啟超是當時公認的天才，年僅十六歲就中了舉人，梁啟超拜師康有為，即舉人拜秀才為師，一時之間傳遍廣州，康有為也因為梁啟超而名聲大噪。

公車上書

康有為自從收了梁啟超之後，開始在嶺南一帶漸漸出名，三十六歲那年終於中舉。一八九五年，康、梁師徒二人一起前往北京參加會試。此時康有為的名聲已經比較大了，北京也有不少人聽說嶺南出了這麼一號人。考試前，主考官大學士徐桐就發出話，一定會在考試中卡住康有為，絕對不會讓他這種不靠譜的人考中。徐桐為什麼能知道哪封試卷是康有為的？原來徐桐認為康有為是維新變法代表，肯定會在試卷中大放厥詞，狠狠抨擊朝廷。梁啟超倒是天真，繼續在試卷中洋洋灑灑，還是康有為實在，寫了一篇中規中矩的八股文，結果康有為中了，梁啟超落第。

就在放榜前，正好遇著李鴻章簽署《馬關條約》，消息一傳到國內，整個士大夫階層直接炸了，哪裡遭受過這種羞辱。正在北京等待放榜的舉子們更是群情激昂，紛紛要求不能答應日本要求，要跟日本死磕。一時之間，不管是朝廷大員還是舉子，紛紛向朝廷上書建言獻策。後來據康有為自撰的《我史》記載：「……我認為士氣可用，遂召集十八個省舉人在松筠庵集會商議，簽名者達一千二百餘人，我用一天兩夜時間起草了一份萬言書，內容包括拒和、遷都、變法三大項。卓如（梁啟超）、孺博（麥孟華）連日抄寫，傳遍京城，士氣憤湧。四月八日前去投遞，都察院以皇上已在和約上用璽，事情無法挽回為由，拒絕接受上書。」這就是所謂的

1800
1825
英國憲章運動
歐洲革命
1850
日本黑船事件
美國南北戰爭
大政奉還
1875
日本兼併琉球
日本頒布帝國憲法
1900
日俄戰爭
日韓合併
第一次世界大戰
俄羅斯二月革命
1925

1800
道光
1825
虎門銷煙
鴉片戰爭
1850 咸豐
太平天國
英法聯軍
同治
1875 光緒
中法戰爭
甲午戰爭
《馬關條約》
1900 八國聯軍
《辛丑條約》
中華民國
袁世凱稱帝
1925

「公車上書」（舉人參加會試乘坐公家提供的車馬，「公車」指舉人）。

首先要說的是有「公車上書」這事嗎？有。據後來的皇家記載，在《馬關條約》簽訂後，幾乎所有的朝廷官員和不少舉子都在上書，不僅僅是這幫來京考試的學生。朝廷官員的上書雖然在社會上的聲勢比不上「公車上書」，但實際效果還是不可小覷的。

再有一點，康有為在自傳中說是他組織了一千二百多名舉子聯名上書，這個說法在後來引起了一些人的異議。有人認為當時康有為還沒有那麼大的號召力，有虛報人數的嫌疑。不管怎麼說，「公車上書」和康有為都有分不開的關係，不能抹殺康有為四處奔走呼號的「苦勞」。後來「公車上書」一事在社會上引起了強烈的迴響，不少人開始轉向維新派，這也為後來的戊戌變法造足了勢。

最後一點，康有為說他後來遞交上書時被都察院堵住，所以才沒有送上去。關於這一點，也是一段歷史公案，公說公有理，婆說婆有理，不可開交。其實換個角度考慮，不管康有為是否最終上書成功，實際結果都是光緒開始傾向變法，原因是清廷的統治者也意識到改革的必要，以及光緒希望藉變法脫離慈禧掌控的個人願望。

不管怎麼說，康、梁二人還是在甲午戰爭後那場維新思想大潮中貢獻了力量，看人還是要全面一點，沒有十全十美的聖人，也沒有頭頂生瘡，腳底流膿，從頭壞到腳的人，康有為還是為「公車上書」付出了很多心血。

「百日維新」百日夢

經過朝廷官員和舉子們的一輪上書大潮，當時清政府也認識到變法改革的必要性，再不變就要完蛋了，所以以前不少傾向於保守的人都開始轉向。就拿李鴻章來說，康有為後來辦了強學會，李鴻章還派人過去送錢，不過因為李鴻章成了簽訂《馬關條約》的賣國賊，當時已經背了黑鍋，康有為也不敢接下錢。張之洞也開始向著維新派，當年梁啟超路過武漢，拜會張之洞，張之洞不僅開中門迎接（按規定，只有接待平級官員時才開中門），還要放禮炮，不過因為動靜太大，被巡撫勸取消了。可以看得出，當時朝中大員還是比較敬重康、梁等人的。

前面有講到，維新派可不止康、梁等人，怎麼突然間全天下好像就只剩康門子弟了呢？原因就是康有為宣傳工作做得好。當時的資訊管道主要是報紙，比較重要的是洋人辦的《萬國公報》、嚴復主筆的《國聞報》和梁啟超主筆的《時務報》。嚴復在《國聞報》上刊載了《天演論》，影響很大，不過還是偏向於知識份子，畢竟要看懂還是需要些底子的。梁啟超執筆《時務報》後，他發明了一種介於古文和日常說話之間的一種文體，後來人叫做時務體，其實就是半白不文的話。梁先生寫文章主要是以氣勢和情感為武器，就連胡適都說「讀梁任公的文章，你不得不跟著走。」梁啟超以《時務報》為平台，讓自己成為中國最耀眼的人物，康有為作為師

1800—
1825—
英國憲章運動
歐洲革命
1850—
日本黑船事件
美國南北戰爭
大政奉還
1875—
日本兼併琉球
日本頒布帝國憲法
1900—
日俄戰爭
日韓合併
第一次世界大戰
俄羅斯二月革命
1925—

父，自然又跟著名滿天下。這才有一時之間大家都說自己是康黨的由頭。

這時才是天時地利人和的好時機，外面大家一致認同變法，清政府內也認識到非變不可。還有一層，就是此時光緒剛親政不久，慈禧的勢力一時之間消退很多，光緒還是很想做一番事情的。不過說實話，當時慈禧也沒有說要反對變法，當然失落是難免的，畢竟掌權幾十年，突然權力沒了，天天在頤和園紮花聽戲曲是蠻無聊的。

不過康有為都把這一切功勞攬在自己頭上，說光緒經常召見他，一見就是四五個小時，變法也是他的主意等等。這是不可能的事，光緒每天做了什麼都有史官記載的，在如今的皇家記載中，僅有的一次見面就是康有為及第時的例行見面（按規定，皇帝要見每一位新科進士）。當時同榜及第的張元濟先生就在康有為的後頭，據他回憶，光緒根本聽不懂康有為那一口廣東話，胡扯了十多分鐘就撤了，哪裡來的幾小時。張元濟先生後來是商務印書館的董事長，為人品性沒得話說，他的話可信度還是很高的。

不管怎麼說吧，光緒開始了「戊戌變法」，並且任命譚嗣同、楊銳、林旭、劉光第為四小軍機卿。這是比較大的突破，四小軍機基本上相當於小朝廷，總領當時的變法事務。至於康有為，則被任命為六品芝麻官——總理衙門行走，什麼意思，就是總理衙門跑腿的。戊戌變法的主要就是以下這些方面：

一、經濟方面。設立農工商總局，開墾荒地；提倡私人辦實業，獎勵發明創造；設立鐵路、礦務總局；鼓勵商辦鐵路、礦業；裁撤驛站，設立郵政局；改革財政，創辦國家銀行，編制國家預決算。

二、軍事方面。嚴查保甲，實行團練；裁減綠營，淘汰冗兵，採用新法編練陸海軍。

三、文教方面。改革科舉制度，廢除八股，改試策論；改書院和淫祠（不在祀典的祠廟）為學堂；鼓勵地

1800
道光
1825
虎門銷煙
鴉片戰爭
1850 咸豐
太平天國
英法聯軍
同治
1875 光緒
中法戰爭
甲午戰爭
《馬關條約》
1900 八國聯軍
《辛丑條約》
中華民國
袁世凱稱帝
1925

方和私人辦學，創設京師大學堂，各級學堂一律兼習中學和西學；准許民間創立報館、學會；設立譯書局，翻譯外國新書；派人出國留學、遊歷。

四、政治方面。廣開言路，准許各級官員及民眾上書言事，嚴禁官吏阻格；刪改則例，撤銷重疊閒散機構，裁汰冗員；取消旗人的寄生特權，准其自謀生計。

大家看下來會發現，其實沒什麼特別重大的突破，經濟方面無非就是鼓勵老百姓自己做生意，此前也沒說禁止啊！軍事方面就是開始操練新軍，袁世凱的小站練兵早在一八九五年的時候就開始了，也不稀奇。文教方面也都是些隔靴搔癢的事，唯一有點突破的就是廢除八股，這在當時還是有很大爭議的，不過也可以理解，人家讀了幾十年，突然說不考了，豈不是很崩潰。最重要的一點，也是最不應該出現的一點就是取消旗人的特權。當時光緒剛當政，就動滿人的特權，實在是不明智，那幫提籠架鳥的貴族，雖然礙著變法呼聲不敢明著發牢騷，但是暗地下絆子還不是很簡單。他們天天圍在慈禧身邊，沒事嘮叨兩句，你說，擱誰不受影響？

果然，慈禧耳邊天天是那幫滿人的嘮叨，肯定心裡發毛，開始給光緒施加壓力。到這也不會出事，最多就商量著來唄，壞就壞在康有為身上。當時光緒給四小軍機中的楊銳下密詔，這樣說：「……可有何良策……使中國轉危為安，化纖為強，而又不致有拂聖意。爾其與林旭、劉光第、譚嗣同及諸同志妥速籌商，密繕封奏，由軍機大臣代遞……」意思很明瞭，就是說我現在處境比較艱難，你（楊銳）和林旭、劉光第、譚嗣同能不能找出個法子，既能解我的圍，又不讓慈禧生氣。

這密詔到了楊銳手後，他先給了康有為看，讓他帶話給譚嗣同。康有為一看詔書上沒自己的名字，這實在說不過去，這樣不是沒法再混下去了嘛。於是康有為將密詔改為下面這樣：「朕惟時局艱難，非變法不能救中

1800— 1825— 英國憲章運動 歐洲革命 1850— 日本黑船事件 美國南北戰爭 大政奉還 1875— 日本兼併琉球 日本頒布帝國憲法 1900— 日俄戰爭 日韓合併 第一次世界大戰 俄羅斯二月革命 1925—

國，非去守舊衰謬之大臣，而用通達英勇之士，不能變法。而太后不以為然，朕屢次幾諫，太后更怒。今朕位幾不保。汝可與譚嗣同、林旭、楊銳、劉光第及諸同志妥速密籌，設法相救。朕十分焦灼，不勝企望之至。特諭。」

康有為的詔書和原詔書的區別主要就倆地方，一是將他自己加在首要位置，顯示自己在光緒眼中的地位。第二就是將光緒的原意給改了，光緒原本是讓四小軍機找個兩全其美的法子，現在卻變成讓四小軍機設法相救的詔書。前一點還好，後一點影響太大了。

譚嗣同看到康有為給的詔書之後，真是像熱鍋上的螞蟻，急得不行，主子有生命危險，求救了啊！最後他們商定去找手裡有兵權，而且傾向於變法的官員，當初考慮聶士成，最後拍板袁世凱。袁世凱當時是比較支持變法的，而且在天津小站還有幾千新軍。譚嗣同趕往天津後，向袁世凱表明來意，意思是請他帶兵進京護駕。現在老是說袁世凱出賣了譚嗣同，各位，請想一想，袁世凱一不知道這詔書真假，二和你譚嗣同不熟，這種掉腦袋的大事能說幹就幹？再說了，就袁世凱那點新軍，能打得過護衛慈禧的兩三萬護衛軍？結局只有一個，袁世凱為了自保，只能上報組織。

慈禧得到消息後，那還了得，原本只是說給光緒施加壓力，光緒竟然想著殺她，這可是弒母的不孝子啊！慈禧一路從頤和園跑回故宮，直接把光緒給軟禁了。總共持續一百零三天的戊戌變法像個白日夢醒了。

六君子飲刀菜市口

戊戌變法一失敗，中國開始政治上的大踏步後退，甚至連洋務運動的成果都被波及。慈禧軟禁光緒之後，首先做的就是逮捕那些維新人士。此時的康有為早已經在天津碼頭了，當時他給譚嗣同傳完話之後就一直待在天津，政變成功，是他的功勞，革命失敗，趕緊跑路。康有為清楚自己動過詔書，心裡還是怕的。不過並不是每個人都像康有為那麼「機靈」，大批維新人士被捕。李鴻章還是不錯的，雖然此時他已經甲午戰爭被免職在家，但是畢竟勢力還在，救下了一批人。張之洞就沒辦法了，雖然給榮祿寫信求留下愛徒楊銳，不過自詡清流的張之洞，平時就不屑收攏人心，搞得榮祿根本不買賬。

在樹倒猢猻散的時候，有一個是得到消息也沒走的，那就是譚嗣同。譚嗣同認為各國變法沒有不流血犧牲的，他願意為變法犧牲，喚醒國民。一八九八年九月二十八日，譚嗣同、劉光第、楊銳、林旭、楊深秀、康廣仁（康有為胞弟）六人在北京被斬首示眾，人稱「戊戌六君子」。這六個人都是響噹噹的漢子，譚嗣同在獄中時就寫下了「我自橫刀向天笑，去留肝膽兩崑崙」的詩句，在行刑的時候，更是高喊「有心殺賊，無力回天」，實在讓人佩服。至於康廣仁，其實基本沒有參與任何活動，只是因為是康有為胞弟，受連累而死。

此後的康有為流落海外，跑遍世界，一向宣傳一夫一妻的他，娶了六個老婆。在海外，康有為宣傳自己得

1800
1825
英國憲章運動
歐洲革命
1850
日本黑船事件
美國南北戰爭
大政奉還
1875
日本兼併琉球
日本頒布帝國憲法
1900
日俄戰爭
日韓合併
第一次世界大戰
俄羅斯二月革命
1925

到光緒的「衣帶詔」，寫在衣角上的密詔，也就是前面他改完後的詔書。由於四小軍機全部被殺害，光緒也被軟禁，根本就是無可對證的事情，所以海外華僑都相當信任他，拼命地給他捐錢。不過紙包不住火，一九〇七年，楊銳的兒子拿出了那份密詔的原件，此前一直害怕被迫害沒有拿出來。康有為一生的愛徒——梁啟超最終也漸漸看透了他，與他逐漸分道揚鑣。不過這都是後話。

「百日維新」失敗，除了慈禧等人的阻撓，還有一些其他的原因。最主要的就是康、梁等人自己不靠譜。為什麼這麼說？他們太過狂妄和無知了，提出的方案儘是一些不靠譜的法子，譬如說，他們看到日本的明治維新很成功，竟然想請日本首相伊藤博文來主持變法，這是哪跟哪啊！

還有一點，就是康有為這幫人本事不大，口氣能吞天，眼高於頂，誰都看不上。舉一些例子，康有為開口閉口自稱當代孔子，這原本就讓別人受不了，他竟然還不知道團結一些身邊志同道合的人。同為維新派，康有為與章太炎先生矛盾相當重，康門子弟竟然敢在《時務報》報館內毆打章太炎，簡直狂妄過頭了啊！像一些傾向於變法的朝廷大員，比如張之洞，康、梁等人也看不上，完全不懂團結一切可團結力量的道理。當年張之洞開中門迎接年紀輕輕的梁啟超，結果兩句話一談，人情練達的張之洞就覺得梁啟超不太靠譜，思想太過書生式的浪漫化，根本沒有實際操作的經驗。

戊戌變法的失敗，給中國近代政治帶來了災難性的後果，原本在經過洋務運動的努力，清政府總歸是向前慢慢改變，結果這下一攪和，慈禧直接取消了前面的成果，「一夜回到解放前」了。

還有一點需要注意，就是戊戌變法和普通民眾的關係，之前講洋務運動，說是和民眾之間基本沒有互動，維新變法甚至可以說完全沒有互動，基本上就是自娛自樂。這就造成老百姓完全沒有受到啟蒙的作用，從「戊戌六君子」被殺，老百姓拍手叫好就可以看得出，另一位維新人士張蔭桓被流放新疆，途經河北保定時，「兩市觀者萬數，咸呼曰：『看大奸臣』。」實在是令人感到悲哀。老百姓沒有受到西學的啟蒙，就依然對於外來的洋物件、洋思想抱有很大的排斥心理，這對之後的義和拳拳亂有很大關係。還有一點直接原因，那就是「戊戌變法」鼓勵辦新式學堂。舉辦新式學堂會導致義和拳？說起來玄乎，實際上還是很好理解的，我們下面再談。

閱讀鏈結：康有為是被毒死的嗎？

曾經對清末時候的中國社會產生了重大的影響，被稱作「康聖人」的康有為，又名康南海。說起康有為，人們自然而然地會想到，「公車上書，百日維新」等歷史事件。

今天我們看到的康有為的墓地是在一九八五年青島市人民政府重建的墓地，但是還留有當年康聖人的墓碑，上面寫著「弟子劉海粟年九十歲」。

這塊碑文上也寫得很清楚，當時康有為的兩個兒子都在上海，康有為的葬禮都是由康有為的弟子呂正文和一個稱作趙公的先生來主持操辦的。

從當年康有為治喪委員會的一份名單裡可以看出，這個碑文的撰寫者也在這份名單之中，所以我們要探究康聖人死因之謎，這個碑文所記載的康有為之死的過程應該是比較真實可信的。但是到底是什麼原因導致康有為之死呢？

說到康有為之死，我們應該回到一九二三年，康有為結束了其長達二十年的海外漂泊流亡的生活後第二次來到青島，當時康有為重回青島可以說是落葉歸根，他每天的生活很悠然自得。真是談笑有鴻儒，往來無白丁。也許因為他有海外生活經歷，他可以說是遍嘗中外美食，對美食有自己非常獨到的見解和追求。

1800
道光
1825
虎門銷煙
鴉片戰爭
1850 咸豐
太平天國
英法聯軍
同治
1875 光緒
中法戰爭
甲午戰爭
《馬關條約》
1900 八國聯軍
《辛丑條約》
中華民國
袁世凱稱帝
1925

在當年的青島康有為完全可以稱作是天字第一號的美食家，康有為經常會時不時地光顧青島有名的飯店，各家飯店都盼望康有為能到自己的飯店裡吃飯，但是康有為萬萬沒有想到自己的這點愛好和享受竟然會讓他命喪黃泉。

一九二七年三月的某一天晚上，康有為來到了當年青島中山路附近的一家叫英記酒樓的粵菜館去吃飯，康有為是廣東人，在山東能吃到自己家鄉菜，康有為心裡也是著實地高興，飯後他意猶未盡，他又喝了一杯橙汁……

一九二七年三月三十一日的凌晨五點三十分，康有為在其臥室上與世長辭，享年七十歲。康有為撒手人寰，卻給世人留下了一個千古之謎，康有為在青島離奇的死亡，原因眾說紛紜。但是所有這些說法似乎都有一種暗示，那就是康有為是被人下毒致死的，那麼究竟是什麼人下毒要害南海先生呢？

第一種說法：國民黨特務下毒。這個說法來自康有為的女兒康同璧。但是迄今為止沒有任何證據證明這個說法的真實性。

第二種說法：慈禧太后生前派出殺手殺害康有為。據說在「戊戌變法」失敗後，慈禧太后賞銀十萬兩出京刺殺康有為，其中有一個叫做巫仿的殺手跟隨康有為二十多年一直尋找刺殺的機會，終於在青島得逞了。

第三種說法：日本人下毒。但是這個說法也是毫無證據。

第四種說法：食物中毒。現在大家一致比較贊成的說法是食物中毒。根據現代醫學最新的研究發現，海鮮含有比較豐富的蛋白質和鈣等一些營養物質，而橙汁裡面含有大量的維生素C，如果這兩樣東西同時吃進去，會將我們身體裡原本沒有毒性的砷轉化成對人體有害的砷，這個砷的另一個名字就是砒霜。魯菜和粵菜都是以

1800
1825
英國憲章運動
歐洲革命
1850
日本黑船事件
美國南北戰爭
大政奉還
1875
日本兼併琉球
日本頒布帝國憲法
1900
日俄戰爭
日韓合併
第一次世界大戰
俄羅斯二月革命
1925

1800 — 道光 — 1825 — 虎門銷煙 — 鴉片戰爭 — 1850 咸豐 — 太平天國 — 英法聯軍 — 同治 — 1875 光緒 — 中法戰爭 — 甲午戰爭 — 《馬關條約》 — 1900 八國聯軍 — 《辛丑條約》 — 中華民國 — 袁世凱稱帝 — 1925

製作海產品著稱於世的，所以在山東康有為去吃魯菜和粵菜，他的這頓飯裡應該有海產品，這樣這個食物中毒的解釋就非常合理了。

關於康有為死亡的真正原因，一直是一個謎，也許我們永遠也找不到這個真實的原因了，但是這個原因也已經不那麼重要了。

1839-1919

第八章：義和團運動及八國聯軍

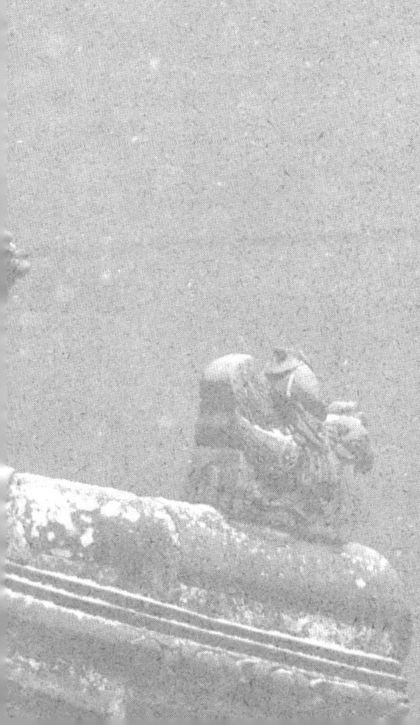

教民衝突

在十九世紀末，華北地區爆發了一場「義和拳運動」，打擊了清政府也打擊了洋人，我們來看看到底是怎麼回事。首先爆發一場那麼大的運動，總歸是有原因的，當然最主要的原因是當時階級矛盾比較嚴重，再加上那幾年黃河氾濫比較嚴重，老百姓民不聊生，自然起來反抗。

不過如果僅僅是因為沒吃沒喝，那應該是一場舊式的農民起義，即以推翻清政府為目的，但我們看到義和團的口號是「扶清滅洋」，所以說，除此之外，還有更複雜的原因。老百姓的思維都是很簡單的，不會拐彎抹角，「滅洋」兩字就說出了起義的原因，那就是老百姓與洋人之間的矛盾。

與洋人的矛盾，是通商的問題嗎？很明顯不是，因為當時通商只在一些口岸城市，而且是在城市裡，而義和拳卻是從田地間揭竿而起，其實是老百姓與洋教之間的問題。前面說無論是洋務運動還是維新變法，都沒有能夠與老百姓互動，這就造成老百姓對於跟洋沾邊的東西都懷有排斥的心理，其中最突出的衝突就是宗教信仰衝突。

有人會說，中國人有信仰嗎？當然有，否則幾千年的中華文明不會那麼延綿不絕。士大夫階層多數信仰儒教，拜孔子為聖人，你看當年曾國藩討伐洪秀全的檄文，不就是以捍衛儒教尊嚴為依據的嘛。至於老百姓的信

1800
道光
1825
虎門銷煙
鴉片戰爭
1850 咸豐
太平天國
英法聯軍
同治
1875 光緒
中法戰爭
甲午戰爭
《馬關條約》
1900 八國聯軍
《辛丑條約》
中華民國
袁世凱稱帝
1925

仰，那就雜了，多是觀音、如來佛、玉皇大帝之流，乃至關公、岳飛等歷史上人物，還有的是信仰祖先，譬如說一些宗族的祠堂，那不就是拜祖宗嘛，基本上是三教九流都有人信。

中國老百姓的信仰還是很奇特的，首先是沒有單一信仰對象，就是說你信你的觀音，我信我的關公，大家互不干擾。其次就是一個人可以信仰很多個偶像，譬如說想生男孩時就拜送子觀音，想考取功名就拜五臺山道場的文殊菩薩，逢到一些日子還得參加宗族裡祭祖的活動，這些都沒有問題。還有就是中國人信仰宗教的態度也很有趣，老百姓多是為了一些世俗的實際利益才會去拜神，平時根本就沒人理，非得事到臨頭了才會去「臨時抱佛腳」，而且不是說信則靈，多數人的心理是你靈了我再信。

前面說到維新變法中鼓勵新辦學堂，對於義和團起義具有一定的作用。鼓勵辦學堂當然是好事，可地方上沒那麼多錢，怎麼弄？只能把一些寺廟啊，道觀啊，土地廟啦之類的地方強制收回。這下好了，新式學堂是辦起來了，但是和尚、喇嘛、道士等全都失業了，沒地方待了嘛。這些雜七雜八的傳統信仰不是光靠想就行，要靠這些民間的和尚、喇嘛在紅白喜事，或者其他事情上現身才能維持，而且沒有了拜神的地方，一時之間，民間出現了信仰真空。這邊一真空，那邊洋教豈不就跟著來了。

一八四四年中美《望廈條約》取消教禁之後，洋教就開始明面著入侵中國，衝突就跟著來了。老百姓其實和新教的衝突不大，因為新教的傳教方式，一般是找個地方，開個醫館，一邊做點治病救人的好事，潛移默化地影響周圍的老百姓。這一點就很對老百姓路子，一些中醫治不好的病，到了西醫那裡三下兩下解決了。根據老百姓「靈則信」的原則，自然有人跟著信仰新教，其實不是說懂得聖經教義，只是因為西醫治好了中醫治不好的病。

更大的衝突主要是和天主教之間。天主教在中國經營的時間很久，早在明朝那會就來了。教會經營得久，自然會留下教堂、醫院等一些財產，所以教禁一解除，不少天主教會就要求政府返還一些之前被沒收的房屋。關鍵是時間那麼久，誰還記得哪跟哪，很多都早就被老百姓佔用了，但是教會又能拿出上百年前的地契之類的證據，反正是搞得一頭包，沒法解決。關於「還堂」，這就造成了天主教和老百姓之間的第一層矛盾。

天主教相比於新教，傳教積極性要高得多，經常有不少傳教士深入內地，田間地頭宣傳上帝的福音，有的乾脆就扎根下來，在村子裡開個小醫館，建個天主教教堂。你想，那些田間地頭的老百姓哪裡會有城市裡的市民思想開明，敵視是在所難免的事。還有一點，太平天國給老百姓留下了深重的災難，在當時人的眼中，可不認為那是什麼農民起義運動，他們認為是洋教的禍害，畢竟洪秀全他們打著拜上帝的名頭，這不又是一條敵視的誘因嘛。

天主教的教規也讓老百姓難以接受。天主教與新教不同，新教總體來說還是比較自由，包括像做彌撒之類的集體活動，沒有特別嚴密的規定，天主教則有一套自上而下非常嚴謹的系統。天主教規定教徒經常參加教會活動，這讓種地為業的百姓有點接受不了。還有一點，教徒要經常去牧師那裡懺悔，男教徒還好說，這女教徒和牧師兩人關在小黑屋裡，一待就是好大一會，這讓想像力豐富的老百姓接受不了。中古自古就有男女授受不親的傳統，現在你讓一個女人和牧師待在一起，這就是不得了的事情。後來關於這些事的記載，都說當時老百姓的想法是他們在裡面淫亂，或者直接開多人淫亂派對，這都是什麼事嘛。

老百姓對於天主教的敵視與不解，更集中的體現是在育嬰堂這件事上面。當時老百姓重男輕女的思想比較嚴重，丟棄女嬰是很常見的事。天主教教徒看到了以後，多是收回育嬰堂撫養。這原本是件功德無量的事情，

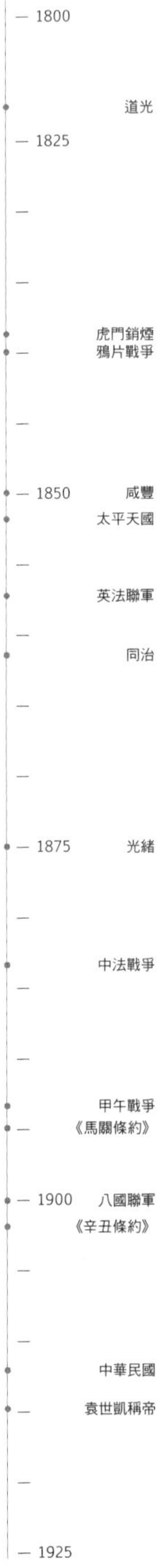

在老百姓心中又走了樣。為什麼呢？你想，那些被丟棄的女嬰，不可能第一時間就被發現，很多都是奄奄一息時被帶回育嬰堂，這就會有很高的死亡率。但是老百姓想不通這一關節，只是看到育嬰堂不停地收進去嬰兒，然後又不斷有死嬰出來，聯想起來不正是育嬰堂害死了那些嬰兒嗎？所以當時有很多傳說，譬如說洋人收集棄嬰，實際上是為了挖取嬰兒的眼睛和心臟（中國古代醫書中，這些人體器官的確被認為是藥材）。還有就是說，洋人為什麼那麼有錢呢，是因為他們用中國人的心臟點燈，因為中國人的心都很貪財，所以油燈會指引洋人找到有寶藏的地方，這些在魯迅的很多文章裡都有記述，實在是讓人啼笑皆非。大家看之前第二次鴉片戰爭的導火索，不就是曾國藩處理的天津育嬰堂事件嘛，所以說，育嬰堂是教民衝突的火山口。

現在談到義和團運動，實際上直接導火索還是育嬰堂事件，德國人建立育嬰堂遇到同樣的問題，引起老百姓敵視，結果就是當地老百姓衝進育嬰堂，打死了傳教士和育嬰堂嬤嬤，這才有德國人出兵山東的藉口。德國之前在歐洲很落後，經過鐵相俾斯麥改革之後才後來居上。等德國人來中國時，利益已經基本被其他列強瓜分差不多了，所以德國人很著急，上來就直接出兵佔領了膠州灣，然後建鐵路之類。

義和團運動之所以在山東爆發，還和山東民風彪悍有關係，現在大家都還說菏澤是武術之鄉，練把式的人在山東河北一帶太多了啊！平時就有各種各樣的小團體，之前有白蓮教、撚軍，再加上和德國人衝突的義和團，一開始就打出了「扶清滅洋」的口號，這實在太符合老百姓的胃口了，反正對洋人沒什麼好感，所以一時之間回應者如雲，風風火火的義和團運動開啟了。

1800
1825
英國憲章運動
歐洲革命
1850
日本黑船事件
美國南北戰爭
大政奉還
1875
日本兼併琉球
日本頒布帝國憲法
1900
日俄戰爭
日韓合併
第一次世界大戰
俄羅斯二月革命
1925

慈禧借刀殺洋人

義和團剛開始時，清政府按照慣常做法，肯定是鎮壓啊，哪個統治者看到一幫流民攪和在一起鬧事不覺得是「邪教」？上面的想法是鎮壓，但其實很多地方官員的想法卻是另一套。長期以來，由於「治外法權」的存在，很多洋人犯了事受不到處罰，而且清政府在和洋人的較量中，多是落下風，這多多少少還是讓地方官員感到不痛快。平時不痛快也得忍著，畢竟洋大人惹不起。現在好了，老百姓跑出來和洋人對著幹，這不是民心可用嗎？所以很多山東的地方官並沒有往死了鎮壓，否則的話，就憑當初那點烏合之眾，根本三下兩下就散了。

這邊鎮壓得半真半假，就讓義和團一時之間像野火燎原，迅速燃遍整個華北，勢力開始向直隸一帶發展。當時拳民認為洋人有妖法，要不也不會屢屢打不過，所以也以中國的封建迷信來對抗，比一比到底誰的神仙更厲害。這下好了，老百姓這邊是五花八門的大神出場，從孫悟空、豬八戒，到關公、岳飛，基本上是要什麼有什麼。來源基本上又這麼幾大類，一類是傳統迷信的各路神仙，一類是已經神化的歷史人物，就像關公，還一類就是小說中的人物，山東是水滸傳描寫的地方，水泊梁山嘛，所以水滸裡的人物出場率非常高，從李逵到武松，不一而足。

這怎麼個出場法呢？說來和洪秀全他們那一套一樣，現如今的一些特異功能大師還不是以附身唬人嘛。這為了顯示是真的，搞得像模像樣，豬八戒附身的時候少不了一頓拱地，孫悟空附身少不了一陣「搔首弄姿」，有點像現在的「角色扮演」（cosplay）。但是不能光說不練假把式，所以還得試試實際效果，一般就是大刀砍肚皮，喉嚨頂鋼精，胸口碎大石，跟走街串巷雜耍藝人差不多。這其實是很容易做到的，除了背地裡做點手腳，山東原本就是練家子很多，兩者一組合，不就成了蓋世神功了。這是老百姓喜聞樂見的事情，所以才會有那麼多人加入義和團。

不過即使是假把式，也還是需要表演雙方有配合默契，不是一般老百姓弄得來的，要不一失手，出了人命，不是完蛋了。基本上一個師傅，帶著幾個徒弟，到處表演和傳授。每到一個地方，就設立分壇，在分壇之上是總壇。不過因為這種傳受方式，導致各地之間的義和團實際上聯繫很鬆散，沒有一個實際的領導人。師父傳受了功夫就走了，趕往下一個地方，留下來的分壇就靠臨時拜師的大師兄、二師兄管理。就在這時候，袁世凱接管山東。袁世凱是後期參加過洋務運動，而且思想比較開明的官員，看到山東鬧成一片，教民盲目排外，知道這樣根本就不行，於是就開始鎮壓。義和團這些組織鬆散而且迷信的團員，哪裡是正規軍的對手，說是大神附體之後刀槍不入，還不是照樣槍子嘣個血窟窿，沒辦法，義和團只能逐漸轉移出山東，向著北京進發。

一旦進入京畿重地，那就不是玩玩了，不少義和團都遭到了血腥鎮壓，包括聶士成等人都殺了不少團員。要不說無巧不成書，這時候慈禧轉變了態度，轉而支持義和團，這一下讓整個形勢逆轉，幸福來得太突然。

好好的慈禧怎麼會改變主意？這主要有三點原因。第一點就是受洋氣受夠了。大家可以想一想，慈禧自辛酉政變上台之後，一直被洋人欺壓，從第二次鴉片戰爭，披著洋外套的太平天國，中法戰爭，乃至於中間發生的大大小小的事情，擱誰誰不生氣？兔子急了還咬人呢，何況這麼強勢的慈禧。不過之前因為打不過人家，也只能乾瞪眼，這下冒出個專殺洋人的義和團，可以利用一下，教訓一下洋大人嘛。

第二點就是慈禧也相信了義和團的鬼把戲。首先大家可以看一看，之前說義和團團民之所以那麼「厲害」，靠的就是神仙附體，可這各路神仙其實都是忠君的代表，拋開那些比較逗的悟空、八戒不提，關公、岳飛，哪怕是山東快板裡的宋江、李逵，各個都是老百姓心中的正面人物，所以說義和團不是一場推翻清政府的起義運動，團民們反而幫著清政府。這真是遇見知心人了，慈禧的主要教育也來自充滿倫理道德的戲曲，所以一拍即合。

但是還有個問題，就是政府軍都打不過洋人，這幫團民真能刀槍不入嗎？畢竟慈禧被洋人欺負幾十年，心裡肯定有陰影的，怕最後弄巧成拙，所以她派了剛毅等一班大學士以「剿匪」之名前去觀察。也真是狗血，現在我們看來破綻百出的把戲，把剛毅這些士大夫們唬得直瞪眼，趕緊上報慈禧，真的是有如神助。這樣一來，慈禧當然覺得穩操勝券，洋大人這回要栽跟頭。最直接的一點原因，就是戊戌變法的失敗。

變法失敗之後，慈禧軟禁了光緒，這讓洋人非常不爽。光緒變法，不管多幼稚，至少是向著西方世界體系靠近，這是洋人願意看到的。當時洋人對於中國的態度依然是想做生意的多，也就日本和沙俄一天到晚想著搞點領土。現在倒好，一個開明的光緒被保守的慈禧給軟禁了，洋人就開始各方面施加壓力，甚至聯合起來照會慈禧，逼著慈禧放權。照會這事不管真假，反正慈禧聽到洋人要廢她立光緒的風聲，心裡肯定是怕得慌。為了緩解自身的壓力，慈禧也希望團民能夠鬧得大一點，給洋人更多壓力。

就這樣，在政府的默認下（清政府從來沒有正式支持過義和團），義和團運動又火了起來，尤其是在北京一帶。

向全世界宣戰

火了之後，無非就是燒殺搶掠，遇到洋人就殺，看到教堂就毀。今天看來，義和團這種盲目排外的行動很可怕，因為有很多無辜的人受到了傷害。譬如說一些好心的育嬰堂嬤嬤，不遠萬里來到中國，做的也都是好事情，全都慘遭橫死，還有就是一些來中國旅遊的遊客，當時已經有不少國外的背包客了，基本上也都是無緣無故遇害。

除了些無辜的洋人，也有很多無辜的中國人被害。這是怎麼回事？前面說過，義和團的宗旨是「扶清滅洋」，也就是說他們認為自己是忠於皇帝的。不明真相的朝廷官員在起初老是認為義和團起源於白蓮教，可白蓮教是反清的，這讓義和團團民非常討厭白蓮教，認為是白蓮教搞得自己名聲不好聽。到了北京之後，義和團除了對付洋人之外，其他功夫都用在抓白蓮教身上。這就是禍害的根源，大家想一想，誰知道什麼人是白蓮教的？最後就成了公報私仇的好藉口，看你不爽，就說是白蓮教，拖出去就剁了，可怕。

不管怎麼說，義和團團民至少有幾十萬人，聲勢相當浩大。朝中的保守派都十分樂觀，認為終於找到了克制洋鬼子的利器。慈禧也是一時膨脹，宣告了一份史上最牛的宣戰書，與全世界為敵。宣戰書先是歷數洋人怎麼怎麼可惡，最後表示忍無可忍，「我為江山社稷，不得已而宣戰」。宣戰書是寫得慷慨激昂，但是沒有指名

1800
1825
英國憲章運動
歐洲革命
1850
日本黑船事件
美國南北戰爭
大政奉還
1875
日本兼併琉球
日本頒布帝國憲法
1900
日俄戰爭
日韓合併
第一次世界大戰
俄羅斯二月革命
1925

道姓，搞得世界各國都很震驚，難道慈禧要和全世界為敵嗎？這實在是貽笑大方的事情。

有了朝廷的宣戰書，那簡直是拿到義和團的「出生證」，合法之後的義和團更加肆無忌憚。北京的義和團在清光週邊洋人勢力之後，最終集中在西什庫教堂和東交民巷，當時有團民順口溜說「吃麵不擱醬，炮打交民巷，吃麵不擱醋，炮打西什庫」。到底是怎麼個打法，實際上就是團民們先是一番集體變身，然後就沖著槍眼去了。結果可想而知，倒一片屍體。

面對這樣的情況，團民們肯定不能慫啊，更不可能說刀槍不入是假話，怎麼辦，上頭師傅發話了，死的人都是因為前一天晚上和老婆睡了覺，破了色戒。不過這話也還是頂不了作用，因為有的人明明沒同房也死了，這個理由站不住腳。後來又說需要配合，因為洋人的法術很厲害，單個不是對手。怎麼個配合法，就是要在交戰前的某個固定時間，整個北京城的老百姓全部把自家煙囪堵住，這樣就相當於堵住了洋人的槍眼。當時在京津一帶，每天老百姓就搞這些東西，信號一來，千萬人上房蓋煙囪，實在是滑稽得很。

洋人的槍眼真的堵住了嗎？就拿西什庫教堂來說，幾萬義和團不分晝夜地打，打了半個月，還不是沒打下來。很重要的原因就是這些迷信法術根本沒用，機槍一掃，全都躺下。這樣下去不是辦法，否則沒人信了啊！義和團的首領們又找到了理由，那就是洋人用淫邪、汙穢的東西破了法術。後來很多記載都說團民們一旦打不過，就說洋人的每個炮架上都蹲著一個裸體女人，或者是教堂的牆上排滿了裸女，又或者是牆上貼滿了死人的頭皮，凡此種種。

不得不說，老百姓的想像力實在是驚人。團民們認為洋人玩了法術，玩陰的，那就來個以毒攻毒。洋人不是來裸女之類的髒東西嗎，團民就找來了妓女，他們認為妓女更髒，能夠完克洋人的妖術。當時天津是的代表

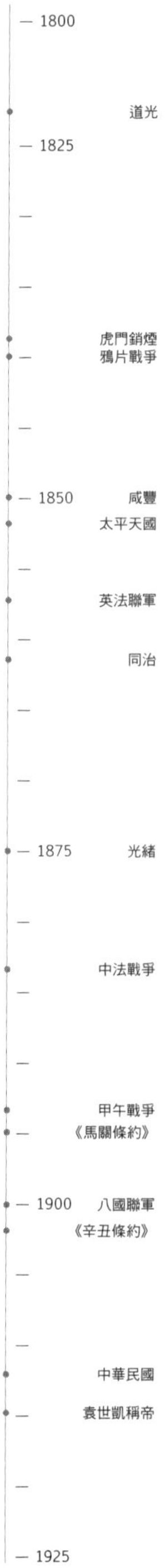

是黃蓮聖母，北京的是金刀聖母，聽上去名字優美，高端大氣上檔次，實際上就是找來的船妓。為了美化這兩位船妓，當時團民把她們吹上了天，什麼美如天仙，出場都有音樂、花瓣之類的，差不多跟武俠電影女主角一樣。

有了金刀聖母的光環加持，團民們又打了雞血一樣瘋狂。團民們像集體進入瘋魔狀態一樣，搞到後來，已經不僅僅局限於洋人，只要跟洋人沾邊的中國人也得倒楣，就連支持變法維新的康、梁等人都被視為眼中釘，要殺之而後快。事情鬧大了之後，就會逐漸失去控制，一些義和團分壇勢力被朝中官員利用，成了人家清除異己的工具，這一點實在是可恨，那些別有用心的官員，擺明了欺負老百姓沒文化，好糊弄。反正事情到了這一步，整個北京已經亂成一鍋粥，有的甚至義和團不同團體之間都會發生鬥爭，最後洋人看不下去了。

「東南互保」是對是錯？

大家知道，一九一四年第一次世界大戰就開打。其實此時的歐洲各國矛盾已經非常深，各自忙著結盟或者是軍事擴張，原本沒工夫管清朝這邊的事，偏偏義和團鬧著要殺洋人，雙方只能暫時把問題放一邊，組個「八國聯軍」來北京。實際上這蠻尷尬的，之前還在吵嘴鬥氣，結果轉臉組了個聯軍。

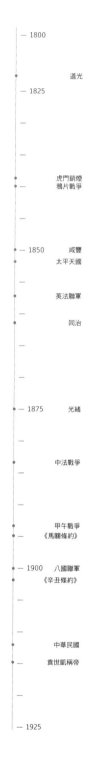

對於這個八國聯軍，還是可以看出很多問題的。大家可以看到，八國聯軍中的八國，指的是英、法、德、意、奧、美、俄、日，總共有三萬多人。在這總共三萬來人的部隊中，日本和沙俄出了主力，佔了絕大多數，像奧匈帝國才派了五十人，湊數來的。其實，當時在北京、天津一帶的洋人，主要都是英、法、美國的人，那為什麼日本和沙俄這麼賣力？這很簡單，無利不起早，這兩個國家既是中國的近鄰，也是一直對中國有領土想法的國家，所以在八國聯軍中出了大力。

再說說聯軍的主帥問題，當時剛組建時由英國人西摩爾擔任主帥，結果中間發生一件事，讓德國人委屈得很，為了安慰德國人，換成了瓦德西做頭頭。這事還得從慈禧轉變態度開始，之前清政府對義和團不對盤，所以清軍配合洋人打死了不少團民，後來慈禧默認了義和團，但是洋人並不知道。這也很簡單，中國官員，向來擅長揣摩聖意，所以慈禧口風稍微一轉，底下官員就知道老佛爺的意思，但是洋大人可不懂這一套，所以很多

洋人還以為慈禧跟他們是一夥的。

團民們圍住了東交民巷使館區，裡面的各國使館人員很著急，就找個人去總理衙門交涉，希望清政府出面好好整治一下團民，德國公使克林德做了急先鋒。這克林德也真是倒楣，那邊人家慈禧都已經掉頭支持義和團，他還跑去總理衙門交涉，真是自找沒趣。克林德剛到總理衙門就遇到了清軍神機營，這神機營的長官也真是愣了，看見克林德過來，心想老佛爺現在心裡支持團民殺洋人，咱把這德國公使殺了不是大功一件？一頓亂槍，克林德兩腿一蹬，一命嗚呼。由於在所有被殺害的洋人中，克林德的地位最高，所以德國人就認為自己受了大委屈，其他各國也認同，最後就把聯軍主帥的位置給了瓦德西。

八國聯軍在一九〇〇年六月，開始從天津大沽口一帶登陸。路上雖然有團民們不要命地衝鋒和清軍的狙擊，但實際上並沒有太大阻力。這很好理解，大家想一想，再多的人肉圍堵也禁不住機關槍掃射。很快，八國聯軍逼近北京。這下換慈禧著急了，這一幕她實在太熟悉，當年她還是咸豐身邊的小妾時，就曾經被洋大人趕得滿地跑。慈禧趕緊下令東南各地都督組織軍隊，進京幫忙，同時在各自地盤上打擊洋人，讓這支聯軍能有所顧忌。

尷尬的一幕出現了，各地都督根本不聽慈禧這調遣，李鴻章則做得更絕，直接回應說慈禧這道命令是亂命，堅決不從。之前有說過，隨著湘、淮軍的崛起，各地開始形成督撫專權，實際上到了這時候，各地已經基本是割據諸侯國了。還有一點，當時各地大員都是些什麼人，兩廣總督是李鴻章，湖廣總督張之洞，兩江總督劉坤一還有山東的袁世凱，這些人個個都是當年洋務運動的領導者或支持者。李鴻章這批人畢竟比慈禧有眼光，看得清形勢，知道眼下跟洋人鬧掰是不行的，所以這波人私底下和洋人達成「東南互保」協定。「東南互保」是什麼意思？其實就是說洋人和慈禧在北京一帶隨便怎麼鬧，東南一帶由我坐鎮，互不干擾。

看起來好像是李鴻章、張之洞等人太慫，不敢出兵和洋人對抗，最後北京陷落，其實不是那麼回事。戊戌變法失敗後，中國在政治上大退步，不僅完全否定了戊戌變法，更否定了自林則徐以來的「開眼看世界」，又回到洋務運動前。但是畢竟還是有有識之士，李鴻章、張之洞這些人不是目光短淺的婦道人家，知道這麼搞是不成的，那怎麼辦？保不了全國就保護自己的地盤，這才有不受調遣的「東南互保」。

後來看來得虧是中國當時還有李鴻章、張之洞這批有眼光的朝廷大員，保住了經濟發達的東南半壁江山。要是整個國家都陷入盲目排外的義和團運動，是不是很可怕。雖然說義和團運動有反帝的主觀意圖，但是團民們迷信、愚忠的思想，會毀掉整個洋務運動以來的辛苦成果，最後一無所有。

老太太溜得快

事情到了這一步，不僅李鴻章、張之洞這些人看得清楚，連慈禧也逐漸看透了。當時剛毅那些實地考察的大臣，聲稱團民們怎麼有如神助，刀槍不入，但是大家又不是瞎子，那一槍一個血窟窿是假的嗎？慈禧逐漸發現自己好像被剛毅的話給騙了，作為經久沙場的老政治家，慈禧開始給自己留後路。怎麼個留法，明面上已經和洋人撕破臉了，難道還能扭頭求饒？這事太丟臉，開不了口。慈禧的辦法是一邊明著喊打，一邊暗地支持洋人。

就拿團民攻打西什庫教堂來說，當年幾萬團民不分晝夜攻打了半個月，愣是沒打下來，這不符合邏輯。且不說槍支彈藥夠不夠，就說飲食補給，餓都餓死了。後來那些人說教堂裡的馬、騾子等牲口都被宰了吃，那根本就無濟於事，當時小小的西什庫教堂擠滿了幾千洋人和前來避難的中國人，那點牲口哪裡夠，其實是慈禧吩咐人暗地裡送去了水果、乾糧。後來慈禧自己也說：「我若是真正由他們盡意的鬧，難道一個使館有打不下來的道理？」這話還是可信的，畢竟那點教堂，要是沒補給，早就完蛋，團民們根本不用費力，圍住了半個月，餓都餓死。

八國聯軍一路浩浩蕩蕩，很快就打到北京，慈禧從她老公那裡學會了保命絕招——三十六計走為上計。慈

1800
1825
英國憲章運動
歐洲革命
1850
日本黑船事件
美國南北戰爭
大政奉還
1875
日本兼併琉球
日本頒布帝國憲法
1900
日俄戰爭
日韓合併
第一次世界大戰
俄羅斯二月革命
1925

禧帶著光緒一路狂奔，一直跑到西安，果然是青出於藍而勝於藍。主子跑了，洋人很生氣，找不到發洩對象，就把火撒在留下的倒楣蟲身上。不少清朝忠貞不二的大臣在北京城陷落前夕選擇了自殺。你可以說他們是愚忠，但是這份氣節還是很令人欽佩的，畢竟選擇結束生命是需要很大的勇氣。

不敢自殺的人就慘了，像一些王公貴族被八國聯軍侮辱得體無完膚，比如肅親王善耆、御史陳壁等人，被迫去挑大糞，甚至去做了搬磚工，實在是讓人哭笑不得。最奇葩的莫過於禮部尚書懷塔布，他和慈禧是親家，被洋人拉去做拉車車夫，洋人在後面拉著轠繩駕駛人力車，他在前面笑臉相迎說道：「洋大人別打了，這條路小的經常走，不會迷路的。」

除此之外，北京城也遭到了洋人們報復性的燒殺搶掠，這是少不了的。據後來聯軍統帥瓦德西回憶，當時曾特許公開搶劫三天。有人會問之前那麼多的義和團團民呢？早就煙消雲散了，原本就是一些臨時組合的普通老百姓，難聽一點就是烏合之眾，哪裡經得住正規軍的掃蕩，再加上慈禧為了保命，支援政府軍調轉槍口，中外正規軍一合作，哪還有人影，硬氣的被轟成渣子，軟一點就撒潑跑回家種地去了。

事情不可能就這麼拖著，總歸有人出來收拾爛攤子，倒楣的李鴻章再一次被推了出來。沒辦法，洋人只認李鴻章，認為他辦事靠譜，說話算數。原本慈禧是要被洋人給廢掉，但是李鴻章、張之洞一幫人還是很夠義氣，說明「東南互保」雖然抗命，但是他們依然還是忠於朝廷，不能廢慈禧，這才留下慈禧一條命。

李鴻章出面之後，和談的事情，很快就有了結果，史上最重罰單《辛丑和約》即將面世。

《辛丑和約》

李鴻章這一次出面，和《馬關條約》的情形差不多，根本沒有討價還價的餘地，洋人們直接甩過來協議，等著李鴻章簽署。當時原本是由碩慶親王奕劻負責簽字，年輕的奕劻哪裡見過這陣勢，嚇得手直哆嗦，最後還得李鴻章出手。

看到這裡，不由得悲從中來。大家可以數一數李鴻章簽署的條約，出名的有《中法條約》、《馬關條約》、《辛丑和約》，此外還有《中日修好條規》、《中日台事條約》、《中英煙台條約》、《李福協定》等。從這一些列不平等條約，既看到中國的悲哀，也應看到李鴻章個人的悲哀。其實簽署不平等條約這種事，就是和背黑鍋差不多。

一九〇一年七月簽署《辛丑和約》時，李鴻章此時已經被全國人民罵得不成樣子，「賣國者秦檜，誤國者李鴻章」是當時老百姓的心聲。早在八國聯軍攻入北京時，李鴻章就已感到心力交瘁。因為洋人的胃口實在太大。洋人認為這幫中國老百姓實在太愚昧，原本他們都要準備內鬥了，現在還搞出這檔子事。為了侮辱和教訓中國人，《辛丑和約》的賠款數被定為四億五千萬兩，也就是人均一兩。

此時李鴻章已經七十八歲，真是進退維谷，兩面不是人。這邊遭洋人侮辱，另一邊被老百姓謾罵，最終一

1800
1825
英國憲章運動
歐洲革命
1850
日本黑船事件
美國南北戰爭
大政奉還
1875
日本兼併琉球
日本頒布帝國憲法
1900
日俄戰爭
日韓合併
第一次世界大戰
俄羅斯二月革命
1925

病不起。李鴻章開始不停地咳血，「紫黑色，有大塊」，「痰咳不支，飲食不進」，醫生的診斷書上寫著「胃血管爆裂」。李鴻章知道自己時日無多，不想再和洋人拉鋸戰，慈禧也希望儘快結束戰爭，「量中華的物力，結與國之歡心」就是慈禧當時的心態。油盡燈枯的李鴻章在病榻上，指揮下級官員只求把損失降到最低，在李鴻章的努力下，賠款數才會從最初的十億兩降到四億五千萬兩。

一九〇一年，《辛丑和約》簽署當天，李鴻章被人抬進了簽署場地。已經沒有力氣拿起筆的李鴻章，在簽字書上簽名顯得很擰巴，「李鴻章」三個字被他寫得擠在一起，很像他的爵位「肅毅伯」中的「肅」字，他用這種方式接受了一生最大的侮辱。

回去之後，李鴻章開始大口大口地咳血，在病榻上，他給朝廷上了封文書，說道「臣等伏查近數十年內，每有一次構釁，必多一次吃虧。上年事變之來尤為倉促，創深痛巨，薄海驚心。今議和已成，大局稍定，仍希朝廷堅持定見，外修和好，內圖富強，或可漸有轉機。」這段話翻譯成現在的話就是說：「我回想這幾十年來的事情，發現每一次和洋人衝突都是我們吃虧，去年的八國聯軍事情更是讓中國受傷最重。現在我簽署了和約，大局安定了一些，希望朝廷能夠堅持對外儘量修好，先努力走自強的路子，或許將來才會有轉機。」

一九〇一年十一月七日，李鴻章在北京賢良寺去世，據身邊送終的人回憶，當時已經穿上壽衣的李鴻章，臨死前突然睜開雙眼，流出兩行清淚。一旁的老部下周馥說道：「老夫子，有何心思放不下，不忍去耶？公所經手未了事，我輩可以辦了，請放心去罷！」聽到這句話，李鴻章才放心離去。一代肱股大臣就此作古。

李鴻章去世的消息，讓朝中上下悲傷不已，慈禧甚至痛哭流涕，感歎道：「大局未定，倘有不測，再也沒有人分擔了。」歷數李鴻章的一生，他以新練淮軍，鎮壓太平軍起家，因洋務運動走上人生巔峰，最終在簽訂

《辛丑和約》的巨大屈辱中去世，他的一生，可以說他數次挽救中國，也可以說他殘酷鎮壓農民起義，是是非非，自有定數。

現在回過頭看看讓李鴻章喪命的《辛丑和約》，《辛丑和約》的主要內容如下：

賠款

這一條再常見不過，之前說過最初的要求是十億兩，在李鴻章的努力下，改為人均一兩的四億五千萬兩，加上高額的利息（每年四厘），共計九億八千萬兩之多，分三十九年還清。當時清政府一年的歲入不過接近八千萬兩，根本還不起這筆錢，所以海關關稅、鹽稅等大稅都被抵押了出去。

還有一點，其實這筆賠款後來由中華民國繼承，很多國家都沒有要，因為考慮到國際輿論和中華民國的償還能力，大約有九八%的賠款都被免除或者廢除。在已經交付的賠款中，美國人認為不能直接返還給政府，最終在美國新教教會的推動下，這筆賠款被用於中國的醫療、教育建設，現在的協和醫院就是利用庚子賠款建的，還有清華大學。據說這筆基金到今天依然在運作，不過不是還給清華大學，而是給台灣新竹的清華大學。美國人開了頭，其他國家也開始紛紛將賠款用於教育、醫療等各方面，譬如當時建立了中法大學、中英大學等。每個國家都或多或少的返還了庚子賠款，最不賣力的是日本。日本只是將賠款用於日資控股的中式企業建設，實際上還是日本的資產，做做樣子罷了。

劃定使館區

這個使館區就是今天北京的東交民巷。這一條現在看來是造成了「國內之國」，因為洋人在使館區駐兵。

拆除天津大沽口到北京沿途的炮台，並允許外國人沿線駐軍

這一條對後來影響很大。因為沿線不讓駐軍，所以後來不管是清政府還是北洋政府，都只能以員警的形式沿途駐軍。大家會發現那時天津的員警特別厲害，其實那不是員警，那就是軍人。之後，段祺瑞在天津馬廠誓師時，也都是最先想到要控制警察局。這影響甚至延續到一九三七年的「盧溝橋事變」，日本之所以在盧溝橋起事，也是因為駐軍在那裡。

配合清剿義和團

這一條導致義和團運動在接下來的日子裡，不僅要面臨洋槍洋炮，還有清政府的絞殺。因為力量懸殊，很快轟動一時的義和團運動就煙消雲散了。作為後續，清政府還清理了當初支持義和團運動的官員，譬如說莊親王載勳、都察院左都御史英年、刑部尚書趙舒翹，這三人都被賜了自盡。

設立外務部

之前設立的總理衙門其實早就沒什麼用處了，現在李鴻章一死，更沒了對外交涉的視窗，這才有外務部的設立。不過，這回洋人是得理不饒人了，讓慈禧把外務部立為六部之首。

除此之外，還有一些林林總總的條約、附約，譬如說恢復被破壞的洋人公墓、教堂之類的，還有就是派人去德國、日本道歉，德國死了公使克林德，日本死了一個不知名的工作人員，反正是抓住機會羞辱一下清朝。

《辛丑和約》是近代中國最為屈辱的不平等條約，清政府已經完全淪為列強的工具，沒有了一點尊嚴。《辛丑和約》在民間也引起了巨大的影響，倒楣的首先肯定是老百姓，尤其是山東等義和團活動活躍的省分，

賠款數相當之高。還有一點，就是刺激了當時的維新人士思想，之前絕大多數的人還傾向於溫和的改良，譬如說君主立憲，但是清政府突然來了這一齣戲，讓好多人非常失望，覺得清政府即將倒台，開始轉向暗殺朝廷大員，甚至暴力革命，以孫中山為代表的民族資產階級開始登台露面。

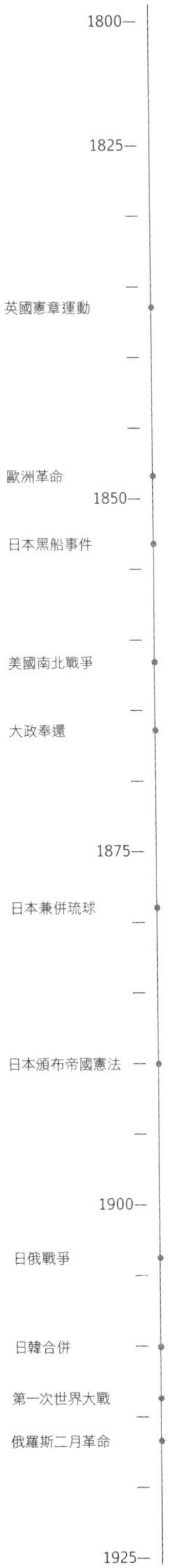

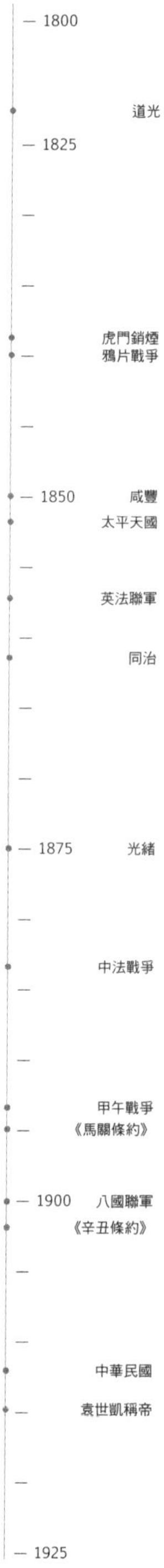

閱讀鏈結：義和團「刀槍不入」傳說的真相揭秘

在十九世紀的中國大地上發生了一場以「扶清滅洋」為口號群眾運動，就是「義和團運動」，由於義和團運動主要由社會中下層的貧苦農民和手工業者組成，這使得他們沒有先進的思想武器，以至於他們把滅洋的希望寄託在刀槍不入的「神術」上面，希望藉助這種力量來抵禦外辱。

義和團的發展速度超過了洋人和清政府的想像，各地到處都建有拳壇，大街小巷處處有人練拳，人們頭上包著紅布手裡拿著大刀，就連裹著小腳的女人也開始迷戀神拳。義和團要發展，他的首先要燒的就是基督教堂，首先要殺的就是洋教士，據統計在義和團運動中被殺的外國人共有二百四十一名，中國基督徒高達二萬多名。

義和團之所以有這麼大的規模和影響力，最根本的原因是帝國主義侵華戰爭加深了中國民族危機，但另外還有個原因也是歷史學家不應該忽視的。那就是義和團號稱具有「刀槍不入」的本領。

義和團的「刀槍不入」到底是怎麼回事？這裡固然有封建迷信的成分，但是一些有關「民間法術」的資料我們也不能忽視。

中國武術裡的鐵布衫這樣的功夫，這種功夫極難練成。鐵布衫之練法主要是透過各種硬物與身體的直接碰撞，讓骨骼時常與堅硬物體接觸磨煉，久了筋骨將漸漸堅實。然後直接用鐵杆等硬物向練武者身體上不斷捶打，如果堅持三五年，鐵布衫功夫將小有所成。

即使你練成鐵布衫你也只能抵擋一般的冷兵器，但是絕對不可能抵擋火槍。義和團起於習武之鄉山東，據說當時著名的義和團首領心誠和尚就是練鐵布衫的，慈禧太后派人去查驗義和團「刀槍不入」是否真實的時候就遇見了表演鐵布衫的高手。鐵布衫功夫如此難練，會這門功夫的又有幾個？大部分都是走了速成的路子了。

山東的大刀會是義和團的重要分支，據說當時徐州道阮祖棠對大刀會練習「金鐘罩」進行了實地考察，他的報告是這樣的：那些練習者一般都在晚上進行，他們常常會點燭焚香，口念咒語，然後那些傳授功夫的師傅們會用刀砍受業者，果然不傷。但是他發現砍的時候那些師傅們常常會在砍到身體的時候改變角度。

當然也不乏有些有武術底子的拳民，他們有比較好的心理狀態再加上氣功師傅的指點，潛能被激發，自然就會出現比平常跳得高、奔得遠的情況。有時候運氣得當偶爾也會出現刀砍下去會不受傷害，這樣他們就會認為自己是神靈附體刀槍不入。

因為參加義和團的人魚龍混雜，有些耍雜技的人也到義和團來表演，這就更加逼真了。據當時記載義和團在壇上表演的時候常會出現「漏刀」、「漏槍」的情況，也就是說在表演「刀槍不入」的時候不幸假戲真做了。

義和團運動的時候有一位縣令在他的著作《榆關紀事》中有這樣的記述：「當時街面紛傳，此係真正神團，眾民眼見，用抬槍洋槍裝藥填子，拳民等皆袒腹立於百步之外，任槍對擊，彈子及身，不惟不入，竟能如數接在手裡以示眾，眾皆稱奇，以為見所未見，奔壇求教者如歸市。」這個表演最後沒有成功，因為有個高手

1800
1825
英國憲章運動
歐洲革命
1850
日本黑船事件
美國南北戰爭
大政奉還
1875
日本兼併琉球
日本頒布帝國憲法
1900
日俄戰爭
日韓合併
第一次世界大戰
俄羅斯二月革命
1925

當場就把這個把戲給拆拆穿了。

據說當時還有好多執迷不悟者，非要在洋槍下試一試自己的身手，結果可想而知。但是人們在沒有親眼看到功夫失靈的時候，還是前赴後繼地試驗著。

究竟是什麼原因導致拳民們如此執著地相信自己的「刀槍不入」呢？就是因為中國自古就有的相信神話的傳統加上氣功和硬氣功帶有偶爾的「實效性」的時候，他們會在當時那樣危難的特定時刻病態瘋狂地暴發性蔓延。

1800
道光
1825
虎門銷煙
鴉片戰爭
1850 咸豐
太平天國
英法聯軍
同治
1875 光緒
中法戰爭
甲午戰爭
《馬關條約》
1900 八國聯軍
《辛丑條約》
中華民國
袁世凱稱帝
1925

1839-1919

第九章：大清朝迴光返照

最認真的一次改革

《辛丑和約》簽訂之後，不少明眼人已經看出清朝快不行了，慈禧自然也知道這回要動真格的，否則真要做亡國奴了。就像李鴻章臨死前的話，只有內圖富強，才能自救。慈禧在《辛丑和約》簽訂後不久，就以光緒的名義發了一篇宣布新政的詔書，詔書裡說「著軍機大臣、大學士、六部九卿、出使各國大臣、各省督撫，各就現在情形，參酌中西政要，舉凡朝章國故……各舉所知，各抒所見，通限兩個月，詳悉奏議以聞……」標誌清末新政的開始。

對於這場光緒新政，現在不少人的看法是這是一場清政府的垂死掙扎，又或者和戊戌變法大抵一致，換湯不換藥，其實這場新政做得不錯，效果還行。

首先我們要知道這是一場自上而下的改革，慈禧鐵了心變法，再不變就要倒台。拋開一些細枝末節的改革細節，有兩點可以看得出慈禧的決心，一是廢科舉，二是預備立憲。

科舉制度自從隋朝開始之後，已經在中國存在上千年，到了清末，廣大的讀書人也依然靠考取功名進入體制內。我們要明白科舉的兩個功能，一個它的教育功能，一個選官功能。對於教育功能，這就和如今的高考一樣，有了高考這個坎，大家年輕時都拼命讀書，希望能上個好大學。科舉也是這個意思，只要努力，就會考取不論是秀才、舉人，還是進士的功名，這就是一種榮譽，也意味著更多的現實利益。

這下倒好，慈禧直接廢科舉，廣大的讀書人傻眼了，不考這個，我們還學這些幹嘛？之前有說過，戊戌變法僅僅是廢八股都遇到了很大阻力，這下直接掐了根不是翻天了嘛？事實情形並沒有那麼差，雖然有一些秀才之類的人出來遊行示威，但總體是不錯的。

為什麼？因為朝廷還有的別的辦法讓這些人有出路，那就是開設特科考試，譬如說農業特科、經濟特科，開始考一些經世致用的東西。

還有一點，雖然朝廷停止科舉，官學廢了，但是大量的私塾還存在著，這個傳統並沒有斷，藕斷絲連。到後來私塾一般是白天教新學，晚上教國學。這也與農村的實際需求有關係。農村有些時候需要一些有文化的人，譬如喪事發訃文，得有兩把刷子才能寫，還有就是過年的對聯，那會都要家家自己寫，而且挨著的還不能重樣，要不那樣的話會被認為沒文化。所以有這些實際需求在，農村的私塾還是保留了大量國學教育。

至於科舉的選官功能，也依然有其他的替代辦法，除了傳統的舉薦之外，那些農業特科、經濟特科的考試，也會選拔出這個領域最傑出的人，譬如說經濟科的前三甲梁士詒、楊度、張一麐，這三人在後來的表現還是相當出色的。也就是說，國家並不會因為科舉而失去選拔能人的管道，廢除科舉對於國家的影響是有的，但是沒有那麼誇張。

還有一點能夠說明這次新政的認真，那就是立憲。立憲這個東西，其實就是清政府拿自己的皇位說事，剛開始並沒有被提上新政日程，慈禧害怕自己的大清王朝不保，那如何去面對列祖列宗。這個議案最有影響力提出人是康、梁師徒，當時清政府仍然在通緝康、梁，他們倆在國外聽說清政府開始卯足幹勁改革，心裡是相當

1800
1825
英國憲章運動
歐洲革命
1850
日本黑船事件
美國南北戰爭
大政奉還
1875
日本兼併琉球
日本頒布帝國憲法
1900
日俄戰爭
日韓合併
第一次世界大戰
俄羅斯二月革命
1925

支持的，但是因為和慈禧之間的私怨太深，沒辦法參與進來，很著急。主要還是因為康、梁二人在戊戌變法失敗之後，罵慈禧罵得太凶了，一口一個先帝的小妾，這慈禧怎麼可能放過他們。一心參加進來的康、梁在海外提出了君主立憲的言論，傳到國內後引起很大迴響，大家紛紛討論這事的可行性。

這時候，慈禧也知道非變不可，也不端著，順勢決定試試看。當然，慈禧還是很慎重的，畢竟這關係到大清朝的皇位問題。慈禧派出了端方為首的考察團，去歐洲親眼看看君主立憲到底是怎麼一回事。出師不利，還沒出門，考察團就被革命黨人吳樾給炸了，還好只是有人受了傷。延期之後，這支考察隊還是出發了。回來之後，考察團請梁啟超寫了一份報告，講的就是歐洲各國君主立憲的情況。

慈禧也非常直接，問端方君主立憲之後，那些皇帝的現狀是怎樣，端方說得比較明確，皇位有法律保障，世襲罔替，不過除了榮譽、地位和必要的皇家財產，其他是沒戲了。慈禧聽到皇位世襲罔替，天下永遠姓愛新覺羅，就放心多了，更加堅定推行君主立憲。

還有一點刺激慈禧神經的是日俄戰爭。

一九〇四年的日俄戰爭不過是帝國主義列強為了爭奪我國東北控制權而進行的戰爭，說白了就是狗咬狗一嘴毛的事情。但是當時人不這麼認為，因為日本打敗了沙俄，這讓清政府非常振奮，尤其是看見日本人押著一長溜的俄國俘虜，更是不得了，這是黃種人首次打敗白人。既然日本能夠做到，我們也可以做到，這是當時清政府的想法。對比下來，最終他們把原因歸結於日本君主立憲，而大清朝沒有。這一件事情更加堅定了慈禧君主立憲的想法。

慈禧對於君主立憲還是很認真的，她甚至讓曹汝霖請留學生進宮給她講解君主立憲到底是怎麼回事，可見

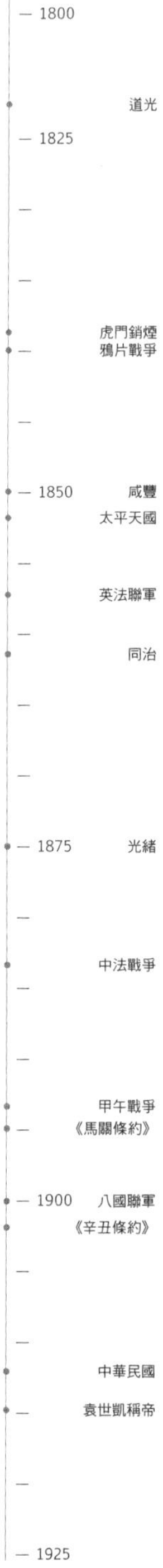

還是下了番功夫。原本按著這個路子是不錯的，清政府也不一定就說馬上就滅亡或者怎樣，就連李宗仁在回憶小時候上小學時，都說那時候新政實施後，感覺國家一天比一天好，怎麼清朝就突然之間倒塌的呢？很大原因是慈禧和光緒的死亡。

1800
道光
1825
虎門銷煙
鴉片戰爭
1850 咸豐
太平天國
英法聯軍
同治
1875 光緒
中法戰爭
甲午戰爭
《馬關條約》
1900 八國聯軍
《辛丑條約》
中華民國
袁世凱稱帝
1925

到底是誰毒死了光緒？

西元一九〇八年十一月十四日，光緒帝突然「駕崩」於北京中南海，時年僅三十八歲。十一月十五日，掌控晚清政權達半個世紀之久的慈禧太后也死在中南海儀鸞殿內，終年七十四歲。皇帝和太后一前一後死亡，相隔不到二十小時，轟動北京，震動中國。

光緒皇帝的死亡很不尋常，他年僅三十八歲，正當盛年，雖然從小身體羸弱，但並無生命之憂。最讓人們感到疑惑的是，光緒恰恰死在慈禧死的前一天，這驚人的巧合不得不讓人懷疑是慈禧從中作梗。

之前因為「戊戌變法」而逃亡到海外的保皇黨，一邊為光緒弔喪，一邊大肆聲討慈禧太后與袁世凱，指責他們是謀害光緒的主犯。國內眾人也狐疑滿腹，流言紛紛。光緒皇帝的死引起許多猜測，留下了許多不解之謎。

關於光緒帝的死因，歷史上有許多不同說法，但大都與慈禧太后有關：

說法一：慈禧知道將不久於人世，害怕自己死後光緒皇帝重新掌權，推翻自己的歷史，於是派人毒死了光緒帝。這是最常見也是後人最認可的一種說法。據傳清末名醫屈桂庭多次給光緒帝看病，他在回憶錄中說：「光緒在臨死前三天，在床上不停地翻滾，並且不停地大叫，『肚子疼得不得了。』臉色發暗，舌頭又黃又黑，明顯是中毒症狀。』」根據這種說法，光緒是被毒死的，最大的嫌疑人是慈禧太后，她掌控政權，又嚴密控制光緒帝，為保政權最可能下毒。

說法二：袁世凱曾在戊戌變法中出賣光緒帝，他怕慈禧死後，光緒報復自己，於是透過太監用劇毒藥物害死了光緒帝。據末代皇帝溥儀回憶：「我親耳聽到一個侍候光緒帝的老太監講：『光緒帝死前一天，只是用了一劑藥，才變壞的。後來才知道這劑藥是袁世凱送的。』」

說法三：太監李蓮英胡作非為，罪惡滔天，在得悉光緒帝的日記中載有西太后死後將誅袁世凱和他的消息後，與慈禧一起毒害了光緒。

說法四：光緒帝體質虛弱，據醫學專家根據光緒帝生前的病歷，結合當時的歷史背景和現代中醫學理論，推斷光緒帝是因為嚴重肺結核病加上其他併發症而死的。

說法五：光緒帝從小身體虛弱，而且有嚴重的腎虧，他從幾歲起就受慈禧的壓制，長期生活在緊張之中，又遭受一連串的挫折和打擊，導致病情逐漸加重，引起一系列呼吸道、消化道、等併發病症，最後病亡。

然而，猜疑歸猜疑，流言歸流言，誰也無法提供光緒被害的確鑿證據，究竟哪一個說法更接近於事實呢？光緒帝的確切死因到底是什麼？史學界關於光緒死因的辯論從未停止，懷疑謀殺說和正常死亡說幾經交鋒，卻一直沒能形成學術定論。因此，光緒的死因似乎成為歷史上一個無法破解之謎。

時間進入二十一世紀，隨著科技的發展和考古工作的進展，光緒帝死因終於在他死後百年之際得到破解。科學家透過提煉光緒帝頭髮中的元素含量，經過科學測算，發現他攝入體內的砒霜總量明顯大於致死量。

1800
1825
英國憲章運動
歐洲革命
1850
日本黑船事件
美國南北戰爭
大政奉還
1875
日本兼併琉球
日本頒布帝國憲法
1900
日俄戰爭
日韓合併
第一次世界大戰
俄羅斯二月革命
1925

後來，又按照規範的法醫檢驗要求和方法，提取了光緒遺骨及衣物樣品測試，結果肩胛骨、脊椎骨和每件衣物的胃區部位、繫帶和領肩部位的含砷量很高；內層衣物的含砷量大大高於外層。再對光緒棺槨內、墓內物品和陵區水土等進行對比實驗，結果表明光緒頭髮上的高濃度砷物質並非來自環境沾染。最後他們得出結論：光緒頭髮上的高含量砷並非為慢性中毒自然代謝產生，而是來自於外部沾染；大量的砷化合物曾存留於光緒屍體的胃腹部，屍體腐敗過程進行再分布，侵蝕了遺骨、頭髮和衣物。而砷化合物也就是劇毒的砒霜。因此，專家認為，光緒帝是死於砒霜中毒。

可以肯定的是，光緒帝是被下毒謀殺的，那麼謀害他的最大犯罪嫌疑人就是慈禧。光緒帝與慈禧太后之間積怨太久，仇恨太深，早已到了勢不兩立的地步。慈禧曾多次想害死光緒帝，慈禧極為害怕自己死後，光緒報復她，讓她死後不得安寧、死不瞑目，所以她可能預先設計毒死了光緒。

光緒帝在死亡前一天，向全國發布詔令，命令各地總督巡撫尋找名醫名方，推薦進京，為皇帝治病。這件事起碼說明了兩點，一是皇帝這時非常清醒，不像一個意識模糊、病入膏肓的人；二是皇帝對治好自己的病充滿信心。但是就在第二天皇帝就突然死了，令人感到奇怪。

更讓人奇怪的是，就在同一天，清廷以光緒帝的名義發布兩道詔令。第一道：命醇親王之子溥儀，在宮內教養，並在上疏房讀書。第二道：授溥儀之父載灃為攝政王。光緒帝早已無權力，不可能任命自己的接班人，那麼最有可能下這道命令的人就是慈禧。慈禧一定要光緒帝死在她之前。果然，詔令下達第二天，光緒駕崩。第三天，慈禧也駕鶴西去了。當然，這只是光緒中毒最大的可能性，下毒之人或許也永遠不能確定，因為一切關鍵人物都已經不在人世了。

末代皇帝

原本新政實施得挺好的，國家也在君主立憲的路子上走得不錯，這時候卻突然出了大變故，一九〇八年，光緒和慈禧在兩天之內接連去世。慈禧一死，這朝中就沒了主心骨，臨死前，她倉促指定了年幼的溥儀繼承大統，溥儀的父親醇親王載灃作為監國。

問題就出在載灃為代表的滿族年輕貴族身上。此時的載灃不過二十五歲，之前雖然出使過德國去道歉，但是政治經驗實在淺薄，根本沒有治理國家的能力。對於這一幫年輕的皇族來說，君主立憲讓他們感到恐慌，害怕之後會沒好日子過，於是就開始反著之前的新政來，實際上就是收權，把權力握在自己手裡才安心。

收權這種事，說來也只有載灃這種愣頭青才敢幹，連慈禧這種老江湖都知道現在到了非變不可，放手給漢人做事的時候，可載灃不願意。載灃收權先是從當時實力最強的北洋集團開始，從袁世凱開刀，說是袁世凱腳不好使，讓他回老家養病。這不是胡鬧嗎？袁世凱當時不僅是北洋集團的首領，而且這人也的確挺有能力的，非要把袁世凱弄下去，甚至連他的幕僚梁士詒都被開掉。這種收權其實就是從漢人手裡收權，還一種收權是從地方收權到中央。

自從洋務運動開始，督撫專權之後，地方的勢力就越來越大，以至於有後來抗命不遵的「東南互保」出

1800
1825
英國憲章運動
歐洲革命
1850
日本黑船事件
美國南北戰爭
大政奉還
1875
日本兼併琉球
日本頒布帝國憲法
1900
日俄戰爭
日韓合併
第一次世界大戰
俄羅斯二月革命
1925

現，這讓載灃很不舒服。載灃開始把地方的很多權利向中央集中，最突出的問題就是鐵路的國有化，這才有後來的保路運動。這也是載灃政治智慧不足，原本鐵路是民間弄的東西，不管好壞，那都是民間的事，他非要來插一腿。另外，川漢鐵路搞砸了並不是因為貪汙腐敗之類的問題，而是股民買了上海橡膠的股票，正巧趕著橡膠市場不景氣，這才有鐵路問題。這是市場的問題，根本不是什麼其他問題。載灃這樣一收回，當時四川有十幾萬人持有川漢鐵路的股份，顯然要拼老命。

載灃不僅胡亂收權，導致百姓和眾多官員抗議，就連人事任命都有很大的問題。如果載灃把袁世凱開了，請來更牛的人，那沒得說，偏巧載灃看人的眼光也不行，他重用的人是盛宣懷。盛宣懷這人能力沒問題，關鍵是人品有問題，主要就是太貪財。盛宣懷被起用之後，就拼了命地撈錢，攢下的錢一直到民國時候還大花流水地用著。再看看袁世凱，等他倒台之後，他兒子袁克定就得啃饅頭，吃鹹菜，靠人接濟，其實袁世凱倒沒有傳說中那麼腐敗。

除了盛宣懷，載灃重用的一眾滿清貴族也沒幾個有真本事，要說提籠架鳥，或者唱曲寫字，那是一把好手，但要帶兵打仗之類的，就別提了。比如說南下準備撲滅武昌起義的蔭昌，在滿人看來是個牛人，當時有說法叫做一口昆曲唱得，兩筆好字寫得，三口黃酒喝得，四圈麻將推得，多好的一個人。但是蔭昌帶兵就上不了檯面了，當時他率領兩萬人去平亂，結果自己躲在河南信陽，就不上前了。區區兩萬人，還把指揮部設在信陽，橫跨兩個省，還打什麼仗。

也真是天意如此，原本慈禧新政沒准還能延緩清朝倒台，載灃這群年輕人一上來就各種收權，這就相當於自己按下了爆炸按鈕，加速清朝滅亡。在載灃把所有人得罪個遍之後，武昌起義爆發。沒辦法溥儀只能遜位，

1800
道光
1825
虎門銷煙
鴉片戰爭
1850 咸豐
太平天國
英法聯軍
同治
1875 光緒
中法戰爭
甲午戰爭
《馬關條約》
1900 八國聯軍
《辛丑條約》
中華民國
袁世凱稱帝
1925

清朝退出了歷史舞台。

關於這位末代皇帝溥儀，一生經歷傳奇。不滿三歲就登上皇位，幹了三年皇帝就被迫遜位，長大後不停奔走，希望能夠恢復大清朝，甚至藉著日本人的力量，在東北建立了偽滿洲國，抗日戰爭勝利後，溥儀被作為戰犯關押在俄國，隨後被特赦，晚年在北京植物園工作。歷數溥儀一生，大起大落，無盡悲涼。溥儀自己的回憶錄《我的前半生》記錄不少歷史細節。

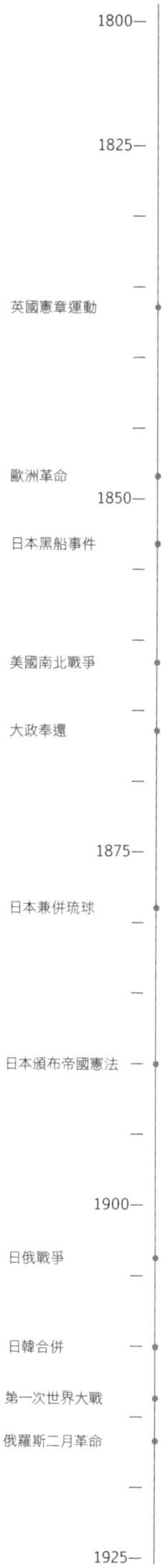

閱讀鏈結：溥儀剪辮子

頭髮，在清朝具有重要的政治意義。清軍入關後，統治者下令，漢族男子必須蓄髮易服，規定凡不按要求剃髮留辮的，格殺勿論。清朝統治者以征服者自居，想借「剃髮令」樹立自己絕對的統治權威。

因為辮子是清朝統治者強迫留的，到了清末民初，剪辮子成了革命的一個象徵，它表達了人民對清朝封建統治的反對，意味著一個舊時代的結束，也意味著一個新時代的開始。因此，辛亥革命前後，剪辮運動席捲全國。

一些主張變革的革命黨人和進步學生為了表示革命決心，在辛亥革命之前就剪了辮子。一九〇〇年，革命黨人章太炎在上海當眾剪掉辮子，立志革命。一九〇二年以後，許多留學國外的學生和國內新式學堂的學生也開始追隨剪辮子的風氣。

光緒三十六年（一九一一年）十月十日，參加武昌起義的所有革命黨人和普通群眾剪掉了辮子，革命黨人還組成宣講團，在全國各地宣講剪辮子的意義。很多士兵駐紮在城門口和重要的街道口，看到沒有剪辮子的人就上前宣講。革命黨人成立了專門的剪辮服務隊，上門服務，義務剪辮。上海有一個支持革命的商人徐志棠還響應號召，不僅自己主動剪掉辮子，其他自願剪掉辮子的人，他都會自掏腰包，請他吃一大碗肉麵。

1800
道光
1825
虎門銷煙
鴉片戰爭
1850 咸豐
太平天國
英法聯軍
同治
1875 光緒
中法戰爭
甲午戰爭
《馬關條約》
1900 八國聯軍
《辛丑條約》
中華民國
袁世凱稱帝
1925

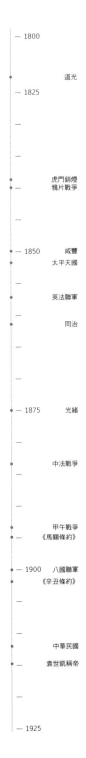

眼見清朝大勢已去，很多官僚政客剪掉了辮子，藉此跟上形勢。例如，袁世凱就在清帝宣布退位當天剪掉了辮子，藉此表明自己已經成為支持革命的「革命同志」。

在這種形勢下，末代皇帝溥儀也想把辮子剪掉，但他這個想法遭到身邊師傅太監們的強烈反對，他們認為以溥儀的身分，即便全天下人都剪了辮子，溥儀也要遵守祖先留辮子的傳統。

後來，溥儀請了一位英國教師，在這位英國老師的影響下，溥儀脫掉滿服，開始穿西裝、戴眼鏡，溥儀還在宮內安了電話，學習打網球、騎自行車，甚至為了騎自行車方便，叫人把祖宗留下來的門檻鋸掉。溥儀的每一次舉動都在宮裡掀起軒然大波，這位英國教師很討厭中國男人腦袋後的辮子，他曾經對溥儀說：「留著辮子就像拖著豬尾巴一樣醜陋，這讓溥儀深受震動。」

轉眼到了一九二二年，一天，溥儀終於下定決心，命令身邊負責給他剃頭的太監將他的辮子剪去，太監嚇得渾身哆嗦，跪在地上哀求溥儀另請別人。溥儀無奈，拿起剪刀，親手把辮子剪了下來。溥儀剪辮子這件事立馬成了轟動性新聞，中外媒體都給予報導，英國記者曾就此採訪了當時的駐華公使朱爾典，這條消息在歐洲引起了轟動。一九二二年五月二日，著名的報紙《申報》刊登了一條只有六個字的新聞：「溥儀昨剃辮子。」

溥儀這一舉動順應了時代潮流，在他的帶動下，城內原來還留著辮子的一千多名「頑固派」，一夜之間全部剪掉了辮子，只有幾位前清遺老還保留著辮子。當然，也不是沒有人反對剪辮子，幾位太妃痛哭了好幾次，溥儀的幾位中國師傅也有好幾天面色陰沉。現在故宮裡面還珍藏著一條黑色長辮，據說那是溥儀剪下來的辮子。

中國最早的股票

股票最早出現於資本主義國家，至今已有將近四百年的歷史，股票伴隨著股份公司的出現而出現。發行股票的目的在於募集資金，發展實業，這個為現代人熟識的文明辭彙，早在一百三十多年前，便已在中國的土地上誕生了。

早在清光緒七年（一八八二年），煙台纊絲局就發行過自己的股票，但當時這個纊絲局是由德國人做主的，真正發行中國歷史上第一張股票的中國人是康有為。

與當時資本主義國家發行股票的目的不同，康有為發行股票很大程度上出於政治目的。請光緒二十三年（一八九八年），光緒帝改革新政一百零三天之後，即遭到慈禧太后的囚禁，康有為被迫逃亡海外。第二年，康有為與一個叫李福基的人在加拿大千島地區組織了自己的政治流亡組織——保皇會。康有為在他的《會例》提出了「保皇、保國、保種」的口號而且準備在美洲、南洋、港澳、日本各埠設分會，以澳門《知新報》和橫濱《清議報》為宣傳機關。

為了籌措資金，康有為想到了曾被自己批得一文不值的「昭信股票」（注：昭信股票為清政府為償還《馬關條約》的戰爭賠款發行的債券）。於是他在各國華僑中發行了一種救國股票——「中國商務公司」股票。

1800
道光
1825
虎門銷煙
鴉片戰爭
1850 咸豐
太平天國
英法聯軍
同治
1875 光緒
中法戰爭
甲午戰爭
《馬關條約》
1900 八國聯軍
《辛丑條約》
中華民國
袁世凱稱帝
1925

一開始，很多華僑出於滿腔愛國熱忱，積極支持康有為的融資活動。「中國商務公司」的股票大受追捧，連續漲停。後來，華僑發現光緒帝復位是件遙遙無期的事情，康有為原來的設想已不可能實現，康有為明白，此時若再以空頭許諾，再要華僑捐款已相當困難。於是將「中國商務公司」轉化成了實業公司，發動華僑入股創辦實業，按股分紅，把實業救國與切身利益結合起來，使華僑感到有利可圖，樂於出資集股，「中國商業公司」後來在經濟上頗有收益。

康有為在國外發行股票融資的事情，引起國內慈禧太后和袁世凱的注意。一直困擾慈禧太后的一件難事也迎刃而解。

光緒二十五年（一九〇〇年），八國聯軍攻佔北京，瘋狂地燒殺搶掠，凡是義和團舉行過集會的房屋，都被焚毀。慈禧太后棄京出逃。據說慈禧回到京城之後，看著滿目瘡痍的情景很是悲哀。有人安慰慈禧太后說，這是因為火勢太大，我們沒有自來水的緣故，如果有外國人修的那種自來水，就不會燒成這樣了。沒想到慈禧太后把這話聽了進去，馬上召見袁世凱討論籌建京師自來水公司的事情，解決北京城裡的生活用水和消防用水。

由於缺少建設資金，京師自來水公司一直沒有建成。康有為在國外的融資經歷給了慈禧太后他們很大的啟發。清光緒三十三年（一九〇八年）的一天，袁世凱找到了周學熙，要他承辦京師自來水廠，並全權處理發行股票的事宜。周學熙一上任便發行了股本總額達三百萬元的股票，招集商股的時候，為維護民族工業的利益，章程規定只招華股，不招洋股。由於這是一件同百姓生計息息相關的大好事，又可為工商業發展提供用水的便利，所以受到社會各界的歡迎和支持，招股進展順利，周學熙又別出心裁，想出「凡交股金在先者每十股送一

1800—
1825—
英國憲章運動
歐洲革命
1850—
日本黑船事件
美國南北戰爭
大政奉還
1875—
日本兼併琉球
日本頒布帝國憲法
1900—
日俄戰爭
日韓合併
第一次世界大戰
俄羅斯二月革命
1925—

股」等優惠措施，三百萬的資金很快到位，工程很快施工。京師自來水廠光緒三十三年（一九〇八年）投入建設，光緒三十五年（一九一〇年）便完工放水，耗時僅僅兩年時間。

自從康有為與慈禧太后先後靠發行股票賺了錢之後，很多公司加入到了發行股票的行列，引發了股民的瘋狂熱情。據說，當時為了指導股民如何炒股，報紙上還開闢了專欄，專門介紹股票，類似於現在報紙的財經版。

時尚女王慈禧

慈禧，這個統治晚清半個世紀之久的女人，肯定是人人都知道的，不過在大家的印象中，慈禧多半是一個封建落後的老女人形象，阻礙了中國的進步，在她統治期間簽下了無數個不平等條約，最後搞得中國一塌糊塗。其實真實的慈禧可不僅僅只有這一面，她也做過很多讓人哭笑不得的事情，譬如說當年八國聯軍打進北京城時，慈禧帶著光緒逃跑，走得太匆忙沒帶錢，可把慈禧給難住了，最後向晉商喬致庸借了一大筆銀子。

關於慈禧，還有一個流傳甚廣的段子，說的是她和火車的事。洋務運動興起之後，各地都辦了很多企業，有句話叫要想富，先修路，在當時也是對的，畢竟交通便利才能把產品快速拉走，於是修鐵路的事情被提到了議程上。搞洋務運動的李鴻章等人自然是支持修鐵路的，但是一幫以內閣大學士張家驤等人為首的頑固派極力反對，認為到處亂挖亂掘會破壞風水和國脈，事情僵持不下。還是李鴻章聰明，直接讓慈禧體驗一下鐵路的樂趣不救解決了嘛。李鴻章派人在中南海修了一段鐵路，這段總長約三華里的鐵路兩端正好是慈禧每天上班和吃飯午休的地方。慈禧興許是坐轎子坐膩了，試了之後竟然喜歡上坐火車，自此之後，慈禧每天就坐著火車上下班了。最逗的地方是因為慈禧怕火車轟隆隆地震動破壞風水，這節火車竟然是馬拉著的。

除了這些趣事之外，大家不要忘記，慈禧再怎麼強勢也是個女人，愛美是女人的天性，講究生活品味的慈

1800
1825
英國憲章運動
歐洲革命
1850
日本黑船事件
美國南北戰爭
大政奉還
1875
日本兼併琉球
日本頒布帝國憲法
1900
日俄戰爭
日韓合併
第一次世界大戰
俄羅斯二月革命
1925

禧自然也不例外。香水是慈禧的最愛，尤其是法國香水，此外慈禧還對法國的高級定制裝有很大的興趣。

十九世紀末的時候，慈禧就開始接觸西方的物質文明，與政治上的保守不同，慈禧在生活上十分時髦，很多歐洲來的新玩意都是慈禧先用，而後慢慢流傳開的。據後來的記載，慈禧特別喜歡聽鋼琴曲，還特地買了個留聲機，專門聽一些鋼琴曲。如今在頤和園的排雲殿和樂善堂還有兩頂非常精美的吊燈，百歲「高齡」的電燈依然通電就亮，電燈也是慈禧的最先在北京城使用的西洋玩意。

此外還有汽車、攝影等，慈禧是很多西洋物件進入中國的第一位使用者，絕對是一位合格的潮流達人。

第十章：辛亥革命

革命團體的興起

革命是成本最高的改良，就是暴力改良。暴力革命的成功，說明溫和改良出了問題，要不誰也不願意走上這條路。前面說了載灃那些人把清末新政搞得烏煙瘴氣，這才讓清政府離心離德。

革命這一派，不是武昌起義才出現的，在此之前，早就有人對於採用改良的辦法不滿意，一心想著以暴力手段推翻清政府，其中當以孫中山的興中會為代表。興中會一八九四年成立於美國檀香山，以「驅除韃虜，恢復中華，建立合眾政府」為宗旨。除了興中會，比較有影響力的還有黃興、宋教仁主辦的華興會，王嘉偉、蔣尊簋在日本東京主辦的光復會，光復會當中有很多出名的大佬，譬如說章太炎、蔡元培，還有秋瑾和徐錫麟。

這三個影響較大的革命團體，做事方法也不太一樣，像孫中山、黃興、宋教仁這批人，傾向於武裝暴力革命。光復會是另一個路子，主要用暗殺手段，直接百萬軍中取上將首級。說起來，早期的光復會做事方法和黑社會差不多。

三個團體的資金來源和影響範圍不一樣。孫中山的興中會因為在美國建立，所以興中會在海外華僑當中知名度很高。海外華僑還是比較關注當時的國內形勢，但是華僑的主流仍然是康有為的立憲派，再加上康有為聲稱自己有光緒的衣帶詔，所以募款最容易的就是康有為。孫中山在粵籍華僑當中也有一定影響力，不少華僑在

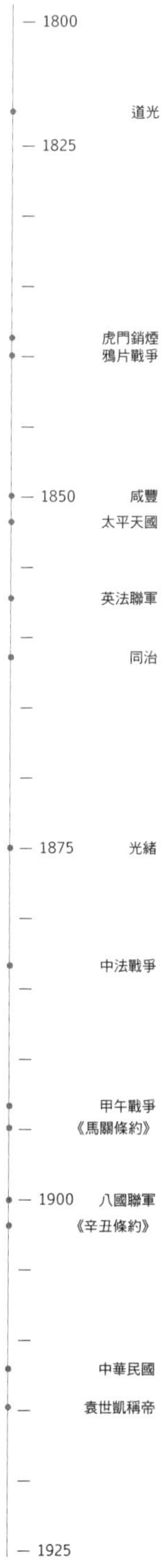

戊戌變法失敗後表示很失望，轉而同情革命。至於華興會和光復會，經濟來源就比較少了。所以說，整個革命團體早期的經費都不足，捉襟見肘是常態。

影響範圍也是各有各的地盤，甚至可以說是涇渭分明，你做你的暗殺，我做我的革命。孫中山或者說興中會發動的革命，基本都在廣東一帶，而黃興等人的活動範圍在武漢一帶，秋瑾、徐錫麟的暗殺活動在江浙附近，三個勢力範圍離得很遠。

在一八九五年甲午戰爭以前，這三個團體之間沒有互相配合，所以也沒聽說做過什麼驚天動地的大事。後來甲午戰爭失敗後，亡國亡種的思想很流行，大家都很著急。為了整合革命力量，在日本東京成立了同盟會。一九〇五年七月，由日本黑龍會（一個準黑社會組織）大哥內田良平牽頭，孫中山前往日本商議同盟會成立的事情。八月二十號，在內田良平家的二樓榻榻米房成立了同盟會。同盟會在成立之初，就確定了「驅除韃虜，恢復中華，創立民國，平均地權」的十六字綱領，孫中山為總理，黃興為副總理，《民報》為機關刊物。

黑龍會可以說一下，這個組織其實是以佔領黑龍江為目標的組織，「黑龍」二字就取自黑龍江。大家也許會疑惑，當時的革命者怎麼會和這樣的組織走得這麼近，其實這也是無奈之舉。革命初期，要錢沒錢，要人沒人，要槍沒槍，革命不是光喊口號就夠的。而日本一直對於中國的暴力革命相當支援，不僅給錢給槍，甚至還提供訓練和顧問。當然，他們的想法是幫助革命黨人鬧翻清朝，然後漁翁得利。

在清末，出國留洋成為一時風尚，主要分為西洋、南洋、東洋三大塊。西洋，顧名思義，就是歐美國家，前往這些國家留學的中國人，多半是當時的富庶階層，仕紳階層出身的比較多，譬如說唐紹儀、胡適等，包括後來的徐志摩這批人。留學西洋的人一般都比較推崇歐美的共和制或者君主立憲制，回國之後多是清政府的文

化、政治精英。至於留學東洋（即日本）的人，則顯得明顯激進得多，看看後來的革命者就知道。至於第三類下南洋的人，就對於國家沒那麼多的設想與抱負，基本上都是廣東、福建沿海人，為了養家糊口，被迫離開家鄉。所以今天東南亞一帶，像新加坡之類的地方，粵語和閩南語都是通用語。

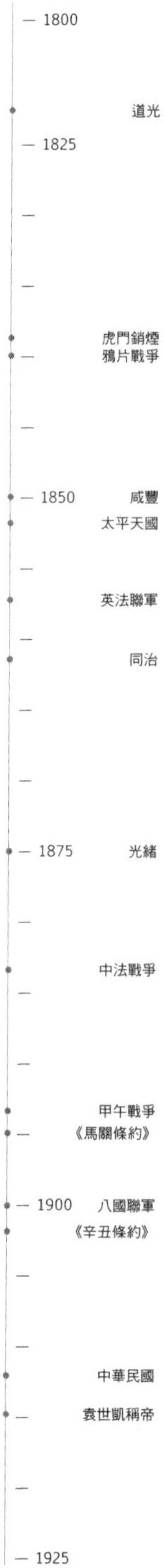

誰在革命，怎麼革命？

其實在辛亥革命之前，孫中山、黃興等人就已經發動過數次規模不一的革命。按照後來國民黨黨史的說法，包括十次上規模的起義，比較出名是一八九五年的廣州起義、一九〇六年的萍瀏醴起義、一九一一年的黃花崗起義等。

一八九五年的廣州起義，由孫中山的至交好友陸皓東組織指揮，計畫一舉攻下廣州，然後經湖南、湖北，一路打下北京。看上去這個計畫挺不錯，陸皓東也是信心滿滿，甚至還設計了青天白日旗，準備懸掛在兩廣總督府。結果，等來的卻是死亡。原因也很簡單，起義尚未開始，廣州滿大街的人都知道有黨人要起事。很不幸，陸皓東就這樣不明不白地掛了，成為了第一個為民主共和流血犧牲的人。

陸皓東實在是死得冤，因為沒多久，走漏消息的人就被查出來。根本不是什麼革命黨人叛變或者清廷奸細混進去之類的諜戰曲目，而是酒鬼酒後吐真言。對於這一點，大家就會有疑惑，一個堅定的革命黨人怎麼會酗酒，甚至在酒後吹牛皮，說自己正在幹一件驚天動地的大事，來滿足自己在酒桌上的虛榮。問題就恰恰在於此，因為早期的革命者根本不是什麼堅定的革命者，大多數都是一些混黑社會的小混混。

還有一點，革命黨人為什麼不策動老百姓起來反抗，在我們現在看來，老百姓參與的人民戰爭才是王道，

1800
1825
英國憲章運動
歐洲革命
1850
日本黑船事件
美國南北戰爭
大政奉還
1875
日本兼併琉球
日本頒布帝國憲法
1900
日俄戰爭
日韓合併
第一次世界大戰
俄羅斯二月革命
1925

為什麼要找這些不靠譜的小混混。這和孫中山等人的革命思想有關。在當時是革命黨人看來，中國的老百姓根本起不了什麼作用，他們希望將革命層面控制在知識份子、仕紳階層當中。這其實是革命史觀的不同，當時的革命黨人普遍相信英雄史觀，而不是農民史觀。什麼意思？就是說改朝換代、走向共和這種大事，底層的老百姓根本不懂，也不需要參與。

這種思想在當時是各個流派的共識，不僅僅是孫中山，包括搞暗殺的光復會，甚至康有為的保皇派、梁啟超等人代表的立憲派，都是這種觀點，即老百姓什麼都不懂，成不了事。可笑的是，一些黑社會組織原本沒有加入革命的意思，但是革命黨人硬是靠著三寸不爛之舌說服了黑社會大佬。說服的方法也很有意思，就是忽悠。忽悠大佬這個組織早年是如何厲害，什麼人為了反清復明建立了組織，只是日子久了，傳到這一代你們忘記了創教宗旨。就像洪門，其實原本只是個混飯吃的黑社會組織，愣是被說成是明末清初成立反清復明的組織，所謂「洪」字都是為了紀念朱元璋的年號「洪武」，包括天地會、哥老會等，都被革命黨人找到了「輝煌的過去」。

現在搞清楚早期的革命到底是什麼人在革命，其實就是革命黨人牽頭做指揮，手底下指揮的全是亡命徒。至於革命的方式，那就粗暴簡單得多了，就是現在海外籌錢，錢夠了就回到國內招一批敢死隊，然後就沖著清廷機關去了。沒有周密的計畫，也沒有明確的綱領，一番倒騰。由於革命黨人只是出錢，所以真正能說得上話的還是黑社會大哥。這些個江湖中人，奔放粗豪，難以約束下屬，三杯酒下肚，還不計畫吹出來？所以革命計畫洩露是很常見的。

一九〇六年的萍瀏醴起義，被稱為是辛亥之前影響最大的起義，號稱有幾萬人參加，實際上同盟會的影響少之又少。萍瀏醴地區是江西萍鄉、湖南瀏陽、醴陵三處交界的地方，當時因為湖南發生水災，當地政府又囤積糧食，老百姓民不聊生，被迫起來反抗的起義。還有一點就是這個地區有一個很大的煤礦，因為煤礦的開採，導致大量老百姓失去土地，沒有飯吃，所以當地的各種組織很發達。萍瀏醴起義發生的時候，同盟會甚至不知道，就是當地的各種組織自己在那瞎幹。起義的過程也相當馬虎，其實就是在一個山頭上開壇一樣，各地組織扛著自己的旗幟聚在一起，就像開運動會各代表團入場。

這件事情可以佐證這幫黑社會的不靠譜，以往的起義至少還有革命黨人指揮，這次完全自發的活動，更是亂成一鍋粥，大家誰都不服誰，最後幾萬人的隊伍打不下幾百清兵把手的縣城。不過話雖這樣說，萍瀏醴起義動靜還是鬧得挺大，畢竟烏壓壓一片幾萬人，所以同盟會還是相當欣喜的，還派去劉道一等人去指導工作。結果還是老毛病，守不住消息，劉道一也被清廷抓住，慷慨就義。

一九一一年的黃花崗起義，更能說明利用會黨勢力起義的弊端。幾乎如出一轍，起義計畫因為會黨中人嘴巴不嚴而洩露，被迫提前起義，最後自然是失敗。對於這場起義，同盟會還是相當重視，黃興甚至親自指揮，沒辦法，還是架不住會黨成員的那一張大嘴。最後事情沒成，死傷不少人，有好心人收了七十二具屍體，埋葬在紅花崗，後來紅花崗改名叫黃花崗，這就叫「黃花崗七十二烈士」。

不管怎麼說，革命黨人還是相當令人佩服，雖然革命工作有很多粗糙的地方，但是確實有韌性，一次接一次地發動革命，這是革命黨人相當難得的地方。

暗殺

當然，除了這種帶著一幫人直接衝出去的革命方式，還有一種方式，就是暗殺。暗殺在當時受追捧的程度，不亞於暴力革命。相比於革命，暗殺不僅成本比較低，而且成功率也比較高，畢竟暗殺只是三兩個人的事情，花錢少，而且多是同盟會成員自己來，比會黨中人要靠譜得多。像章太炎、蔡元培等一批知識份子，都是暗殺的擁躉，蔡元培、陳獨秀等人甚至是製造炸彈的專家。

至於暗殺的方式，那就比較簡單了，要麼是手槍，要麼是炸彈。像徐錫麟暗殺安徽巡撫恩銘，就是用手槍，吳樾暗殺清廷海外考察團就是用炸彈。一九〇七年的安慶起義，其實就是徐錫麟和隨從三人的一場暗殺，稱為起義都不太準確。這場暗殺說起來還是受會黨的影響很大。一九〇五年，從日本回來的徐錫麟和秋瑾創辦了紹興體校。一心革命的兩人，其實招收的學生都是一些會黨中人，藉著體校的名義，一天在校園裡舞槍弄棒，等著起義。下面的劇情就相當熟悉了，會黨人因為酒後失言，洩露起義計畫，當時作為安徽巡警尹（警察局長）的徐錫麟，看到了下面收繳上來的花名冊，看見自己的化名也赫然在列，無奈之下，只能起義。

徐錫麟在安徽警校學生畢業典禮上，把安徽巡撫忽悠來，然後大講特講了一番愛國救亡的話，對著恩銘就是一頓亂射，直接把恩銘打成了篩子。說起來，其實恩銘是個相當有能力的領導，而且還是徐錫麟的老師，但是在當時的革命黨人看來，為了加速清王朝的覆滅，要殺就殺清政府裡有能力的能人，一般昏官還不值一殺。這場臨時起意的暗殺之後，的確讓滿清貴族怕了一階段，很多人不敢出門，有很大的影響。當時還在紹興的秋瑾的確是女中豪傑，明知道徐錫麟殺了恩銘之後，自己很快就要倒楣，硬是不走，學譚嗣同為理想獻身的做法，最後英勇就義。

徐錫麟持槍暗殺恩銘的暗殺手段，其實並不是暗殺的主流，原因就是當時的手槍威力有限。當時恩銘中了八槍都沒有當場死亡。真正讓清朝官員聞風喪膽的是炸彈。炸彈在晚清的革命中，扮演了一個非常重要的角色，不僅暗殺者喜歡安裝炸彈，就連暴力革命都喜歡身上纏一串炸彈，然後直接衝出去，一邊走，一邊扔，威猛難當。像黃興指揮的黃花崗起義，基本上也是以炸彈為主，很少有人持槍，就是一路炸過去。

晚清的暗殺者，對於炸彈的熱愛甚至到了發狂的地步。這不是玩笑，想想看，連蔡元培、陳獨秀這樣的知識份子都會製造炸彈，可想而知。晚清的炸彈暗殺中，比較出名的是吳樾暗殺考察大臣，汪精衛暗殺攝政王載灃。之前有說過，清末的新政其實是搞得不錯的，後來清政府也給出了預備立憲的時間表，還派了五個皇室貴族出去考察。按照這種狀況下去，其實清政府說不定還能撐很久的，這是革命黨人不願意看到的結果，所以吳樾決定暗殺出去考察的大臣。

當年的炸彈，不像今天的炸彈那麼先進，人可以躲在角落裡偷偷按下無線開關，很多情形是雙方同歸於盡，跟自殺式襲擊差不多，需要很大的勇氣。吳樾就在暗殺滿清貴族的時候，自己也受了傷，不過限於炸彈威力，五個大臣當中只有兩人受了傷。

至於汪精衛在一九一〇年一月謀圖暗殺攝政王載灃的事情，更是轟動了全國。如今汪精衛在大家心中多是

1800—
1825—
英國憲章運動
歐洲革命
1850—
日本黑船事件
美國南北戰爭
大政奉還
1875—
日本兼併琉球
日本頒布帝國憲法
1900—
日俄戰爭
日韓合併
第一次世界大戰
俄羅斯二月革命
1925—

漢奸的印象，其實早年的汪精衛還是位相當有熱情的革命者，從他決心與載灃同歸於盡的暗殺行動中，就可以看出。不過汪精衛在載灃每天上朝必經之路安裝炸彈的時候，被一個夜半起來小便的北京人看見，最後計畫破滅，自己也差點丟命。

不過這場失敗的暗殺活動卻為汪精衛帶來了無上的光榮，日後汪精衛在國民黨內有如此高的地位，與這場暗殺分不開。清政府迫於輿論壓力也不敢對汪精衛怎樣，最後還是釋放了汪精衛。

暗殺在當時就是這麼受歡迎，以至於後來宋教仁也被暗殺，包括陶成章等，都是被暗殺而死。說句實話，暗殺和暴力革命相比，其實殺傷力要小很多，但是也的確能產生相當大的作用，尤其是當時各大報紙相當發達，經過媒體放大報導後，的確讓清政府官員一時之間嚇得夠嗆。雖然現在看起來覺得暗殺有點不說過去，不過只要能讓革命成功，當時的革命黨人自然是不擇手段，我們也無可非議。

1800
道光
1825
虎門銷煙
鴉片戰爭
1850
咸豐
太平天國
英法聯軍
同治
1875
光緒
中法戰爭
甲午戰爭
《馬關條約》
1900
八國聯軍
《辛丑條約》
中華民國
袁世凱稱帝
1925

意料之外的武昌起義

從一八九五年的廣州起義，到一九一一年的黃花崗起義，革命黨人也發動了大大小小不少起義，但是效果都不是很好，都是些尚未準備好就被清軍一鍋端的起義，還都在廣東、湖南、湖北這些離北京幾千里外的地方，實在談不上有多大影響。

還有一個不容忽視的事實，那就是老百姓對於革命黨人抱有敵視的態度。這是一個要命的事情，老百姓不支持革命也就罷了，還有相當部分百姓敵視革命者。其實這也是革命黨人自己造成的結果。一個老實巴交的農民，會認同那些整天舞槍弄棒的會黨中人嗎？那些黑社會組織能不欺壓他們就算好的了，實際的情況恰恰是會黨要靠收人頭費過日子。而革命黨人又跟會黨組織走得那麼近，怎能讓老百姓有好感？還有一點就是之前說過的事情，就是革命黨人覺得底層老百姓沒用，所以也不屑向百姓講解自己的主義。為數不多支持革命的百姓，就是上海附近、廣東沿海地區那些得風氣之先的老百姓，畢竟思想較為開明。

不過革命黨人自然也懂得要培養自己勢力的道理，畢竟自己手裡有人，心裡踏實，老靠一幫花錢買來的會黨實在成不了事。基於這種想法，革命黨人將觸鬚伸入到新軍當中。所謂新軍，自然是相對於舊式軍隊而言。清末，清政府為了改善軍隊作戰能力，決定引進西方軍隊的建制，拋開原有的建軍方法，這就是新軍的由來。

1800—
1825—
英國憲章運動
歐洲革命
1850—
日本黑船事件
美國南北戰爭
大政奉還
1875—
日本兼併琉球
日本頒布帝國憲法
1900—
日俄戰爭
日韓合併
第一次世界大戰
俄羅斯二月革命
1925—

八旗軍自然還是腐朽不堪，但是這時候的湘軍、淮軍也都逐漸老化，新軍應運而生。那麼新軍的組成人員到底和舊式軍隊有什麼不同，讓革命黨人如此看重，這要從清末新政廢除科舉說起。

科舉廢除之後，大批讀書人沒了考科舉的出路，最後都去參加了新軍。很多新軍的一個連隊，甚至有幾個秀才，幾個舉人，可想而知新軍的文化水準。在革命黨人看來，這些讀書人的思想自然比老百姓和會黨人開明。事實也的確如此，武漢的新軍當中的確被同盟會勢力滲透了一些。當時的新軍中也的確形成了一股讀新式文章，看新式報紙的風氣，不過由於這些秀才、舉人多半都是士紳出身，所以傾向於革命的少，反倒是立憲派的多。

看得出來，革命黨人的革命，包括在新軍中的宣傳滲透，的確拉攏了一些追隨者，但實際上並沒有形成社會主流，社會的主流思想依然是梁啟超等人的君主立憲。

一九一一年十月十日，改變中國歷史的武昌起義爆發了。從根本上來說，是各種不可調和的階級矛盾導致的，但實際上這場起義有著很大的偶然性，甚至能有後來如此大的影響也出乎很多人的預料。即使從大歷史的角度來看，武昌起義的成功，也有很大的偶然性。之前說過清末的新政實際上是不錯的，並沒有到那種人民完全活不了的地步。

其實在武昌起義一個月前，曾經出過一次意外事件，那次事件幾乎和武昌起義過程如出一轍，但是卻一點浪花都沒翻起來。一九一一年九月二十四日，幾個南湖八鎮跑標三營的老兵退伍，自然是要熱鬧一番，推杯換盞在所難免。一些新兵給老兵準備酒菜，歡送老兵。原本這是在常見不過的事情，最後卻鬧得很不愉快。原因就是一位姓劉的值班排長過來干涉，肯定是說了一些難聽的話。平時這幫老兵就受足了這些蝦兵蟹將的氣，現

如今已經退役，誰還怕這個小小的排長。再加上喝了酒，最後肯定是由口角爭執發展到大打出手。

這幾個老兵對軍隊熟門熟路，氣急了就跑去兵器庫找槍找炮，不過都是些訓練器材，子彈有殼沒火藥，根本打不死人，最後這場鬧劇就被撲滅了。這件事情在當時一點影響都沒有產生，要不是因為後來的武昌起義，根本不會有人知道這次酒後鬥毆的事情。妙就妙在十月十日的武昌起義和這就事情的經過實在太像，前面的事情只能是起打架鬥毆，而武昌起義卻改變了中國，非常有趣的對比。

前面說過，當時的革命黨人非常迷戀炸彈暗殺，很多革命黨人都會製造炸彈。但是有一個問題，就是當時的炸彈技術還不是很成熟，尤其是這些只會三腳貓功夫的門外漢製作的炸彈，常常突然間就爆炸了。十月九日，這樣一起悲劇就發生了。當時共進會的孫武等人正在漢口的俄國租界內偷偷製造炸彈，結果不慎爆炸，不僅炸傷了自己，也招來了租界內的員警。這幫革命黨人嚇得趕緊跑了，丟下武器，丟下錢財，更重要的是丟下了新軍中已經被策反的軍人花名冊。

後來的形勢變化很大程度上是因為武漢政府對待這份花名冊的態度。今天我們看來，如果站在武漢政府的角度上，要麼按圖索驥，對照著花名冊一網打盡，要麼就把起事的幾個人抓起來，然後當眾銷毀花名冊，打消大家顧慮。這些方法都可以讓當時的局勢穩定下來。偏偏此時節制武漢的是一位無能的滿清貴族——瑞澂。瑞澂這個人真是和他爺爺琦善一樣，盡給大清朝添堵。當時這起爆炸事件發生之後，瑞澂還是比較重視的，下令關起城門，四處搜查革命黨人。很快，幾十個參與活動的革命黨人被抓，瑞澂為了震懾革命黨人，將彭楚藩、劉復基、楊宏勝三名頭領梟首示眾，人頭掛在武昌城頭。

我們現在看來，當然替革命黨人感到惋惜，覺得瑞澂罪大惡極，其實換個角度看一下，之前瑞澂的處理方

1800—
1825—
英國憲章運動
歐洲革命
1850—
日本黑船事件
美國南北戰爭
大政奉還
1875—
日本兼併琉球
日本頒布帝國憲法
1900—
日俄戰爭
日韓合併
第一次世界大戰
俄羅斯二月革命
1925—

式還是不錯的，至少穩定了武昌的局勢。問題就出在那個花名冊上，瑞澂對於花名冊上的人到底該怎麼處理始終拿不定注意，這就壞菜了。瑞澂既不大肆抓捕花名冊上新軍，也不出來表示既往不咎，這就給了謠言流傳的空間。一時之間，武昌城的新軍中有一種謠傳，意思是不僅僅是花名冊上的人要倒楣，就連平時喜愛看新式報紙、書籍的人也要跟著遭殃。這種謠言直接導致整個武昌新軍人心惶惶，人人自危。

「今亡亦死，舉大計亦死」，意思反正造反也是死，不反也是死，伸頭縮頭都是一刀，那還有不反的道理？其實原本革命黨人在武漢新軍的工作並不出色，真正被拉進同盟會的人少之又少，只不過不少讀書人都愛看些新式文章罷了，這下反倒被瑞澂一逼，全都成了傾向革命的革命黨人。

接下來的事情就順理成章、水到渠成了。都說形勢比人強，武昌起義新軍那麼多人傾向於革命，跟瑞澂的愚蠢處理方式不無關係。十日晚，又是一個排長和士兵的衝突，導致雙方開始動槍，不過這時因為局勢緊張，都是荷槍實彈，不再是打不死人的訓練彈。士兵程定國打死排長陶啟勝之後，槍聲引來了更多的上級軍官過來彈壓，這時不遠處的共進會代表熊秉坤正好順勢起義。由於之前說的人人自危的心態，這一次不再是幾個人的單幹，一瞬間整個軍營就火爆了起來，武昌首義爆發了。

1800
道光
1825
虎門銷煙
鴉片戰爭
1850 咸豐
太平天國
英法聯軍
同治
1875 光緒
中法戰爭
甲午戰爭
《馬關條約》
1900 八國聯軍
《辛丑條約》
中華民國
袁世凱稱帝
1925

黎菩薩

武昌起義爆發之後，其實剛開始也只是跟部分新軍有關係，大部分軍人還是站在朝廷那一邊。不過有一個優勢，就是之前在四川掀起了保路運動，武昌不少軍隊被調往四川。即使這樣，那點起義的新軍依然有點勢單力薄。這一次又是瑞澂幫了大忙。瑞澂一聽說新軍反叛，還沒聽到槍響就跑路了。這位湖廣總督身體裡的逃跑基因實在是強大，嚇得在總督府的後院挖了狗洞，帶著全家老小跑到長江邊上的楚豫艦上。原本瑞澂如果聽幕僚張梅生的建議，就地組織軍隊鎮壓，武昌起義多半是胎死腹中，但他聽了小妾廖克玉的話，一溜煙跑出了武昌城。說來也真是戲劇，後來廖克玉被宋教仁接見，還被誇讚為「民國西施」。

總督瑞澂撂挑子一跑，剩下的形勢就對起義軍有利多了。起義軍先是跑到了楚望台軍械庫，抬出了大炮。這一點很重要，後來起義軍能打下武昌城，跟這幾門大炮分不開關係。從上面的描述中，大家也可以看得出這次起義沒有做周密的計畫，再加上之前武昌革命黨人的頭領已經跑的跑，傷的傷，死的死，一時之間找不著北，最後找來軍銜較高的吳兆麟做總指揮。

很快，起義軍就拿下了整個武昌城。在整個起義過程中，遇到的抵抗並不強烈，政府軍因為失去總指揮，很多人都沒有反抗，稀里糊塗就被裹挾進了起義軍裡。當天夜裡還有一件對後來有相當作用的事情，當時還是

1800
1825
英國憲章運動
歐洲革命
1850
日本黑船事件
美國南北戰爭
大政奉還
1875
日本兼併琉球
日本頒布帝國憲法
1900
日俄戰爭
日韓合併
第一次世界大戰
俄羅斯二月革命
1925

學生的李濟深，和幾個同學摸黑炸毀了長江上的漕河鐵橋，這為後來清軍南下製造了不少的困難。

當晚戰鬥結束之後，起義軍陷入了群龍無首的狀態，這是比較要命的事情。原本這群人是有明確領導的，也就是後來說的辛亥三武——孫武、蔣翊武、張振武。但是孫武被炸彈炸得還躺在醫院，蔣翊武早就跑了，張振武資歷尚淺，不足以服眾。一幫人聚在一起決定找一個德高望重的人來做頭領。這時候吳兆麟提議了第二十一混成協協統領（旅長）黎元洪，這個方案得到了大家的認同。至於為何會想到黎元洪，也是因為吳兆麟曾經在黎元洪手下待過，對於這位忠厚老實的上司印象不錯。

黎元洪這個人，品性忠厚老實。大家可以看一看他的照片，一張四四方方的國字臉，都說相由心生，還是有些道理的。黎元洪在武昌新軍當中的確有很高的威望，主要就是因為他為人不錯，人緣好，要不吳兆麟這個提議其他人肯定不同意。黎元洪這個人在後來的歷屆政府中，擔任了兩次大總統，三次副總統，這是相當不簡單的事情。當時那麼多派系，那麼多的人才，他都能有這樣的表現，還是說明這個人為人處世不錯的。

方案確定之後，一群士兵就去找黎元洪。說來也真狗血，當時的黎元洪是反對革命的，甚至在起義過程中親手擊斃了一位起義新軍。現在起義軍佔領了武昌城，他也嚇得半死，不敢回家，躲在自己的參謀家裡。反正不管怎麼說，張振武帶著一幫人是尋到了黎元洪。剛開始黎元洪自然是嚇得面如土色，心想完蛋，不過在起義軍說明來意之後，黎元洪也沒有表示出興趣，反正在他當時看來，起義軍是大逆不道的叛軍，最後是被張振武用槍指著腦袋帶到了起義軍中去的。

黎元洪在剛去起義軍的幾天時間裡，整天一言不發，不管周圍的人怎麼勸，他硬是不開口，甚至被人喊做「黎菩薩」。這也是可以理解的事情，黎元洪無非是害怕日後起義失敗，朝廷追究起他的責任罷了。但是起義軍總歸要有人指揮，否則這一盤散沙怎麼能行，這時候來了一位能人，立憲派黨人湯化龍。

湯化龍這個人當時在湖北聲望很高，屬於士紳階層的代表，他不是起義軍請來的，而是不請自來。原本立憲派人是反對暴力革命的，湯化龍也是如此，他一直推崇溫良的改良方案。不過在不久前，湯化龍參與了當時全國的請願活動，就是希望清廷組建內閣的請願。但是後來，清政府組建了一個基本全是滿清貴族的「皇族內閣」，這件事情讓很多立憲派人失望，湯化龍也是其中之一。

湯化龍在失望之餘，聽說了武昌起義，就自己主動跑了過來。湯化龍的到來對於保住武昌起義勝利產生很大的作用。大家可以看得出，其實在整個武昌起義過程中，革命黨人的參與度實在不高，此時的孫中山還在海外。而在武昌起義成功後，革命黨人中的大佬也沒有表示出很興奮，像黃興、宋教仁之類的大佬聽說之後都沒有抱有很大的希望。原因很簡單，當時人們都認為武昌起義翻不起大浪，因為武漢是四戰之地。意思是說武漢不僅是自古以來的兵家必爭之地，戰略地位險要，關鍵是四周一馬平川，根本沒有任何防守的屏障，實在是易攻難守，這一點和徐州很像。

革命黨人沒多大興趣，立憲派人其實也沒多大興趣，也就是湯化龍失望之餘跑過來指導起義工作。湯化龍一來，那自然是不同。他首先就利用自己在湖北的聲望和外國人談判，希望租界內的洋人不要插手，這一點很重要，否則這點新軍根本不夠洋人塞牙縫。還有就是勸說黎元洪，剛開始黎元洪還不同意，但是湯化龍畢竟經驗老道，他直接命令所有起義軍的公告都以黎元洪的名義發布，最後黎元洪成騎虎難下之勢，只能開口指揮軍事工作。

有了黎元洪指揮軍事工作，湯化龍負責其他工作，武昌起義軍才逐漸像個樣子，最後逐漸穩下腳跟。

崩盤的清朝

其實一切才剛剛開始。此時的起義軍數量實在少得可憐，根本成不了大事。要想壯大力量，就需要人、錢、槍，缺一不可，否則等待的還是被剿滅的下場。前面說武漢是四戰之地，起義軍凶多吉少，看上去武漢是個不適合起義的地方，但實際上起義軍卻在武漢挖到了大寶藏，換個地方還真不行。什麼好東西？那就是錢和槍。由於湖北比較積極開展清末新政，當起義軍打開總督府庫房時，竟然發現四千萬兩左右的銀子。這在當時是比較少見的，當時全國各個地方基本上都是欠一屁股債，哪裡有盈餘的可能。

有了錢招兵就好辦了，很快，起義軍就被擴充到三萬多人。需要說明的一點是，我們一般認為武昌起義或者辛亥革命的起義軍主力是革命黨人，其實不是，絕大多數人根本不懂什麼主義，參軍的目的無非是為了那點餉銀，混口飯。想想看，革命黨人那麼不屑於在老百姓中做宣傳工作，憑那點追隨者，哪裡能有那麼大的陣勢。

有人還得有槍啊，怎不能拿著扁擔鋤頭上戰場吧。起義軍又遇到了一位「貴人」，那就是張之洞。雖然張之洞已經去世了，但是終其一生，張之洞在武漢建造了大量的武器，比如說大家熟悉的漢陽鋼鐵廠，手槍裡就有叫漢陽造嘛，這種槍甚至在後來的抗日戰爭中都還在用。張之洞在洋務運動以及後來整頓軍務的過程中，不僅自己製造武器，還進口了大量歐洲快槍，比如說毛瑟槍之類的。這些武器張之洞自己沒用上，反倒被起義軍佔了個便宜。所以說起來，起義軍的錢和槍都是清政府給的。

幾萬名荷槍實彈的起義軍，這下成大事了，武昌起義一下子成為全國的焦點。首先被點爆興奮點的就是革命黨人。原先同盟會的一些大佬們看不上武昌起義，現在全都往武漢蹭。黃興跑過去還想做大哥，你想這時候事情都被擺平得差不多了，根本沒人服後來的黃興，最後跑去當前線總指揮，迎戰清軍去了。

武昌起義還讓上海等地支持革命的老百姓相當興奮。當時上海的各大報紙已經相當發達，每天頭條報導武昌起義狀況，市民們排隊等著看報紙。還有一點比較滑稽，老百姓一廂情願支持武昌起義，不能容忍報紙報導起義軍不利的消息，嚴重時甚至去砸報館，實在是讓人啼笑皆非。

除了這些積極的支持派，剩下的絕大多數立憲派黨人都採取了觀望的態度。不過就是這中立的立場，無形中給了起義軍很大的空間，否則多方勢力聯合絞殺，還不是輕輕鬆鬆滅掉起義軍。洋人在整個起義中也採取了中立的態度，起義軍也很識趣，在打仗過程中，遇到洋人就繞道走，雙方井水不犯河水。洋人的態度其實和湖北的立憲派人參與武昌起義有很大關係，要不是湯化龍那幫社會地位高的立憲派人出面，洋人多半還是會配合清政府。當然了，歐洲各國摩拳擦掌，互相看不順眼，為三年後的第一次世界大戰醞釀，也是洋人不願意插手的原因之一。

現在情況清楚，清廷除了北方的一些省分還能指揮，其實手裡的牌並不多。沒有經驗的攝政王載灃派出了蔭昌領著陸軍從河南南下湖北，薩鎮冰領著水師沿著長江西進，準備夾攻武漢。先說說蔭昌，這個人為人處世是沒有問題的，在清政府中人緣特別好，吹拉彈唱樣樣精通，還寫得一手好字。有句話說得好，「慈不帶兵」，意思就是不得罪人的和事佬是帶不了兵的，這話一語中的。蔭昌帶著北洋新軍，先是跑到河南項城拜會在家養病的袁世凱，然後一路慢慢悠悠地向武漢走。可以這麼說，起義軍能有將近半個月的空閒期擴充軍隊，蔭昌的功勞不小。

還有一點，蔭昌此前從來沒有帶過兵，根本沒有任何打仗的經驗，而且蔭昌帶的先頭部隊是袁世凱的老部下馮國璋的軍隊，指揮起來也相當費力氣。不過袁世凱和蔭昌是雙頭兒女親家，所以表面上馮國璋還是聽蔭昌指揮。馮國璋這個人也很有趣，不僅是帶兵打仗的能手，關鍵是對袁世凱忠心耿耿。當時袁世凱的部下，有三個威名赫赫的人，分別是王士珍、段祺瑞、馮國璋，稱為北洋「龍虎狗」，馮國璋是北洋之狗。當然了，這可不是罵人的話，而是誇讚馮國璋忠心護主，不過如今的馮國璋名氣還沒有他的曾孫笑星馮鞏名氣大，估計他是想不到。

馮國璋在臨出發前，袁世凱給的指示是「慢慢走，等等看」，這更拉慢了行軍節奏。隨著北洋軍一路走，一路上聽到的都是起義軍怎麼怎麼厲害，又擴充了多少軍隊的消息，把蔭昌嚇得不輕。不得不說，同盟會的《民報》達到了相當出色的宣傳作用。滑稽的一幕再次出現了，怕死的蔭昌把指揮中心放在河南信陽，而且自己一直待在雙向火車頭的火車上，堅決不下火車，一副隨時準備開溜的樣子。大家想一想，這樣帶兵打仗能不輸嗎？總共先頭部隊就那麼點人，蔭昌卻自己遠遠地躲在河南，最後自然是被黃興指揮的起義軍打個落花流水。還有一件趣事可以佐證蔭昌這個人有多膽小怕死，他躲在火車上的時候，從遠處有一群烏壓壓的人走近，嚇得他趕緊開動火車，準備跑路，結果卻是河南鄉下一群結伴摘棉花的農民，這蔭昌得有多怕死。

報紙的大肆渲染不僅嚇住了蔭昌一個人，絕大多數人都被唬住了。因為此前從來沒有在戰爭中出現媒體的大量介入，清政府也不知道怎麼應付，不懂得為自己這方吶喊助威，結果就是全國上下都以為起義軍強大得不行。其實，起義軍匆匆招進來的幾萬新兵蛋子，連槍都不會放，怎麼可能是身經百戰的北洋軍對手。馮國璋帶過兵，他就懂這個道理。蔭昌敗退之後，馮國璋帶著北洋軍打得起義軍抱頭鼠竄，黃興再怎麼指揮鼓勁也是沒轍，最後打得武漢三鎮只剩下武昌，要不是袁世凱改變了想法，估計馮國璋能一鼓作氣攻下武漢。

還有一路薩鎮冰的水師，這也是非同小可的力量。雖然此時的水師只是甲午海戰過後留下的小嘍嘍，那也是不容小覷，要是在長江邊上架起大炮一陣猛轟，估計起義軍也是吃不消。事情的轉機就出在起義軍中的立憲派黨人身上，首先黎元洪是薩鎮冰的學生，還有就是湯化龍的弟弟是水師參謀，這兩人聯合寫信勸說薩鎮冰。薩鎮冰這個人思想還是很開明的，他和林永升、鄧世昌等人是同學，在那一撥最優秀的人當中屬於成績較差的，不過在林永升等人在甲午戰爭中去世之後，他成為了後來中國海軍的代表人物。薩鎮冰在湯化龍、黎元洪的勸說下，先是帶領水師離開武漢江面，他既不願意反叛舊主，也不願意幫助起義軍，最後選擇離開軍艦，不摻和這趟渾水。薩鎮冰走了之後，湯化龍的弟弟掌管了水師，後來水師還調轉炮火攻擊北洋軍，這是清廷萬萬沒想到的。

至於袁世凱怎麼會突然改變主意，這就不得不說「形勢比人強」這句老話了。袁世凱的北洋軍就是再強大，也敵不過當時的形勢，因為此時的中國南部已經分崩離析。首先回應湖北起義的是湖南，這也和蔭昌調集湖南軍隊馳援武漢，導致湖南防備空虛有關。在觀望和準備了十多天後，焦達峰等人突然發難，最後拿下了整個長沙。原本各省主事的人還在觀望，現在看到湖南跟著宣布獨立，再加上各大報紙持續地渲染，整個中國南方各省像倒骨牌一樣，一個接一個宣布獨立。在湖南獨立之後，陝西、江西、山西、雲南、貴州、浙江、江

1800
1825
英國憲章運動
歐洲革命
1850
日本黑船事件
美國南北戰爭
大政奉還
1875
日本兼併琉球
日本頒布帝國憲法
1900
日俄戰爭
日韓合併
第一次世界大戰
俄羅斯二月革命
1925

蘇、廣西、安徽、四川以及福建、廣東紛紛獨立。

任何一場革命，都有渾水摸魚的人，這些獨立的省分自然不可能都是革命黨人的勢力。說句實話，當時的革命黨人勢力十分有限，大家看首義的武昌就沒有很多革命黨人的影子，這些先後獨立的省分中，唯一能稱得上革命黨人根據地的，就是孫中山經營多年的廣東，陳炯明、胡漢民等人的確是堅定的革命黨人。其他一些省分，雖然口頭上聲稱自己是回應革命，其實革命黨人的勢力和立憲派人的勢力基本差不多，甚至立憲派黨人的勢力更勝一籌。在陝西，更能看出這些勢力的分別。

大家應該知道，同盟會在策動革命時的主要理論武器就是認定滿人是異族，宣揚反清復明的思想。按照這種邏輯，一旦革命黨人得勢，肯定會大肆報復殺害旗人。這是可以預見的結果，大家看當年同盟會的宣傳就可以清楚這一點，到處充斥滿人當年入關「嘉定三屠」、「揚州十日」的宣傳，就連「驅除韃虜，恢復中華」的口號不也是為了打倒清廷。但是革命成功後，實際上並沒有發生大肆屠殺滿人的現象，因為革命黨人自認為自己拜師歐美，是文明人，自然不可以做出屠殺這種愚昧的事情。在整個辛亥革命過程中，革命黨人雖然嘴上喊得凶，把滿人嚇得不行，但實際上並沒有怎樣，就是因為害怕被洋老師笑話，整個革命過程相對來說還是很文明的。真正發生屠滿事件的地方都是一些革命黨人不得勢的地方，譬如說陝西西安，當地起義根本沒有革命黨人的支持，完全是哥老會的自主決定。

在這些獨立的省分中，革命黨人是戰戰兢兢地革命，害怕被洋老師笑話，哥老會這些會黨多是有一些盲目排滿的行為，而立憲派人的做法最溫和。當時很多立憲派黨人早已是當地政府的首腦，根本不存在革命這一說，就拿江蘇來說，根本是不費一槍一彈就宣告獨立了。當時的江蘇治府在蘇州，巡撫程德全聽說全國到處在革命，為了表示支持革命，他直接叫幾個憲兵放幾槍空槍，去府衙揭了幾片瓦，這就革命成功了。革命到後來，不乏這種「揭瓦革命」的地方，基本上都是走過場，不過就在這看似兒戲的過場中，大清朝已經完全崩盤，南方半壁江山早已獨立，「普天之下莫非王土，率土之濱莫非王臣」的時代一去不復返。

「竊國」大盜袁世凱

南方半壁江山宣布支持革命，看上去革命形勢一片大好，果真如此嗎？大家都知道每個王朝的更替都是軍閥烽煙四起的時代，大清朝的覆滅自然也是經過一番折騰。當時可以說是群魔亂舞的局面，不管之前的身分是什麼，隨便召集點人馬，任何人都可以搖身一變成為當地的主人。別的不說，就連革命黨人中都有大批混吃混喝的人，根本沒有什麼家國抱負可言。

辛亥革命後期，孫中山終於趕了回來，他的到來，還是讓不少革命黨人相當興奮的，畢竟孫中山在革命黨人中的威望相當高。不過，眾人對於孫中山的熱切期盼，其實是因為他能籌到錢。孫中山剛回到中國時，成千上萬人在上海的碼頭翹首企盼，他剛下船，眾人就紛紛問孫中山帶回了多少錢，多少槍，結果孫中山發表演講說帶回了革命思想。

孫中山回國之前，已經宣布獨立的南方各省早已組建了共和政府，不過對於大總統一職，各方代表都互相不服。孫中山的到來，讓各方勢力有了一個折衷的可能。畢竟不管大家私底下怎麼盤算，表面上各方勢力都高舉革命的大旗，而孫先生在名義上也是革命黨人的領袖。經過一番博弈之後，一九一一年十二月二十九日，孫中山被推選為中華民國臨時大總統，並在一九一二年一月一日宣誓就職。一月三日，沾光武昌首義的黎元洪被推選為副總統。

雖然南方各省當時是風起雲湧，但是北方各省，尤其是華北的京畿重地依然是相當穩固地被袁世凱控制。中華民國臨時政府成立之後，後來人會覺得為什麼孫中山等革命黨人不趁勢打下全國，難道南方十七省聯軍還打不過袁世凱的北洋軍？從數量上看，南方政府的確佔優勢，無論是軍隊數量還是人口數量，但其實孫中山不僅沒有繼續進攻北方，而且許多革命黨大佬大幅度裁軍。對於這一看似反常的行動，很多人看成是革命黨人聽信了袁世凱的讒言，要不怎麼會自己裁撤軍隊。其實根本不是那麼回事，如果不裁軍的話，估計用不著袁世凱動手，革命黨人就自生自滅了。

為什麼這麼說？大家看看後來的記錄就可以瞭解。自武昌首義之後，各方勢力紛紛跳出來冒充革命黨人，這給南方的革命帶來了很大的傷害。其實，不管是康有為的保皇派，實力雄厚的立憲派，還是革命派，出發點至少是一致的，那就是為了中國更好，只不過醫國救民的方法不同，但是有很多人根本是攪屎棍，純粹是見革命有利可圖。

在那些渾水摸魚的人當中，最突出的就是會黨和街頭混混。關於會黨，在前面已經說過，由於早期革命黨人被迫聯合會黨，所以在革命成功之後，很多會黨中人都覺得是自己的功臣。這一點就很要命，其實一幫烏合之眾的會黨根本沒有打過什麼仗，卻以革命元勳自居。當時焦達峰等人在長沙起義之後，洪門子弟聽說後，直接明目張膽地說「焦大哥當都督，今日我洪家天下矣」。其實這些人的骨子裡還是舊式農民起義的思維，意思是打下天下分地盤。

會黨出身的焦達峰也沒有辦法，只能多多招呼這些會黨中的兄弟。焦達峰當了湖南都督之後，會黨中人各

1800
1825
英國憲章運動
歐洲革命
1850
日本黑船事件
美國南北戰爭
大政奉還
1875
日本兼併琉球
日本頒布帝國憲法
1900
日俄戰爭
日韓合併
第一次世界大戰
俄羅斯二月革命
1925

個奔相走告，彈冠相慶，大有一人得道雞犬升天的感覺。焦達峰身上也有很重的江湖習氣，他直接在湖南總督府擺了宴席，不分晝夜地宴請各地投奔的會黨，少則幾十桌，多則幾百桌。這是革命嗎？

除了要吃要喝，關鍵還要錢要官。很簡單，在會黨人看來，曾經的兄弟飛黃騰達了，自然是不能忘本。焦達峰也真夠闊氣，來人是要什麼給什麼，直接扯了一塊白布，寫上什麼「第二等軍官」之類的官爵。就是這麼簡單，江湖中人只要開口要官，焦達峰就給官，整個長沙城滿大街都是身上斜掛白布的官員。長沙混入大量會黨之後，社會秩序也是差得不得了，不少會黨中人公開招嫖招妓，甚至搶劫。老百姓怎麼能對這樣烏煙瘴氣的革命產生好感，再加上焦達峰連續流水席招待江湖兄弟，湖南新政攢下來的幾百萬兩銀子也打了水漂。後來焦達峰被梅馨等人暗殺，大家還說是革命烈士犧牲，其實當時的老百姓真是拍手稱快，這真是非死不可，要不老百姓都要起來造反。除了長沙，南方各地到處都是這種事情的翻版。革命黨大佬自己也知道這種情況，面對亂成一鍋粥的局面，大佬們只能痛下殺手。為了改善革命黨在老百姓中的形象，革命黨人必須和昔日的盟友——會黨劃清界限，這樣才能保證革命黨領導的臨時政府的合法性，否則根本沒人買賬。後來的大裁軍就是基於這樣的考慮做出的動作，根本不是聽信了袁世凱讒言。

在裁軍過程中，黃興等打過仗的大佬下手最厲害，都是幾萬、幾十萬的裁軍。經過這樣的大裁軍，像「三不知將軍」張宗昌（不知道自己有多少兵、多少錢、多少妻妾）之類的流氓武裝都沒被裁掉，大家可以想像當時的所謂百萬大軍的品質。

看了前面的描述，大家基本上知道一個情況，那就是革命黨在當時並不是怎麼得勢。論口碑，大家已經清楚老百姓如何看待革命黨人，基本上和看待流氓差不多；論實力，那百萬雜牌軍如何是北洋軍的對手，當初馮國璋打黃興不就是輕輕鬆鬆，而幾萬革命軍攻打南京城裡的張勳，還不是讓張勳全身而退。

孫中山先生回國瞭解情況之後，也明白要硬打袁世凱會付出高昂的代價，於是他轉而利用當時全國激昂的共和氣氛，向袁世凱施壓。袁世凱自然懂得順勢而為，雖然說北洋軍的實力比革命軍要強，但是誰願意出那麼大的血本，為隆裕太后、溥儀這對孤兒寡母平叛亂。袁世凱身邊的一幫謀士自然也懂得利用形勢，袁世凱先是撤下傻頭傻腦，只知道一味打仗的馮國璋，換上段祺瑞指揮前線北洋軍。段祺瑞比馮國璋更懂袁世凱的心，在前線一會宣布支持共和，一會支持清廷，一會打，一會不打，搞得載灃只能解散皇族內閣，請袁世凱出山。袁世凱當然得拿著架子，請一次自然是請不出來，載灃只能給更大的官，最後袁世凱「千呼萬喚始出來」。

袁世凱出山之後，天下基本上就是他的了，北方各省自不用說，南方雖然鬧著革命，但也是他的囊中之物。袁世凱為了表示自己也支援共和的態度，開始逐漸向清廷施壓，一九一二年二月十二日，由隆裕太后做主，清末狀元張謇（音檢）執筆，宣統皇帝溥儀宣布遜位。一天後，孫中山按照之前的約定，讓位給袁世凱。消息一出，不僅讓中國人感到震驚，連洋人都覺得不可思議。大家知道，從武昌首義開始，各地到處都充斥著荒蠻的鬥爭，各種醜惡的事情都有，在洋人看來，一個國家從落後的封建制走向當時最先進的共和，肯定要經過流血犧牲，所以當時大家都覺得難以置信。

中國從古老的制度，一躍成為世界第二、亞洲第一共和國，讓國人覺得十分鼓舞。那兩天，全國各地都是慶祝的活動，軍人、學生、工人、市民走上街頭，慶祝古老的中國獲得新生。從現在看來，依然覺得那兩天的事情令人振奮，清末的朝廷不是像法國那樣，被革命者送上斷頭台，而是以體面的方式離開了政治舞台，南北方的大佬們都是那麼得文明、和諧，擺脫了歐美國家必須經過戰爭才能勝利的框架。

1800
1825
英國憲章運動
歐洲革命
1850
日本黑船事件
美國南北戰爭
大政奉還
1875
日本兼併琉球
日本頒布帝國憲法
1900
日俄戰爭
日韓合併
第一次世界大戰
俄羅斯二月革命
1925

閱讀鏈結：「好客」軍閥張宗昌

清末民國時期軍閥多如牛毛，不過最有個性、最無賴、最流氓的還是要數張宗昌。張宗昌早年只是個東北的街頭小混混，自己一個人跑去被俄羅斯侵佔的符拉迪沃斯托克，做起了員警。當時因為符拉迪沃斯托克離俄國腹地太遠，所以真正的俄國人很少，反倒是東北人多些。張宗昌不僅在符拉迪沃斯托克混得風生水起，還自學俄語成功，在符拉迪沃斯托克認識了不少狐朋狗友，勢力不小。後來國內各路軍閥出來，張宗昌看到划水的機會來了，他也帶著一幫東北的馬匪趁勢作亂。

張宗昌這個人儘管有各種各樣的毛病，但有一條性格讓他在江湖上很吃得開，那就是豪爽。張宗昌不僅對自己身邊的人出手闊綽，就連一些不認識的人都很大方。現在流傳下來很多關於他的傳說，譬如他請戲班子唱戲，從來都是給錢最多的軍閥，不認識的人來要錢，他也傻不愣登的給錢，實在是搞笑。

張宗昌還有一個傳奇的地方，就是他的「國際縱隊」，他明媒正娶的老婆就有二十三個之多，不知名的恐怕就數不清了，而且中國、日本、俄國、比利時等各個國家的都有，所以他自豪稱之為「國際縱隊」。張宗昌對於他的老婆們的態度也很奇特，不僅來者不拒，而且要走就走。關於來者不拒這一點，當時有很多人聽說之後，故意把自己的女兒強嫁給張宗昌，為的就是一點錢，他也不排斥。張宗昌也從來不管著自己的老婆是走是留，有的僅僅跟了他幾天就改嫁跑路了，他也不生氣，下次再見面甚至能忘記，真是奇葩一枚。

還有一件小事情，可以看得出張宗昌的流氓地方。到了後來，張宗昌投靠了東北的張作霖，因為張宗昌手下的軍隊太不靠譜，張作霖想藉著檢閱部隊的名義遣散張宗昌。張作霖派出了校閱委員郭松林到張宗昌的第三旅，結果郭松林和張宗昌兩人話不投機，沒說兩句就開始對罵，兩個大老粗吵架肯定是粗口不絕於耳，操娘聲聲不斷，要是一般人肯定受不了，結果張宗昌聽見之後反倒說，你操俺娘你就是俺爹了，說著說著就給郭松林跪下認爹去了。真是無語，郭松林也受不了，結果遣散的事情也就不了了之了。

除此之外，張宗昌還有各種各樣奇葩的事情，譬如說他做了一方軍頭之後，為了附庸風雅請了清末狀元王壽鵬指導他寫詩，最後的成果就是「大炮開兮轟他娘，威加海內兮回家鄉。數英雄兮張宗昌，安得巨鯨兮吞扶桑。」要是劉邦看見這個版本的《大風歌》，估計得氣得從棺材裡爬出來。張宗昌的種種不靠譜事情給他贏得了眾多榮譽稱號，不知道自己有多少錢、多少兵、多少老婆的「三不知將軍」，擅長逃跑的「長腿將軍」，還有「狗肉將軍」、「五毒將軍」等，不一而足。不過張宗昌因為各種不靠譜的事情，搞得山東人民怨聲載道，結果被趕出了山東，最後被人暗殺。死後張宗昌曝屍荒野，沒人敢替他收拾，好不容易收回來還沒人願意替他做棺材，因為他身高有兩米，買不到合適的棺材。

王國維為何自殺？

每個朝代的終結總有一些人為之殉死，清朝的殉道者當中最出名的當屬王國維。王國維是近代著名的國學大師，與梁啟超、陳寅恪和趙元任被稱為清華國學研究院的「四大導師」。在文學、美學、史學、哲學、古文字、考古學等領域成就卓著，主要著作有《紅樓夢評論》、《人間詞話》、《宋元戲曲考》等。

王國維在著作《人間詞話》中闡釋的「境界」說非常經典，他指出「古今之成大事業、大學問者，罔不經過三種之境界：『昨夜西風凋碧樹。獨上高樓，望盡天涯路。』此第一境界也。『衣帶漸寬終不悔，為伊消得人憔悴。』此第二境界也。『眾裡尋他千百度，回頭驀見，那人卻在燈火闌珊處。』此第三境界也」。這段話因其論述精闢而成為人們經常引用的經典話語。

一九二七年六月二日，王國維腦後拖著一條髮辮，獨自一人來到頤和園，投身昆明湖中，溺水而死。王國維懷裡所揣的遺書是寫給兒子的，他在遺書中說：「五十之年，只欠一死，經此世變，義無再辱。」

王國維為何死去，這是讓許多人困惑的事情，關於王國維的死亡原因，人們作出了各種各樣的推測。很多人都支持王國維死是為了「殉清」。王國維是有名的清王朝遺老，對末代帝王溥儀更是有知遇之感。王國維是秀才出身，曾被溥儀破格召入「南書房行走」。一九二四年，馮玉祥發動「北京政變」，驅逐溥儀出宮。王國維認為這是奇恥大辱，終日憂憤不已，曾幾次要跳神武門御河自殺，因家人看管而未果。

如此看來，王國維自殺而殉清似乎是在情理之中。可是仔細想想，似乎理由也沒有那麼充分，如果是因為清朝滅亡，王國維要以死明志的話，那他為何不在清朝覆滅當日就死，為何不在清朝復辟無望時候去死，卻偏偏要在這段歷史過去很久之後才選擇自殺。

所以，想來王國維的死亡應該是另有原因，不會只是感到清王朝滅亡，自己心中希望破滅這麼簡單。在丁文江、趙豐田編的《梁啟超年譜》中可以發現一些有關王國維自殺原因的蛛絲馬跡。在這本《梁啟超年譜》中，收錄了一九二七年梁啟超給女兒梁令嫻的家書多封，家書中提到的內容很豐富，有關於對時事的分析，還有自己心境的表露等。

在她的家書中，有些內容是值得我們思考的，諸如：「時局變遷極可憂，北軍閥末日已到，不成問題了。北京政府命運誰也不敢作半年的保險，但一黨專制的局面誰也不能往光明上看。尤其可怕者是利用工人鼓動工潮，現在漢口、九江大小鋪子十有九不能開張，車夫要和主人同桌吃飯，結果鬧到中產階級不能自存，（我想他們到了北京時，我除了為黨派觀念所逼不能不亡命外，大約還可以勉強住下去，因為我們家裡的工人老郭、老吳、唐五三位，大約還不至和我們搗亂。你二叔那邊只怕非二叔親自買菜，二嬸親自煮飯不可了。）而正當的工人也全部失業，放火容易救火難，黨人們正不知何以善其後也。現在軍閥游魂尚在，我們殊不願對黨人宣戰，待彼輩統一後，終不能不為多數人自由與彼輩一拼。

「安分守己的工人們的飯碗都被那些不做工的流氓打爛了。商業更不用說，現在漢口、武昌的商店，幾乎全部倒閉，失業工人驟增數萬，而所謂總工會者每月抽勒十餘萬元供宣傳費（養黨人）。有業工人之怨恨日增

1800— 1825— 英國憲章運動 歐洲革命 1850— 日本黑船事件 美國南北戰爭 大政奉還 1875— 日本兼併琉球 日本頒布帝國憲法 1900— 日俄戰爭 日韓合併 第一次世界大戰 俄羅斯二月革命 1925—

一層，一般商民更不用說。」

從這些書信的片段中可以看出梁啟超對當時時局的絕望，同為一個時代的知識份子，想必王國維也深有同感。後來在王國維自殺十三天之後，梁啟超再次給女兒寫信，信中提到了王國維，他說：「靜安生自殺的動機，如他遺囑上所說：『五十之年，只欠一死，遍此世變，義無再辱。』葉平日對於時局的悲觀，本極深刻，最近的刺激，則由兩湖學才葉德輝、王葆心之被槍斃。葉平日為人本不自愛（學問卻甚好），也還可說是有自取之道。王葆心是七十歲的老先生，在鄉里德望甚重，只因通信有『此間是地獄』一語，被暴徒拽出，極端捶辱，卒致之死地。靜公深痛之，故效屈子沉淵，一瞑不復視。」

單純認為王國維自殺的原因是因為要「殉清」未免草率了些，作為一個學貫中西的人，王國維應該不至於將王朝的興亡看得比生命更重要。王國維所恐懼的，無奈的應該是梁啟超所感受的那些，社會變革，使得他們這些昔日的知識份子心中一片迷惘，「車夫要和主人同桌吃飯」，「社會上最壞的地痞流氓一翻，翻過來做政治上的支配者」，這些讓他們無法接受。

隨著時局的一天天變化，王國維是否會覺得將來會是一個全然陌生，無法接納他的世界，所以，他是否才選擇了自沉呢？

回頭看王國維的遺書，「五十之年，只欠一死，經此世變，義無再辱」，寥寥十六字，寫出了王國維當時的心境，至於王國維那時真正的想法，後人也是無從真正知曉了。

1839-1919

第十一章：開倒車的代價

宋教仁被刺殺

溥儀的遜位，可以說是歷史上最體面的王朝終結方式。按照清政府和袁世凱的約定，溥儀遜位後，仍然可以住在故宮內，仍然享有君主的榮耀，以外國君主的禮儀對待溥儀，同時每年有四百萬兩銀子供故宮內的清廷花費。這在當時是相當具有想像力的解決方案。按照以往世界上的慣例，因為舊朝廷是反革命的代名詞，自然要被送上斷頭台，可袁世凱卻創造性地提出了上面的方案，不僅解決了革命問題，更保證了清廷最後的一點尊嚴。如果不是這條方案，最後南北雙方很可能是兵戎相見，戰爭的成本可遠比每年四百萬兩的贍養費高得多。

溥儀遜位之後，南京的革命政府按照約定選了袁世凱做為新的大總統，在此之前，孫中山帶著革命黨大佬去北京會見了袁世凱。從這一點也可以看出，當時的革命黨人在宦海浮沉幾十年的袁世凱面前還是太嫩，輕而易舉就被袁世凱矇騙了。孫中山在會見中提出，袁世凱做治世明君，而他自己要修二十萬里長的鐵路，兩個人一同帶領中國走向未來。可以看出，當時孫中山先生是豪氣萬丈，覺得他和袁世凱二人聯手可以做一番事業，其實他哪裡知道袁世凱肚子裡打著另一番算盤。

袁世凱被選為大總統後，南方各派要求袁世凱去南京就職，而袁世凱則希望在北京。這在今天看來，其實是個很簡單的問題，袁世凱就是想待在自己的大本營，不願意去就不去，發個聲明就是。但是袁世凱身上有著很濃厚的舊式官僚思想，就是喜歡權術。

袁世凱嘴頭上依然願意去南京宣誓就職，手下動作卻不老實，他讓手下軍人假裝造反，一幫軍人在街頭打砸搶掠。最後袁世凱以北京局勢混亂為由，拒絕前往南京宣誓就職。

沒辦法，你不來，只有我去。革命黨人同意袁世凱在北京宣誓就職，同時南京臨時政府的各個部門自動解散，大批革命黨人前去北京，第一次大選即將開始。這第一次大選，也是十分不成熟，不僅眾多代表不知道什麼是憲法，什麼是議會，連革命黨內部都有很多不明不白的人。很多全國各地來的代表，根本不知道怎麼回事，其實就是當地有名望的士紳階層，被直接拉到北京，至於幹什麼就不清不楚了。代表渾渾噩噩，選出來的議員自然也不知道幹什麼，可以這麼說，當時除了一些洋派的立憲派、革命派人知道議會，就連袁世凱對於議會的作用都不清楚，所以袁世凱對於第一次大選根本沒有任何準備和動員。結果可想而知，革命黨人大獲全勝，獲得了議會的絕對多數議席，這讓革命黨人十分興奮，他們認為自己的時代來了。

不過這屆議員的第一次開會，不是商量憲法之類的國家大事，而是自己的工資問題，可想而知這些議員的政治素質。當時的八百名議員，號稱「八百羅漢」，第一條議案就是把自己的工資定位每月五百大洋，就這還是經過降低的標準，原先要更高，而當時一個五口之家的生活標準只要每月八個大洋，這是來參政議政的態度嗎？

不管怎麼說，激進的革命黨人獲得了組建內閣的機會，原本擔任內閣總理的唐紹儀是立憲派人，後來同盟會不同意，唐紹儀加入了同盟會，表面上看起來的確是革命黨人在組建內閣。就在組建內閣的過程中，發生了一次暗殺，那就是宋教仁被刺案。

說起宋教仁被刺，直到今天也沒有定論，各種各樣的說法都有。至於為什麼要刺殺宋教仁，肯定與他是國民黨黨首有關，當時孫中山剛回來，其實國民黨負責日常工作的真正黨魁是宋教仁。被刺的過程也在當時的報紙上被大肆報導過，宋教仁從上海火車北站前往北京，準備組建內閣。一九一三年三月二十日晚上十點四十五分，正在檢票的宋教仁被殺手用手槍擊中後背，子彈打入了腹部。當時在身旁的還有黃興、于右任等人，在送去醫院搶救後，在二十二日不治身亡。

宋教仁被刺殺後，全國上下一片譁然。很快，開槍的兇手就被抓到，一位失業軍人，名為武士英。在經過審訊之後，武士英背後的指使人被挖了出來，江蘇駐滬巡查長應桂馨。這個應桂馨其實是會黨出身的革命黨人，還是當時上海青幫的大佬。在審查應桂馨的過程中，發現了一件令人起疑的事情，那就是這位小小的巡查長和時任內閣總理的趙秉鈞秘書洪述祖有很多單線電報聯繫。這一點很可疑，當時的輿論也都傾向於是洪述祖受趙秉鈞指示，買通應桂馨暗殺宋教仁。不過令人遺憾的是，除了一點電報之外，再也沒有任何證據證明北京方面和這起暗殺有關聯。但是就這一點，也足以讓袁世凱、趙秉鈞有口說不清，最後趙秉鈞被迫辭去了總理一職，眾人對於袁世凱也有很多非議。

在後來的研究當中，很多學者都研究了這起影響重大的暗殺，觀點也是紛繁複雜。除了袁世凱一系所為之外，有的說是革命黨人內鬥的結果。不管怎麼說，這場暗殺斷送了當時大好的共和形勢，讓南北雙方再次開戰。

二次革命

「二次革命」的發生，有幾條重要的原因，其一就是孫中山的左膀右臂——宋教仁被刺殺，而且和袁世凱扯上了聯繫。其二就是袁世凱向帝國列強借了一大筆錢，稱之為「善後大借款」。最重要的一點就是當時的革命黨人對北洋政府有很多不滿的地方，認為袁世凱等人的所作所為並不是自己想像中的共和之舉，革命黨人決心推翻北洋政府，重新來過。

宋教仁被刺一案在前面已經說過，袁世凱「善後大借款」一事又是怎麼回事呢？其實很簡單，就是手裡缺錢，向英、法、德、日、俄五家銀行借了一筆總值二千五百萬英鎊的借款，年息五厘，分四十七年還清。袁世凱借這筆錢的原因很簡單，其實就是因為國庫虧空，各項事業百廢待興，到處都需要錢。「善後大借款」由國務總理趙秉鈞、外交總長陸征祥操辦。

當然了，天下沒有免費的午餐，一窮二白的北洋政府要想獲得這筆借款，需要把鹽稅抵押給銀行，包括給予了一些生意上的便利。

孫中山等革命黨人認為袁世凱此舉出賣了國家的主權，並且說袁世凱拿著這筆錢去擴充北洋軍，再加上宋教仁被刺一事，孫中山決定起兵討袁。

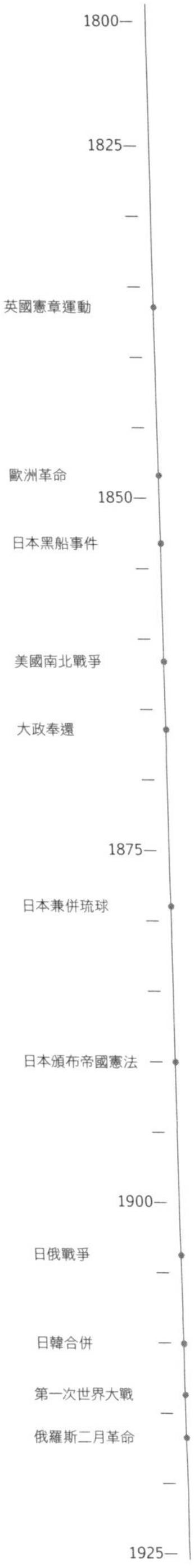

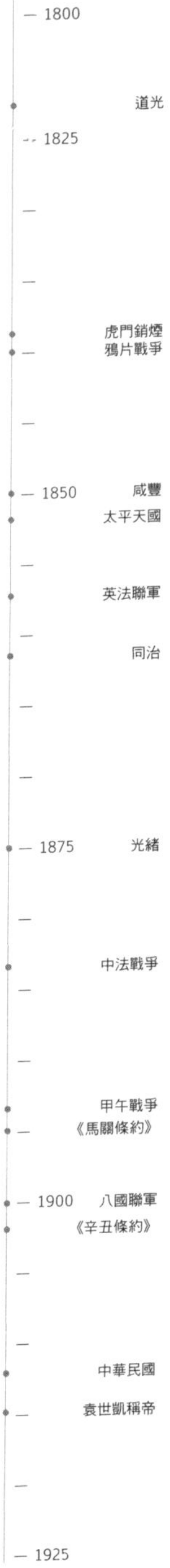

不過革命可不是打嘴仗，需要軍隊。當時孫中山雖然是南方各派的領袖，革命黨人也控制了一些省分，譬如江西都督李烈鈞、廣東都督胡漢民、安徽都督柏文蔚等，但是說句實話，革命黨內部也是矛盾重重，真心為孫中山出力的人沒有幾個。

孫中山在組織「二次革命」後，口頭上不少人都回應革命，但是多半都是精神上的無條件支持，即使派出軍隊，也是一些雜牌軍。結果顯而易見，袁世凱不費吹灰之力，南方的革命軍就潰不成軍，不到一個月，孫中山的「二次革命」就失敗了。

孫中山的「二次革命」失敗之後，他就被袁世凱定為戰犯了，大批革命黨大佬只能再次流亡海外，孫中山、黃興等人跑去了日本。

之前也講過，議會當中是革命黨人佔絕對大多數，不過袁世凱並沒有在第一時間追查這些人的責任，因為他明白，現在他還只是個臨時大總統，還需要藉助國會的力量成為正式大總統。不過袁世凱多少有點不放心，畢竟剛剛打了孫中山，就派了一些軍警喬裝的民團包圍了國會，這下反倒是有點弄巧成拙，給人留下威逼投票的口實，反正不管怎麼說，最後投票是出來了，袁世凱接任正式大總統。

袁世凱上任之後，就解散了「八百羅漢」，其實這也是情理之中的事情，一方面是議員中大多數人自稱是革命黨人，還有一點就是當時財政空虛。

袁世凱解散國會之後，追繳了議員的代表證，而國會議員們也沒有反抗，有的留在北京繼續尋找謀利之路。

原本國會中的革命黨人被遣散之後，梁啟超等人還十分高興，認為國民黨這些刺頭終於走了，接下來可以好好商量國家大事，但是最後發現國民黨一走，整個國會已經走掉了絕對大多數，根本沒辦法再繼續運行，最後搞了個四不像的政治會議。

這一點袁世凱做得很不對，原本革命黨人議員被遣散之後，袁世凱完全可以補選代表，但他卻將國會解散，搞了個降級的政治會議，這是不可取的。被「二次革命」一鬧，整個政治局勢混亂不堪。

1800
1825
英國憲章運動
歐洲革命
1850
日本黑船事件
美國南北戰爭
大政奉還
1875
日本兼併琉球
日本頒布帝國憲法
1900
日俄戰爭
日韓合併
第一次世界大戰
俄羅斯二月革命
1925

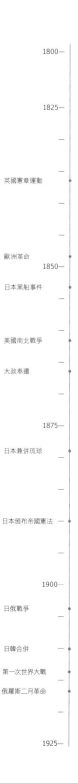

內外交困的北洋政府

袁世凱如願當上大總統之後，面臨的卻是一個爛攤子。首先最重要的就是民心問題。大家都知道，中國幾千年下來，維繫人與人之間的主要紐帶就是儒家的忠孝禮義廉，現在皇帝沒了，這就要很大的信仰問題。老百姓心裡很疑惑，皇帝沒了該怎麼生活，也搞不清楚大總統和皇帝的區別，更別提什麼共和制度。在廣大的農村，人們因為對於共和思想的不瞭解，很多人依然過著和以前一樣的日子，可能的不同就是剪辮子和女性放足。

剪辮子倒是容易些，而且當時主動剪辮子有獎勵，但是放足卻整整犧牲了一代婦女。為什麼這麼說，因為當時提倡天足，而且在很多地方是強制把一些已經裹了足的女性放足，使得一些婦女的腳是即放未放，不僅生理上十分痛苦，而且受陳舊思想觀念的影響，在當時的審美看來也是十分醜陋。

現在講說辛亥革命使共和深入人心，但是共和的滲入需要一個過程，當時大多數老百姓對於共和的理解還不是很深刻，所以即使到了後來蔣介石時期，在廣大的農村還有留著辮子的。反倒是遜位的溥儀很洋派，自己早早地剪掉了辮子，一些遺老遺少如喪考妣。

所以說，所謂學習歐美的西方做派，在當時只是表面上的功夫，一些穿西裝，打領帶的洋派人士，回到家裡還有大馬褂，瓜皮帽的裝扮。

除此之外再加上政治局勢混亂，一些懷念清朝的聲音就出現了。說來也搞笑，溥儀遜位時沒見著什麼人殉節，也沒見什麼人出來說話，反倒是這時候全都出來說話。說話的人在當時還是相當影響力的人，譬如說沈曾植、榮乃宣等人，這些人說話很有分量，一時之間，懷念清朝的言論肆掠。

如果說這些都還只是言論、思想等方面的問題，那麼同僚和軍隊是袁世凱面對的最直接的問題。以往有皇帝在的時候，軍隊有效忠的對象，現在皇帝沒了，軍隊的忠誠問題就有很大的問題。最重要的就是還要不要效忠，向誰效忠，難道向袁世凱效忠嗎？

關於這一點大家就會很疑惑，你袁世凱又不是皇帝，憑什麼要向你效忠？如果是北洋系統的軍隊還好說，畢竟將領都是袁世凱一手提拔起來的，但是像一些非北洋系統的軍隊，譬如說南方的唐繼堯、蔡鍔等人，人家憑什麼會向袁世凱效忠。

即使是北洋系統內部，效忠袁世凱都成了問題，因為有很大一部分人並不認為袁世凱可以完全領導北洋軍。還有一點，就是在辛亥革命以及「二次革命」時期，大量北洋軍將領被派駐在各個地方，導致他們地方勢力膨脹，形成一個個不聽使喚的地方軍頭。這在當時也是實情，袁世凱已經不能換掉一些地方督軍，這更加劇地方軍官蠻橫驕縱的作風。就拿一九一一年在河南爆發的白朗起義來說，其實只是一些流民組織的散兵游勇，根本不夠北洋軍塞牙縫，卻動員了二十多萬軍隊，花費了三四年的時間，這完全與北洋內部各派系之間互不通氣，互不配合有關。

軍隊效忠成了大問題，這在後來都有很大的影響，後來很多軍閥採用自己擔任主力軍長官的做法來解決這

1800
1825
英國憲章運動
歐洲革命
1850
日本黑船事件
美國南北戰爭
大政奉還
1875
日本兼併琉球
日本頒布帝國憲法
1900
日俄戰爭
日韓合併
第一次世界大戰
俄羅斯二月革命
1925

個問題。譬如軍長就兼任下面一個主力師的師長，師長就兼任主力旅的旅長，依此而推。還有另外一個路子是採用思想籠絡的方式，這一招早在李鴻章組建淮軍時就已經展現了威力，李鴻章就是利用舊式宗族關係以及鄉黨傳統控制淮軍，後來馮玉祥用基督教來解決軍隊的忠誠問題，除此之外，甚至還有利用佛教和道教的，五花八門。

袁世凱還需面臨的一個問題是威信。但是這一點也有很大的困難，因為袁世凱身邊有一群恃才傲物的謀士，有的根本不把袁世凱看成所謂的一國之主。就拿開會來說，當時的北洋政府首腦會議，經常會出現很多人遲到的現象。後來曹汝霖回憶過這些事情，即使袁世凱召開最高級別的國務會議，各部的部長也總是遲到，少則一小時，多的那就不好說，你說這會怎麼開。至於為什麼會遲到，原因竟然是通宵打麻將。這一點，在現在簡直難以置信。怎麼辦？

袁世凱也不好意思跟這些半同僚半下屬的人撕破臉皮，袁世凱找來員警總監吳炳湘，讓他私底下調查，把通宵打麻將的人列在名單上。那些愛打麻將的都是些什麼人，譬如說孫寶琦、梁士詒等人，吳炳湘哪裡敢惹，沒辦法，吳炳湘只能把段祺瑞列在名單第一個。眾人都知道段祺瑞雖然打麻將，但是不嗜賭，每天只打四圈，多一圈都不打。吳炳湘這麼做，無非是表面自己的態度，袁世凱看到名單心裡自然清楚，最後抓通宵打麻將的事也就不了了之。

上面講得都還是國內的問題，最突出的問題還是外交上的問題。一九一四年第一次世界大戰爆發，歐洲各國打成一鍋粥，根本沒時間東顧，而日本覺得自己到了侵佔中國的最佳時期。日本先是對德宣戰，認為山東的膠東半島是德國的租界，以這個為理由佔領了山東膠州一帶，而且還順勢擴大了範圍。前面也說了，當時袁世凱面臨很多問題，所以他也不敢動手反抗，只能默默挨打。接下來就是著名的《二十一條》，《二十一條》其實就是日本看準袁世凱不敢反抗，拋出來的不平等條約，其中最出名的當屬第五條，主要是要求中國中央政府聘用有力之日本人為顧問，等等。

《二十一條》一開始只是日本的秘密條約，第五條也只是最為建議性條款，日本內閣也沒想著袁世凱能接受，後來日本大使送交袁世凱的時候，把第五條改成了強制性條款。《二十一條》一經提出，袁世凱就感覺受到了極大的侮辱，「直以朝鮮視我」，憤怒之餘，袁世凱也感到慌張，因為袁世凱明白在弱肉強食的世界，弱國是沒有外交可言的。

剛開始袁世凱召集各部長商議，陸軍總長段祺瑞主張對日宣戰，根本不能接受，後來袁世凱問段祺瑞如果雙方開戰，中國軍隊能堅持多久，結果段祺瑞說三個月。這樣一來，直接開打肯定是不行了。最後袁世凱只能選擇談判，派出了外交總長陸征祥，讓陸征祥能拖多久是多久。

在談判過程中，日本人一直警告陸征祥不准外洩，不准告訴中國的老百姓，更不能告訴外國使節。最後陸征祥覺得這樣下去不是辦法，他派人偷偷地把《二十一條》洩露給英美等國的駐華大使。果然，歐美國家聽說了《二十一條》後，紛紛指責日本，向日本施壓。歐美國家的介入，讓北洋政府的壓力減少了很多。最後在袁世凱的一拖再拖下，簽訂了《民四條約》，至於後來的執行問題，袁世凱再次讓各地官員消極怠工。

不過袁世凱再怎樣努力，北洋政府依然擺脫不了內外交困的窘境。北洋政府的窘境後來也並沒有好轉，而是伴隨著袁世凱的後半生。

關於袁世凱的「稱帝」行為，完全是一個開歷史倒車的自殺行為。有很多人說袁世凱是受了兒子袁克定

1800
道光
1825
虎門銷煙
鴉片戰爭
1850 咸豐
太平天國
英法聯軍
同治
1875 光緒
中法戰爭
甲午戰爭
《馬關條約》
1900 八國聯軍
《辛丑條約》
中華民國
袁世凱稱帝
1925

的矇騙，又或者身邊一群謀士的影響，才會晚年做出復辟的蠢事。其實不然，一個人如果內心沒有想做皇帝的念頭，任誰說都不會有效果。不管怎麼說，袁世凱的復辟行為完全是全民反對的舉動，就連跟隨他半生的段祺瑞、馮國璋都跳出來反對，其他人可想而知。

但是袁世凱就是鐵了心要復辟做皇帝，就在大家都咬牙切齒反對的時候，老天爺出手了，直接把袁世凱的復辟大夢扼殺——袁世凱患上了膀胱結石，後來病症逐漸加重，發展為尿毒症，最終在實現他當皇帝的春秋大夢前夕，兩腿一伸，一命嗚呼。

辮子軍的鬧劇

袁世凱死前把欽定的候選人放在一個金匱石屋中，眾人打開後發現寫著黎元洪、段祺瑞、徐世昌三人，並沒有把袁克定放在候選人名單上，不知道袁大公子作何感想啊！後來袁克定生活得相當淒涼，一度甚至靠一個老僕人揀白菜梆子過日子，每天吃點鹹菜和窩窩團，晚年靠著表弟張伯駒接濟。不過袁克定也算有點骨氣，即使生活得這樣困難，後來拒絕了日本人的高官厚祿引誘。

按照袁世凱的遺囑，黎元洪接任大總統一職，段祺瑞出任內閣總理。前面說了袁世凱死後沒人能罩得住場面，黎元洪和段祺瑞之間也果然出現了矛盾。袁世凱在世時，不管各地督軍懷著什麼鬼胎，至少表面上是聽從袁世凱，每年也都會上交稅收，袁世凱死後，各督軍乾脆擁兵自重，做起了小皇帝，根本沒人上交稅收。這讓黎元洪和段祺瑞的北洋政府十分缺錢，當時除了交通部、財政部等肥缺有錢，其他中央部門甚至連工資都開不出來。為了解決各地的抗命問題，黎元洪主張和平統一，透過平和地方式解決紛爭，而段祺瑞希望透過武力統一中國，這是兩人最初的矛盾點。

兩人的第二點矛盾就是權力的紛爭。這一點很好理解，因為當時是總統內閣制，到底是效仿美國還是德國就成了雙方爭執不下的地方。誰都不想做傀儡，誰都想把權力抓在自己手中。如果效仿美國，那麼總統就會

1800
1825
英國憲章運動
歐洲革命
1850
日本黑船事件
美國南北戰爭
大政奉還
1875
日本兼併琉球
日本頒布帝國憲法
1900
日俄戰爭
日韓合併
第一次世界大戰
俄羅斯二月革命
1925

有很大的權力，那麼段祺瑞就是一個虛職總理，反過來，黎元洪就是一位傀儡總統。兩人因為這事鬧得不可開交，最後當然是段祺瑞佔了上風。為什麼呢？還不是因為段祺瑞手裡有軍隊，黎元洪只是一個空殼總統罷了，還是那句話，誰的拳頭硬，誰的話就硬。

最直接的衝突的雙方對於第一次世界大戰的分歧。當時第一次世界大戰已經打了三年，歐洲戰場已經陷入僵局，不論是同盟國還是協約國都想拉著中國下水。段祺瑞雖然曾經留學德國，卻主張對德宣戰，而黎元洪早年在水師學堂受的是英式教育，他卻主張對英國宣戰，這倆人的選擇很有趣。黎元洪一直對於強大的德國心有餘悸，害怕打不過德國，出岔子。雙方背後也都各有勢力扶持，希望把中國拉向自己的陣營。

其實第一次世界大戰只能叫做「歐戰」，因為主戰場在歐洲。至於為什麼歐洲各國那麼迫切地拉攏中國，和歐洲士兵不足有很大的關係。戰爭打到後期，有生力量被消滅了很多，導致雙方的後勤保障等工作找不到人，包括挖戰壕之類的髒活、累活，歐洲人又不願意幹，只能找中國人。其實在中國表態之前，歐洲各國透過各種管道已經弄去了不少人，主要是山東人。洋人覺得山東人身強力壯，是難得的勞動力。不過偷偷摸摸終歸是弄不了很多人，而前線又需要大量的勞動力，於是同盟國和協約國紛紛開出豐厚的條件，希望中國能夠輸送大量勞動力。最後我們都知道，段祺瑞佔了上風，向德國宣戰，而且也成為了戰勝國。

段祺瑞控制北洋政府之後，原本和黎元洪這位老實人也不會鬧得不可收拾，兩人至少在明面上也沒撕破臉皮，問題就出在徐樹錚身上。徐樹錚作為段祺瑞麾下第一謀士，能力毋庸置疑，關鍵是做人太狂。按照當時的規定，每個文件必須段祺瑞和黎元洪兩人簽字才能生效，每次徐樹錚拿著文件去找黎元洪簽字，黎元洪都會拿起文件看一看內容，這本來是無可厚非的事情，但是徐樹錚就不給黎元洪留面子，老是瞧不起他，「看什麼

1800
道光
1825
虎門銷煙
鴉片戰爭
1850 咸豐
太平天國
英法聯軍
同治
1875 光緒
中法戰爭
甲午戰爭
《馬關條約》
1900 八國聯軍
《辛丑條約》
中華民國
袁世凱稱帝
1925

看，你簽字就行了」。大家想想看，黎元洪就是再好的脾氣也架不住這樣當面諷刺嘛，終於，黎菩薩發飆了。

黎元洪發飆過程也是蠻好笑的，他以大總統的名義直接把段祺瑞給免職了。其實按照法律規定，總統沒有權利罷免總理，必須經過國會投票才能免職。生氣的黎元洪也管不了那麼多，反正是一紙罷免書把段祺瑞給免了。段祺瑞這個人也夠有意思，雖然知道黎元洪的罷免不符合規矩，自己也完全可以不理，但是他好面子，覺得臉上掛不住，他也乾脆撂挑子跑了，直接去了天津。這就是後來的「府院之爭」。

事情不可能就這樣僵著，總歸要有人先低頭。這時候徐樹錚又跑出來了，他跑到徐州找了張勳，把各省督軍召集在徐州開會，說要搞個督軍團，大家一起商量解決黎元洪、段祺瑞兩人的紛爭。張勳這個人很有意思，屬於那種腦袋一根筋，有點愣的那種人。張勳是一個特別喜歡清朝的人，溥儀都已經遜位那麼多年了，張勳和他的軍隊全都留著辮子，被人戲稱為「辮子軍」。經過一番商議之後，大家一致認為張勳可以進京調解。其實這根本就是徐樹錚設的一個局。人人都知道張勳喜歡清朝，一心想要復辟，只不過沒有機會罷了，現在有了機會誰不知道張勳想要幹嘛，只不過大家心照不宣。

至於為什麼由著張勳去鬧，首先還是要有人出來鬧騰，反正不管壞是好事，總要打破僵局。還有一點就是沒人願意出頭，為什麼？徐州是張勳的大本營，來的各省督軍都知道張勳想幹嘛，大家也都知道復辟肯定要被全國人民給罵死，誰都不想做冤大頭，所以張勳拉著大家去北京，沒有一個人回應。會議結束之後，張勳還找各省督軍聯名簽字，意思是支持他去北京調解，其他督軍還認認真真地簽字，徐樹錚早就藉口有事跑路了。因為徐樹錚知道張勳進京要復辟，他也不想在這次活動中留下自己的簽名，省得日後被人家一起罵。

張勳自己反正是歡喜得不行，覺得大家挺支持，覺得恢復大清的日子到了。張勳的辮子軍總共才兩萬五千

1800
1825
英國憲章運動
歐洲革命
1850
日本黑船事件
美國南北戰爭
大政奉還
1875
日本兼併琉球
日本頒布帝國憲法
1900
日俄戰爭
日韓合併
第一次世界大戰
俄羅斯二月革命
1925

人，他帶著五千人就進京去了。張勳在進京前，還在天津拜會了段祺瑞，段祺瑞不傻，自然知道張勳進京的目的，還直接問張勳進京是不是要搞復辟，張勳也真夠爽快，說了實話。段祺瑞聽說之後，還笑著說你要是搞復辟，我到時候要打你啊！結果不出預料，一九一七年七月一日，一場鬧劇如期上演。

張勳到了北京之後，先是請出了一幫遺老遺少，然後進故宮請求溥儀出山。其中最好笑的當屬康有為，別人都說拖著一條長辮子，他的辮子只能到耳後，松蓬蓬的像叢蒲草。有人指責他不像個復辟派，康有為辯解道：「我自從戊戌年後亡命海外，不得不剪髮易服。自從辛亥國變後，這才返回祖國，重新蓄髮，距今五年有餘，所以長不盈尺耳。」後來別人又問為什麼辛亥之後別人剪辮子，他卻蓄髮，康有為得意的說：「我早料到必有今日也。」原本康有為還想首席內閣大學士一職（類似於文化部長），結果因為鬍鬚被刮了，瑾太妃認為不妥當。

反正整個復辟過程就像一場小丑上台的歡喜鬧劇，不僅那群遺老遺少鬧出了各種各樣的笑話，連北京的老百姓也只能連夜用紙糊的龍旗應付差事。當時最火的鋪子當屬前門大街那邊的衣服鋪子和理髮店。一是要為絡繹不絕的遺老遺少們趕製官服，還有就是為他們接假辮子。

就在一群遺老遺少上演復辟好戲的時候，段祺瑞在天津組織了討逆軍，而黎元洪被嚇得直接躲進外國使館，任命還在南京的馮國璋為總統，重新起用段祺瑞為總理，自己跑路了。討逆軍和辮子軍的戰鬥更不可思議，根本就不像戰鬥，完全就是演戲。雙方見面就是一通放槍，上百萬的子彈打出去，竟然沒個人收傷，據說幾里外的一隻小山羊被流彈給打傷了。這場兒戲般的戰鬥，唯一可以提到的是使用了飛機，這是中國歷史上首次在戰爭中出動飛機。當時在北京的南苑有航校，所以出動了飛機去轟炸紫禁城。結果下來的炸彈威力不怎

1800
道光
1825
虎門銷煙
鴉片戰爭
1850
咸豐
太平天國
英法聯軍
同治
1875
光緒
中法戰爭
甲午戰爭
《馬關條約》
1900
八國聯軍
《辛丑條約》
中華民國
袁世凱稱帝
1925

1800
1825
英國憲章運動
歐洲革命
1850
日本黑船事件
美國南北戰爭
大政奉還
1875
日本兼併琉球
日本頒布帝國憲法
1900
日俄戰爭
日韓合併
第一次世界大戰
俄羅斯二月革命
1925

樣，把一幫宮女太監嚇得半死，全都躲到床底下，最後聽說炸傷了一個正在賭錢的太監。

反正不管怎麼說，段祺瑞因為這次討逆行動，贏得了前所未有的名聲，成為了「再造共和」的功臣。相比之下，張勳就慘了，先是逃到荷蘭使館，然後又跑到了天津使館區，在那裡過完了餘生。張勳留在徐州的辮子軍，也被倪嗣沖給趁機收編了，最後張勳是什麼都沒撈著。還有一群人也被張勳給害慘了，那就是住在故宮裡的一群人。原本袁世凱死後，北洋政府依然執行之前的優惠政策，每年四百萬大洋不少一個子，現在倒好，被張勳拖出來復辟，沒當幾天皇帝就退位，不過卻給別人留下了不老實的口實。一九二四年，向來支持革命的馮玉祥就因為張勳復辟一事，讓部下以炸彈做威脅，把溥儀等人趕出了故宮。

護法運動

段祺瑞頂著「再造共和」的榮光成功入主北洋政府，馮國璋也徹底成為虛職總統，北洋政府進入皖系軍閥統治時代。關於北洋時期的各個派系軍閥，實際上今天我們的分法，基本上是按照派系首領的出身地為依據。譬如說段祺瑞是安徽六安人，他的派系就被稱為皖系軍閥，馮國璋是河北河間人，所以他是直系軍閥的代表，張作霖是東北泥腿子出身的軍閥，他的派系為奉系軍閥。除了三個比較大的軍閥之外，還有大大小小多如牛毛的軍事小集團。還有一點大家要知道，這種按出身地劃分的方法並不是很精確，除了這些首腦，身邊的很多追隨者都不是這三個地方的人，譬如說孫傳芳，他被認為是直系軍閥，但他是山東人。

這些軍閥除了核心首腦不會有變動，其實周邊的人經常會換來換去，不能一成不變地看待這些軍閥。譬如說吳佩孚，他被認為是直系軍閥大佬，但實際上他是靠段祺瑞發家的。還有馮玉祥，很多軍閥派系之間的戰爭他都參加，但是實在說不上他到底是哪個派系的。狗肉將軍張宗昌就更不能歸派別了，他跟過陳其美，跟過馮國璋，也跟過張作霖，根本沒個章法。其實說白了，在軍閥眼中，沒有永遠的朋友，只有永遠的利益，根本談不上生死相依之類的話。在軍閥集團內部，反倒是首腦和文人謀士之間的關係較為穩定，譬如段祺瑞和徐樹錚，馮國璋和李純。

1800
道光
1825
虎門銷煙
鴉片戰爭
1850 咸豐
太平天國
英法聯軍
同治
1875 光緒
中法戰爭
甲午戰爭
《馬關條約》
1900 八國聯軍
《辛丑條約》
中華民國
袁世凱稱帝
1925

各大軍閥之間充滿不可調和的矛盾，軍閥內部也同樣如此，可以這麼說，不管是皖系、直系還是奉系，各自內部大員之間也都打過仗，有的甚至和主子打，比如說張作霖就和下屬打過不少仗。反正一句話，當時的局勢就是亂成一鍋粥。

段祺瑞在打敗張勳的辮子軍之後，聲望一時之間達到頂點，但同時也有一件煩心事，那就是孫中山在廣州搞了一個軍政府，和段祺瑞的北洋政府抗衡。這是段祺瑞所不能接受的，於是他打算繼續推行他武力統一的方針，不過段祺瑞發現自己手裡沒錢沒軍隊，根本弄不成事。就在這時候，日本人拋出了橄欖枝，願意向段祺瑞借款，而且是一筆高達一億四千五百萬日元的借款。當時日元和中國貨幣是比例是一比一，可以想像這筆錢的龐大。

關於這筆龐大的借款，是經由一個日本人西原龜三之手，所以後來稱之為「西原借款」。袁世凱在位時，日本曾經提出一個相當過分的《二十一條》，這份不平等條約是日本軍政府大隈內閣的產物。在一九一六年之後，日本的對華政策發生了轉變，日本人發現像大隈內閣那樣粗暴地侵佔中國是不可能的，難度太大，大隈內閣也因此倒台。新上台的寺內正毅組建的是一個財閥性內閣，寺正內閣的對華政策要柔和得多，日本人希望透過借款、投資等方式逐漸影響北洋政府，段祺瑞成為了他們的目標。

不過日本人怕自己的行動被歐美國家發現，再次引起不滿，只能找私人出面。西原龜三和寺內正毅兩人私交非常好，最終寺正內閣選擇西原出面和段祺瑞交涉。原本段祺瑞就缺錢，現在西原送上這兒大一筆借款，關鍵還不需要做出重大的領土主權讓步，只是生意上多行方便，段祺瑞當然願意，何樂而不為。有了錢之後，段祺瑞就開始四處尋找幫手幫他打架。首先找的就是曹錕，曹錕這個人什麼都不愛，就愛當總統，後來段祺瑞許

1800
1825
英國憲章運動
歐洲革命
1850
日本黑船事件
美國南北戰爭
大政奉還
1875
日本兼併琉球
日本頒布帝國憲法
1900
日俄戰爭
日韓合併
第一次世界大戰
俄羅斯二月革命
1925

諾國會選他為總統，曹錕就答應了。剩下的一些人就更好辦了，畢竟有錢好辦事。很快，北方的討逆軍就組織好了。

再說孫中山這一邊，孫中山自從二次革命之後，整個人就對軍閥混戰很失望。為什麼這麼說？因為孫中山自己認識到光有錢是不夠的，還得培養自己的嫡系軍隊，否則其他軍閥其實只是利用他，很少有人真心實意跟著他為共和努力。後來孫中山在日本逃亡期間，在那裡創建了中華革命黨。

說回「護法運動」，眼看著南北雙方就要開打，南方的廣州軍政府也開始做準備。孫中山拉攏了雲南、廣西、湖南等不屬於北洋系統的軍閥。開戰的原因也很簡單，其實就是段祺瑞執政府拒不願意恢復曾經的《臨時約法》，而且要強行解散革命黨人佔絕對多數的第一屆國會。段祺瑞的做法想來也很好理解，無非是覺得革命黨人組成的國會太礙眼，不好辦事，於是一心想借著法律的漏洞解散第一屆國會，繼而選舉自己能夠完全掌控的國會。但是孫中山等革命黨人自然不願意自己辛苦建立的國會就這樣被廢掉，《臨時約法》也是孫中山等人半生的心血，所以南北雙方這一戰難以避免。

戰爭基本上可以分為兩個階段，第一段是南方政府佔上風。原因很簡單，不是說南方的軍閥有多厲害，而是北方的軍閥根本沒有出力。一些拿了段祺瑞錢的軍閥基本上是派一些雜牌軍過去試水。段祺瑞讓倪嗣沖派軍，倪嗣沖直接把之前接收的辮子軍給派了過去，李純也是不肯出力，派了像張宗昌之流的馬匪軍。這種貨色的軍隊自然不是南方軍隊的對手，被打得稀里嘩啦。一時之間，孫中山是春風滿面，段祺瑞甚至被迫辭職下台。前面講過，李純和馮國璋是鐵哥們，李純這麼做，自然是聽了馮國璋的指使。因為此前的張勳復辟鬧劇，段祺瑞的聲望已經高得不得了，馮國璋認為如果這次戰爭讓段祺瑞打贏，他就沒有翻身的可能，最後搞了這麼一手。

不過終歸是架不住段祺瑞的金元攻勢，大批督軍向馮國璋施壓，最終段祺瑞又跑出來指揮。這一次就來真格的了，曹錕把吳佩孚給派到了前線。吳佩孚作為第二代北洋軍閥，作戰能力沒得說，一路向南打，直把南方軍轟出了湖南。不過事情的轉機就出現在這裡。當時吳佩孚和張敬堯一起打到衡陽，眼看著就要殺進廣東了，這時候兩人接到了段祺瑞的命令，給吳佩孚的命令是繼續向前打，給張敬堯的命令是任命為湖南督軍。這下惹毛了吳佩孚，這是老子辛辛苦苦打下來的地盤，憑什麼給張敬堯做督軍，自己卻要繼續去前線賣命？吳佩孚乾脆停了下來，一面和南方軍的譚廷闓等人議和，一面向段祺瑞繼續要錢要槍。段祺瑞當時也不知道情況，反正是玩命地給吳佩孚錢和槍，吳佩孚直接原地擴充軍隊，等段祺瑞反應過來的時候，吳佩孚早就已經養肥了。

就在吳佩孚要調轉槍口，聯合譚廷闓一起攻向北方的時候，孫中山的廣州軍政府後院起火了。原因也很簡單，南派軍閥其實是在利用孫中山先生的威望，私底下根本是各自爭權奪利。剛開始的時候己方還能在孫中山的大旗下相安無事，沒過多久就開始互相吵鬧，不可開交，最後連累了大好的革命形勢。一九一八年六月的時候，粵系的陳炯明等人又搞了一次護法戰爭，規模連第一次都不如，不旋踵就失敗了，原因還是派系鬥爭，失望的孫中山離開了中國。自此之後，舊式的民主主義革命基本上結束了。

1800
1825
英國憲章運動
歐洲革命
1850
日本黑船事件
美國南北戰爭
大政奉還
1875
日本兼併琉球
日本頒布帝國憲法
1900
日俄戰爭
日韓合併
第一次世界大戰
俄羅斯二月革命
1925

1800
道光
1825
虎門銷煙
鴉片戰爭
1850 咸豐
太平天國
英法聯軍
同治
1875 光緒
中法戰爭
甲午戰爭
《馬關條約》
1900 八國聯軍
《辛丑條約》
中華民國
袁世凱稱帝
1925

閱讀鏈結：袁世凱修廁所保帝氣

一九一二年清帝在袁世凱的逼迫下退位，清皇室讓出了中南海。剛剛就任中華民國大總統的袁世凱搬進了中南海，辦公室設在居仁堂。

一九一五年十二月十三日，時任中華民國大總統的袁世凱宣布廢除共和政體，實行帝制，在紫禁城金鑾殿改制稱帝，接受百官朝賀，改國號為中華帝國，年號洪憲。袁世凱還將寶月樓改為新華門，將中南海的「總統府」改為新華宮。

袁世凱稱帝逆歷史潮流而行，遭到全國人民的強烈反對，為了保證袁世凱坐穩皇帝位，袁世凱一方面指示手下製造鼓吹登基好的輿論，另一方面也採用迷信卜筮等手段，妄圖逢凶化吉。在袁世凱的授意下，袁世凱的長子、以「太子」身分自居的袁克定找來一位風水先生，讓他看看紫禁城的風水。

風水先生在紫禁城裝模作樣地觀察了幾天，對接見他的袁世凱說：「紫禁城的布局是按天上的星宿三垣安排的。經過元明清幾代的建設修葺，堪稱風水寶地，可保陛下帝王之業江山萬代，唯一不足的是新華宮門氣散而不聚，陛下正位之後，難免出現一些波折。」

袁世凱急問有何補救的辦法，風水先生說：「只要在新華宮左側修建一個廁所，聚收穢氣，問題就解決。」

新華宮改名沒幾天，就要在富麗堂皇的宮門房修個廁所，袁世凱認為這實在不雅。風水先生振振有詞：「陝西驪山風景秀美，唐玄宗李隆基在這裡建造了行宮，經常在這裡與楊貴妃尋歡作樂，疏遠了朝政，結果發生了安史之亂。唐朝後期的幾代帝王都將驪山視作兇險之地。驪山雖美但有穢氣，現在陛下倘若在新華宮修建個廁所，就能夠聚斂穢氣。」

袁世凱聽了風水先生一席話，想到自己自登基以來，全國人民反對帝制的情緒愈演愈烈，使自己處於水深火熱的境地，為了使自己皇圖永固，袁世凱也顧不得雅不雅的問題了，再加上身邊阿諛奉承之人不斷挑唆，袁世凱下令在新華宮門左側修建廁所。

廁所雖然修好了，卻沒有保住袁世凱的帝氣，登基十幾天後，蔡鍔、唐繼堯等人在雲南宣布起義，發動護國戰爭，舉起反袁大旗，貴州、廣西等省也相繼回應。一九一六年三月二十二日，四面楚歌的袁世凱被迫宣布退位，恢復「中華民國」年號。同年六月六日，心力交瘁的袁世凱在擔憂驚恐中去世，時年五十七歲。

從登基到退位，袁世凱只做了八十三天皇帝，徒留下一段貽笑後人的醜聞。關於袁世凱稱帝的一系列醜聞醜事，當時的國會議員、國民黨政府國史館館長劉成禺都記錄在《洪憲紀事詩本末》一書。該書是當時非常暢銷的一本書，風行一時。

相傳，劉成禺寫成此書之後，請國學大師、革命志士章太炎先生作序。章太炎讀完全書後，說：「記載得很真實，行文也不錯，但如果把袁世凱在新華宮門建廁所這件事寫進去，就更好了。」

劉成禺欣然接受了章太炎的提議，對這本書做了補充修改。這本書對袁世凱修廁所一事是這樣記載的：

1800
1825
英國憲章運動
歐洲革命
1850
日本黑船事件
美國南北戰爭
大政奉還
1875
日本兼併琉球
日本頒布帝國憲法
1900
日俄戰爭
日韓合併
第一次世界大戰
俄羅斯二月革命
1925

休言麟定說公孫，魯語能汙帝闕尊。
蠟炬滿前君莫笑，沛公如廁在鴻門。

章太炎讀到這首詩後，撫掌大笑，連連稱讚這是一首好詩，於是欣然提筆作序。袁世凱在新華宮修廁所的事情成為當時轟動一時的一幕鬧劇。

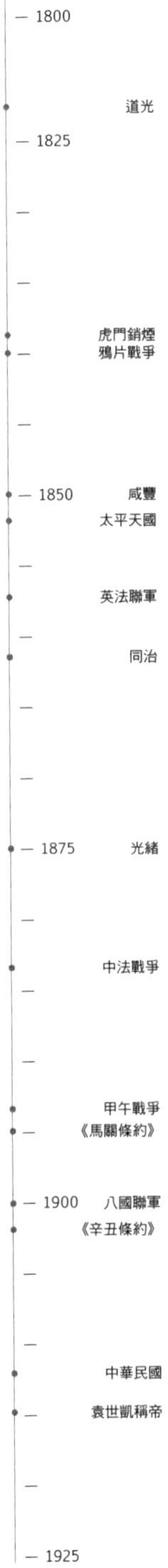

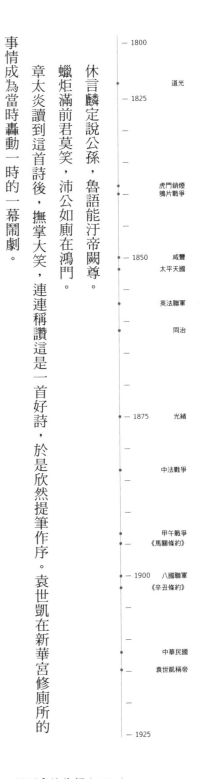

第十二章：新文化運動

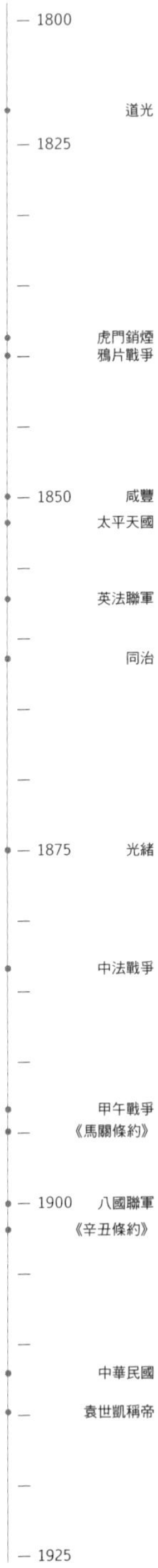

白話文運動

五四新文化運動，其實包含兩個事情，一個是白話文運動，一個是五四政治運動，這是兩件獨立的事情，大家首先要把這個區分開來。先說白話文運動的原因，其實就是辛亥革命之後，國內的知識份子對現狀感到不滿，為什麼革命之後變得更糟糕，甚至還不如晚清，尤其是政治局勢混亂。一幫知識份子在分析之後，他們得出的結論是沒有人做思想啟蒙的工作。其實這一點有失偏頗，很早以前就有人做了大量的文化啟蒙工作，譬如章士釗辦的《甲寅》。可能力度不是很大，所以當時的知識份子不是很滿意，決定自己來。

首先開始的是陳獨秀，一九一五年他在上海辦了《青年雜誌》，開始寫一些宣揚新思想的文章，主要是舉著「德先生」和「賽先生」兩面旗幟，即民主（democracy）和科學（science），不過當時並沒有形成很大的影響。一年後因為報刊的重名問題，陳獨秀把《青年雜誌》改名為《新青年》。不過話說回來，當時的《新青年》影響依然不是很大，更沒有形成運動，直至一九一七年，蔡元培聘請陳獨秀做北大的文學科長。

陳獨秀去了北大之後，《新青年》雜誌也同樣遷往北大，在北大，陳獨秀遇到和他有著類似想法的胡適。

胡適在留學期間，對於歐美的文化十分推崇，認為舊式的文言文是束縛中國思想解放的根本原因。一九一七年，胡適在《新青年》發表了《文學改良芻議》，在這篇文章中，胡適率先提出使用白話文代替文言文。《文學改良芻議》可以說是白話文運動的開山之作，在文中提出了著名的「八不主義」：

一曰：須言之有物。

二曰，不摹仿古人。

三曰，須講求文法。

四曰，不作無病之呻吟。

五曰，務去濫調套語。

六曰，不用典。

七曰，不講對仗。

八曰，不避俗字俗語。

「八不主義」一經拋出，就在文化圈內掀起巨浪，因為在此之前，眾多知識份子只是盡力翻譯或者創作新思想的文章和著作，但是沒有人把注意力放在語言和文字上。胡適因為《文學改良芻議》一文，暴得大名，一夜間名滿天下，成為當時青年人的文化偶像。在此之後，陳獨秀本人又寫了一篇《文學革命論》聲援胡適。一九一八年，《新青年》刊載了魯迅的白話文小說《狂人日記》，《狂人日記》也是當時的第一篇白話文小說，一時之間成為效仿的對象。隨著眾多知識份子的加入，《新青年》逐漸成為白話文運動的基地，蔡元培「相容並包」的政策也給了北大各種思想碰撞的可能。不過在白話文運動後期，胡適和陳獨秀、李大釗等人逐漸風道揚鑣，胡適堅持以溫和的技術手段慢慢改造漢文、漢字，更為激進的陳獨秀等人則逐漸把一場文化運動變為革命。

1800
1825
英國憲章運動
歐洲革命
1850
日本黑船事件
美國南北戰爭
大政奉還
1875
日本兼併琉球
日本頒布帝國憲法
1900
日俄戰爭
日韓合併
第一次世界大戰
俄羅斯二月革命
1925

不過胡適的溫和，在今天我們看來都是相當激進的措施，譬如說他就支持廢除漢字，改為完全用拼音書寫，或者限制漢字字數，在行文中夾雜大量拉丁文。這樣來逐步改造漢字漢文。這在今天完全不可以想像，竟然要提出廢除流傳了幾千年的中國方塊字，而且絕大多數知識份子還表示贊同。其實這和當時的風尚有關係，當年的歐化可比今天來得猛烈得多。歐美在當年就代表先進和文明，不管是語言文字還是生活習慣。穿西裝打領帶，手持一根文明杖，頭戴一頂禮帽，是當時的最時髦的打扮。所以白話文運動並沒有在當時的知識份子中間引起很大的反彈，因為大家普遍覺得中國的舊文化舊事物代表落後。

不過也不是沒有反對的人，古文大師林琴南（即林紓）就反對白話文運動，辜鴻銘、胡先驌等人也是反對白話文運動的代表。不過大家需要明白一點，反對白話文運動並不代表保守落後，無論是林琴南還是辜鴻銘其實都是支持向歐美學習的，只是反對這種革命式的激進做法。

如今看來，林琴南等人的看法實際上是比較有價值的，尤其是後期陳獨秀的革命式做法，的確有很多值得商議的地方。今天對於古文化、舊風俗的態度是批判繼承，誠然，像裹腳之類的舊習俗當然是醜惡的，但是源遠流長的詩詞歌賦同樣是中華文明的精髓，取其精華去其糟粕才是比較公正的做法。後期陳獨秀提出推翻一切舊文化、舊傳統，全都一棍子打死，先是從清朝的桐城派開始反對，而後逐步上推，追到前後七子，《昭明文選》等等，最終「打倒孔家店」。錢玄同給陳獨秀的一封信內說到「選學妖孽，桐城謬種」，這也成了當時批判桐城派和《昭明文選》的依據。

雖然後來白話文運動開展得轟轟烈烈，甚至在政治上也取得勝利，一九二四年教育部頒發了指令，下令全國逐步推廣白話文教學。但其實我們都知道，中國在很早之前就有白話文，譬如說宋朝的平話就是白話文小

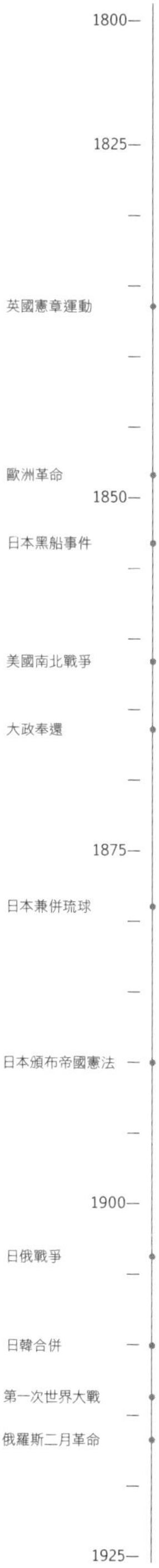

說，包括後來的戲劇小說其實都是白話文，為什麼還要開展所謂的白話文運動呢？對比古時候的白話文和胡適、陳獨秀等人提倡的白話文，我們很容易就可以發現不同之處。

古時候的白話文，雖然不是文人鑽研的主流方向，在很多清高的文人看來是「引車賣漿者流」的東西，但是還是有很多文學大家進行改造和創作，譬如說關漢卿的戲劇，施耐庵的小說等。從這裡大家就可以看出，古代的白話文雖然在很長一段時期內比不上駢散詩詞，但是文人墨客並不完全排斥白話文，白話文也沒有和文言文斷絕關係，雙方是相互依存的關係。很多現在著名的白話文作品，可能是文人在閒暇之餘的案頭讀品，畢竟天天看一些嚴肅的文言文作品還是很沒有意思的。胡適、陳獨秀所宣導的白話文運動則是完全和文言文決裂的一場運動，不僅不寫不讀，而且要廢除漢字，如今的白話文和古代的白話文是完全不同的兩碼事。所以我們今天會覺得文言文完全像是另外一個系統的語言，而在古代大家可能覺得文言文是白話文的「升級版」。

1800
道光
1825
虎門銷煙
鴉片戰爭
1850 咸豐
太平天國
英法聯軍
同治
1875 光緒
中法戰爭
甲午戰爭
《馬關條約》
1900 八國聯軍
《辛丑條約》
中華民國
袁世凱稱帝
1925

白話文運動影響

由於白話文運動的開展，在當時掀起了一場完全摒棄舊文化、舊傳統的風暴。好的方面當然不少，很多年輕人以追求新文化、新思想為時髦，衝出封建家庭的倫理束縛，裹足的陋習在城市裡逐漸消失，不少勇敢的年輕人也開始追求自由戀愛，反對父母包辦婚姻。同時一場深度的思想啟蒙讓年輕人逐漸醒悟，為之後的「五四運動」打下思想基礎。

壞處看起來也相當明顯，因為完全革了舊文化的命，所以很多現在看起來是文化精髓的東西也被破壞，譬如說古詩詞，其實清朝的古體詩成就還是相當高的，但經過這樣一來，此後基本上沒有人會做古體詩了。還有就是中醫，中醫因為診斷手法以及藥品的獨特性，在當時也被看成是陳腐的東西，和封建迷信一起差點被打得魂飛魄散。

其實白話文運動已經過去了近百年，如今來看，這場轟轟烈烈的白話文運動是成功還是失敗了呢？首先必須承認的是，在當時就已經取得了巨大的成功，否則當時的北洋政府也不會頒發命令下令學習白話文，但是今天看來弊端也有不少。就拿大家都搞不清的「地、的、得」來說，這就是白話文運動的產物。在這之前，中國的文言文中並沒有所謂的主語、動詞、副詞、定語之類的語法結構，不過胡適等人認為拉丁語系中都有這些結構，而且看上去十分有規律，語言就像一門精密的科學的一樣，漢文沒有，漢文一點都不科學，最後引進了這一套東西。不過大家現在來看，即使文言文或者古白話文沒有這些語法結構，能說詩詞歌賦、戲曲小說中的語言就不優美嗎？我們都學過一些古典詩詞，大家都覺得那是相當有表現力的一種語言和文字。

每一門語言都有它自身的特點，中國的文言文流傳幾千年一直如此，自然有它的原因和魅力，這樣硬掰著古漢語向英文靠，實際上有些不顧實際情況。

1800
1825
英國憲章運動
歐洲革命
1850
日本黑船事件
美國南北戰爭
大政奉還
1875
日本兼併琉球
日本頒布帝國憲法
1900
日俄戰爭
日韓合併
第一次世界大戰
俄羅斯二月革命
1925

1800
道光
1825
虎門銷煙
鴉片戰爭
1850 咸豐
太平天國
英法聯軍
同治
1875 光緒
中法戰爭
甲午戰爭
《馬關條約》
1900 八國聯軍
《辛丑條約》
中華民國
袁世凱稱帝
1925

五四運動

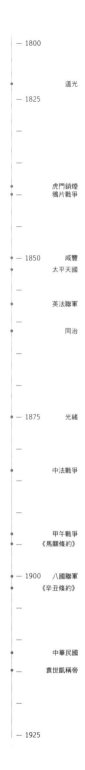

一九一九的五四運動，一直以來都是舊民主主義革命和新民主主義革命的分界點，而且五四運動是被看作為白話文運動的後續。從廣義上來說，這種說法沒錯，畢竟幾年的白話文運動轟轟烈烈，讓年輕人，尤其是大學生的思想空前活躍，所以說白話文運動在一定程度上對五四運動有影響，也是對的。不過要說得更精準，可能五四運動和新文化運動的關聯並不大。

首先大家要清楚的是在此之前並非沒有學生鬧事遊行的先例。自古以來，中國的大學生就有鬧事集會的傳統，只不過古代叫太學生，現在叫大學生罷了，其實公車上書就是一幫學生鬧事。說得更廣泛些，其實全世界都是如此，大學生一是因為年輕，比較衝動，二是因為能夠接觸到最新潮的文化思想，所以鬧事並不是什麼稀奇的事情。還有就是政府對於鬧事學生的態度也很有意思，不是鎮壓，而是害怕。為什麼會這樣？這也是中國封建社會的傳統，向來政府對於知識份子比較敬畏，這是好事，連帶著對於學生也比較寬容。

再說回來當年的五四運動。一九一九年的五四遊行，最直接的導火索是巴黎和會。段祺瑞在執掌北洋政府後，在第一次世界大戰即將結束前向德國宣戰，雖然時間倉促，北洋政府沒有派出一兵一卒，但是還是為戰爭前線送去了幾十萬挖戰壕的勞務工。一九一八年十一月德國宣布投降的時候，整個國內一片沸騰，時任北大校長的蔡元培還特地放假三天，舉行各種慶祝活動，蔡元培還向北洋政府借來天安門，拉著北大的教授們給大學生做演講，講了一些很激勵人心的話，「公理戰勝強權」是當時各界的普遍想法。大家可以想像，中國自鴉片戰爭開始，一直吃敗仗，吃得自己都覺得有些習慣了，這是中國頭一次打敗西方國家，雖然貢獻不大，至少也是戰勝國之一嘛，所以這種狂喜的心情是可以理解的。

伴隨著國人的巨大喜悅感，段祺瑞政府的聲望也達到頂峰，大家都覺得此時的北洋政府十分靠譜，同時也對年後的巴黎和會抱有極高的期待。中國人的期望就是能夠收回之前德國控制的山東，廢除列強的治外法權，可以和西方人進行關稅議定，也不需要再向德國和奧匈帝國繳納剩下的庚子賠款。有句話說得好，期望越大，失望越大，真正是說中了後來的情形。

國人首先的失望就是關於巴黎和會外交代表人數，作為戰勝國，國人當時以為中國是泱泱大國，怎麼著也該和英、美、日等國一樣，擁有五個代表席位。基於這種考慮，中國真的派出了五為外交代表，分別是駐美公使顧維鈞、外交總長陸征祥、南方政府代表王正廷、駐英公使施肇基、駐比公使魏宸祖。不過國人的熱情等來卻是無情的耳光。中國甚至不如像塞爾維亞、巴西這些三等戰勝國，最後混了個只有二個代表席位的末流戰勝國。這件事情刺痛了國人的心，大家逐漸感到弱國無外交的痛苦。

就在國人感到失望的時候，巴黎和會三巨頭之一的美國總統威爾遜說了一番話，意思就是要保障之前被德、奧欺負過的國家的利益。這番話讓國人再次興奮起來，大家紛紛覺得美國人很靠譜，覺得收回山東，一血國恥的日子到了。這也難怪，在巴黎和會上美國人說話還是相當有分量的，大家相信也是情理之中的事情。和談在巴黎有序地進行當中，顧維鈞先生的確是出色的外交家，不僅擁有一口流利的英文，而且發言時不卑不亢，內容也是邏輯嚴密，很受其他國家代表的欽佩。據顧先生自己後來回憶，每次他發完言，都會有人上來握手祝賀，說他清晰地闡述了中國的立場。大家不要小看一口流利英文的作用，現在是從小學就開始學習英文，當時會說一口漂亮英文的人還是不多的。

還有就是日本代表的英文實在太差，每次發言根本聽不懂，這讓國人覺得信心倍增，從日本人手裡收回山東的日子不遠了。關於日本人英文不過關這一點，直到今天也是如此，大家聽聽現在日本人說英文依然能感覺到很重的口音。至於為什麼要從日本人手裡收回德國人控制的山東，原因是一戰期間，日本眼疾手快，率先對德國宣戰，以山東是德國租界為由，早早地把山東給控制了下來。

事情要果真這樣發展下去就不會出事了。當時顧維鈞利用自身的外交魅力，為中國爭取到了很多利益，包括不用向德、奧繳納剩餘的庚子賠款，這是很大一筆錢，還有就是英、美也答應廢除治外法權，同意和中國談關稅的問題，唯一的困難就是收回膠州半島的問題。為什麼？因為日本的要求就是要控制膠州半島。威爾遜之前說出了一番話，所以國人都把希望加在美國人的身上，希望美國人能出頭打抱不平。但是大家要明白一點，當時的政治格局可不像現在，現在很多國家還是要臉要面子，當時還是弱肉強食的叢林政治時期，根本沒什麼人講道義，誰的拳頭硬誰就說了算。北洋政府又怎是崛起的日本政府對手，結局也就在情理之中了。威爾遜以皖系政府已經和日本交換膠州租借公文為由，表示愛莫能助。實際上呢，這份公文根本沒有交換，不過是美國人的藉口。

段祺瑞等人尚未來得及辯解，國人的情緒已經怒不可遏，根本沒有說話的機會。很快，憤怒的國人開始將收不回山東的責任推到北洋政府頭上。還有一點需要說明，就是為什麼遠在巴黎的和會內容會在第一時間傳遍中國，這一點和兩個人有關係，一是梁啟超，二是林長民。當時梁啟超以正在法國遊歷，旁聽了整個巴黎和會，所以他能得知第一手的訊息。這位林長民先生，現在大家可能知道他的管道是因為他的女兒林徽因，其實在當時他也是個很有名氣的能人，否則也不會和梁啟超結為親家。還有一個有意思的事情是林長民和那位在黃花崗壯烈犧牲的林覺民是堂兄弟。

這兩人一個在巴黎和會現場，一個在國內刊登各種消息，將巴黎和會上的第一手資料公布出來。不過，他們倆並沒有全部公布消息，而是選擇性的公布了中國代表沒有收回山東的消息，視其他爭取到的有利條件於不見。其實大家心裡都明白，當時中國是肯定要不回山東的，就是換誰去都是一樣的結果，誰讓自己打不過日本呢，但是顧維鈞等人畢竟還是爭取了相當多的權益，說句實話，已經是不幸中的萬幸了。不過林長民只爆料了壞消息，沒有說任何好消息，這一點讓當時的國人難以接受，不明真相的人們以為中國在巴黎和會上的外交敗得一塌糊塗。

這樣看起來，好像是梁啟超和林長民兩人在搗亂，雖然梁、林二位沒有表示過對於皖系政府的怨恨，但後來很多史料證實梁、林的確和段祺瑞政府存在過節。第一屆國會被黎元洪解散之後，段祺瑞打算打造一個聽自己話的國會，徐樹錚負責辦這個事。之前在張勳復辟期間，梁啟超為代表的研究系黨派和皖系軍閥關係還是不錯的，表現在研究系黨人在報紙上全面支持段祺瑞打跑辮子軍。張勳被打倒之後，一度梁啟超的研究系黨人和段祺瑞政府關係相當好，就像蜜月期。不過徐樹錚這個人做事太絕了，他根本沒有打算給梁啟超這些人機會。大選之前，徐樹錚用盡了各種辦法，貪財的送錢，貪色的送女人，反正最後是成功獲得了國會的絕大多數議席，而梁啟超的研究系只獲得了五個席位。這件事讓梁啟超等人和皖系政府結下樑子。

1800
1825
英國憲章運動
歐洲革命
1850
日本黑船事件
美國南北戰爭
大政奉還
1875
日本兼併琉球
日本頒布帝國憲法
1900
日俄戰爭
日韓合併
第一次世界大戰
俄羅斯二月革命
1925

至於林長民，除了他也是研究系人之外，還有其他的原因。後來曹汝霖寫回憶錄，說林長民這麼幹是為了報復他，因為曾經林長民向他借三千大洋，他沒借。這應該是曹汝霖自己想得太簡單了，區區三千大洋應該還難不倒林長民，畢竟北洋時期還是名士社會，有名就代表著有錢。還有的可能是林長民對於自己沒能做成巴黎和會代表耿耿於懷，之前也說過，林長民是有些本事的，關鍵他自己還相當自信，認為自己是經世治國的大才，所以他對於北洋政府沒選他做代表很生氣。不過事實證明，在外交方面，他的能力比顧維鈞先生要差得遠。

不管怎麼說，最後國人的情緒是成功被挑逗了起來。為了鼓動學生，林長民甚至還親自跑去北大呼籲學生出去遊行。一九一九年五月四日上午，北大學子在羅家倫、傅斯年的組織下，在天安門集會，首都高校共三千名學子參加了遊行，領頭的北大學生高舉「還我青島」的血書，開始遊行示威。遊行從天安門出發，一路走向東交民巷使館區。在前往使館區的途中，學生們遭到了巡警的阻攔，這讓學生更加憤怒。在達到使館區後，學生開始向各個使館發放請願書，結果接連被拒絕，只有美國使館接下了請願書。接連的受阻讓遊行的學生越來越憤怒，急切需要找一個發洩的對象。就在這時，大家想起了操辦《二十一條》的曹汝霖，以及前後兩任駐日公使陸宗輿和章宗祥。暴怒的學生開始轉向東單，尋找曹汝霖出氣。

剛開始大家還能保持克制，在曹汝霖的宅子外喊口號示威，突然之間，也不知誰先開的頭，有人衝擊曹宅，瞬間一發不可收拾，幾千人衝進曹汝霖家中，要找出大漢奸。慌張下的曹汝霖嚇得躲進箱子裡，學生沒有找到。就在這時候，替罪羊章宗祥自己跑了出來，恰好被學生撞見。結果可想而知，學生們上去就是一頓海扁，打得章宗祥鼻青臉腫，要不是日本人中江丑吉護著他，估計能被打死，後來章宗祥在醫院裡躺了好久都沒

1800
道光
1825
虎門銷煙
鴉片戰爭
1850 咸豐
太平天國
英法聯軍
同治
1875 光緒
中法戰爭
甲午戰爭
《馬關條約》
1900 八國聯軍
《辛丑條約》
中華民國
袁世凱稱帝
1925

有脫離危險。憤怒之下的學生一把火點了曹宅，在吳炳湘帶來大批員警後，遊行的學生才逐漸散去。

五四運動之後，很快消息就震動全國，上海學生也開始組織遊行支援北京。五月九日，蔡元培出走，大批北京大學校長隨之辭職，首都大學開始呈現無人管理的狀態。十九日，幾萬名北京大學生集會遊行，開始發起愛國演講，抵制日貨，反對在巴黎和會上簽字。很快，全國各地都出現類似的遊行示威活動，上海更是出現工人階級走上街頭。自此之後，全國掀起了工人、商人、市民、學生聯合起來的罷工、罷市、罷課行動，最終北洋政府撤銷了曹汝霖、陸宗輿、章宗祥三人職務，同時同意暫緩在巴黎和會上的簽字。五四運動很快影響到海外留學生，六月二十八日，原本要去巴黎和會上簽字的代表團被留學生圍住，最終不得不宣布放棄簽字。這就是著名的五四運動。

1800
1825
英國憲章運動
歐洲革命
1850
日本黑船事件
美國南北戰爭
大政奉還
1875
日本兼併琉球
日本頒布帝國憲法
1900
日俄戰爭
日韓合併
第一次世界大戰
俄羅斯二月革命
1925

1800
道光
1825
虎門銷煙
鴉片戰爭
1850 咸豐
太平天國
英法聯軍
同治
1875 光緒
中法戰爭
甲午戰爭
《馬關條約》
1900 八國聯軍
《辛丑條約》
中華民國
袁世凱稱帝
1925

五四運動的影響

五四運動已經過去近百年，直到今天，每年依然用五四青年節來紀念那意義重大的一天。首先要知道今天所說的「五四運動」一詞，是由當年的學生領袖羅家倫提出的。還需要瞭解各方勢力對於五四運動的態度，這個很有趣。在大家看來，宣導新文化運動的領袖們肯定是支持學生運動的，而賣國的北洋政府肯定會血腥鎮壓學生，其實不都是這樣。

在那批宣導新文化運動的大師中，絕大多數人對於五四運動持有保留態度。蔡元培雖然在北大實行相容並包的自由政策，但他對於學生運動並不是很贊成。蔡元培的觀點是學生的職責是讀書學習，而不是跑出來搞什麼政治運動，雖然他曾經營救被捕的學生，那也不能說明他支持五四運動，否則他也不會在幾天後就選擇離開北京，原因就是他對於北大學子的表現表示失望。

除了蔡元培的態度有些出人意料，胡適也對五四運動不是很感冒。當時胡適正在上海接待他在美國留學時的導師杜威，他第二天聽說了五四運動之後，也沒有表現出太大的興趣。胡適認為衝動的學生運動會被人利用，而且過早地參與政治不利於學習。胡適是公開反對學生上街鬧事的，他認為「單用罷課作武器是最不經濟的方法，是下下策。屢用不已，是學生運動破產的表現。罷課於敵人無損，於自己卻有大損失。」

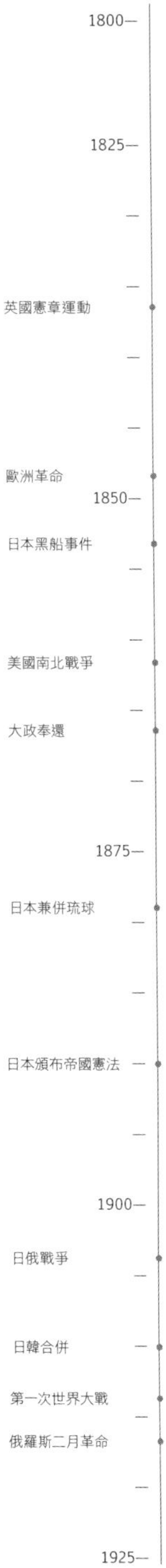

魯迅先生當時雖然在北京，但也沒有直接參與五四運動，整個一九一九年，魯迅先生都被房屋問題所困擾，無暇分身。為了把老母親從紹興鄉下接到北京享福，魯迅先生用了一整年的時間在北京找房子，幾經周折，最後終於如願，和母親、弟弟周作人一家住在了一起。不過五四時周作人還在日本，他要是在北京的話，多半會參加學生運動的。

最不如意的人肯定是陳獨秀，他正因為失業而煩惱呢。主要是因為被報紙曝光了一些不雅觀的男女爭風吃醋的事情，蔡元培為了應對輿論壓力，最後不得不解聘陳獨秀，這讓「五四運動的總司令」很不爽。具體到五四那一天，陳獨秀做了什麼已經無法得知了，估計心情鬱悶的他還在念叨被炒魷魚的事情吧。

儘管這四位大學生導師都沒有很熱情的參與到五四運動，但是他們的文章是學生們的精神養料，還是功不可沒的。五四運動對當時的政局產生了很大的影響，這也是蠻吊詭的地方。原本這只是一場學生發起，工人階級和市民階級參與的愛國遊行活動，段祺瑞政府也可以完全不理這些人的「胡鬧」，但最後段祺瑞竟然罷免了曹汝霖、陸宗輿、章宗祥三人，這一點是很有意思的。按理說，學生們抨擊這三人賣國求榮，親日，得拿出證據啊！大家都明白一個道理，飯可以亂吃，話不能亂說。但是段祺瑞政府竟然也沒有要什麼證據，也不走什麼法律程式，直接就罷免了三人。關於這一點，梁漱溟先生也曾經表示過異議，為什麼學生無理火燒趙家樓，暴打章宗祥犯法沒事，而沒有證據的皖系政府要罷免曹、陸、章三人。

其實這一切都與當時的大環境有關係。當時的情形是全民情緒高昂，反對皖系政府親日賣國，搞得最後山東沒能收回來。這種時候，誰敢犯眾怒，誰出頭誰就倒楣。後來全國爆發大規模地抵制日貨的遊行，整個局勢更加混亂不堪。無論是誰，只要買日貨就是賣國賊，身上穿著日本來的衣服，學生們拿把剪刀就當街剪了，坐一次日本輪船，船票後面都會被蓋上「賣國賊」的印章。可以說，五四運動到了後期，逐漸有走向失控的趨勢。不過有一個事實很諷刺，雖然因為五四運動爆發了大規模的抵制日貨活動，但是一九一九年卻創下了進口日貨的歷史新高。

還有一種說法是由於上海工人階級的參與，給了北洋政府很大的壓力，最後才被迫罷免倒楣蛋三人組。這種說法的說服力不夠。前面說過，自袁世凱死了之後，北洋政府失去了最後一位強有力的領導人，南方各省督軍更是做起了土皇帝，根本沒人再向北洋政府繳納稅收。這一點很重要，原本北洋政府就收不到上海方面的稅收，你說上海的工人起來鬧事能影響到北洋政府嗎？微乎其微而已，很難說是工人階級的參與讓北洋政府被迫做出這樣的回應。

真正起作用的原因是直系軍閥的參與。大家知道，自從袁世凱死了以後，段祺瑞和馮國璋是當時兩個的軍閥首腦，不過馮國璋一直鬥不過段祺瑞。三十年河東三十年河西，終於在馮國璋臨死前，他的直系軍閥迎來了機會，五四運動引起了全民討伐皖系政府。此前馮國璋和段祺瑞基本上是屬於暗鬥，畢竟有大半輩子的情誼在，從來沒撕破臉，馮國璋死的時候段祺瑞還跑去哭了一場。但是第二代直系軍閥就管不了臉面之類的問題了，眼看著全民人們齊齊罵段祺瑞政府，吳佩孚高舉愛國大旗，也跟著破口大罵，罵得甚至比老百姓還難聽，最後還揚言動武。

吳佩孚這麼做，為他贏得了極高的讚譽。不少大學生都認為吳佩孚是有良心的軍閥，是好軍閥，可以說，吳佩孚是整個五四運動中得益最多的軍閥。除了吳佩孚之外，李純等直系軍閥代表也借著五四運動給段祺瑞施壓，讓段祺瑞犧牲掉那三人。正是因為這些直系軍閥的參與，再加上時局也的確讓段祺瑞不敢說「不」字，

曹、陸、章三人才被當做賣國賊給處理了。

如今看來，這三人早年都留學日本，對日本懷有好感是正常的，但其實對於《二十一條》，都奉袁世凱命令抵制，至於後來向日本大量借款，那也是無可奈何的事情。國家破敗不堪，要發展就需要錢，借錢是在所難免的事情，換句話說，親日的曹、陸、章三人和親美的顧維鈞等人又有什麼不同呢？後來曹汝霖一直不服氣，還發文章說自己雖然經手大量借款，但從沒有貪汙受賄。曹汝霖也的確夠悲劇，運氣不好撞上了五四運動的槍口，多年後日本侵略中國，曹汝霖還是有點骨氣的，拒絕了日偽政權的邀請，反倒是五四時大罵曹汝霖的一些「愛國人士」跑去給日偽政權月台充門面，真是知人知面不知心啊！

自從吳佩孚大罵皖系政府之後，中國的軍閥割據自此一發不可收拾。原本只是幾大軍閥統治中國，互相之間都還保留一點面子，五四之後，各個軍閥都開始裂變。皖系軍閥自然被群眾打趴下了，直系雖然入主北京，其實也在裂變。各大軍閥再也沒有強有力的領導者，紛紛各自為王，互相之間一通亂打，一直打到張學良「東北易幟」，才算消停。一九一九年之後的軍閥大亂鬥，不得不說是受五四運動的影響。

除了對當時的軍閥產生了意想不到的影響，五四運動還為中國共產黨的誕生產生了很大的作用。五四之前，各種各樣的救國圖存的革命，從來都沒有發動工人階級和農民階級，大家稱為舊式的民主主義運動。五四之後，李大釗、陳獨秀等人從俄國引進了一套新的思想體系——馬列主義。打倒軍閥、打倒帝國主義列強、推翻三座大山的馬列思想順著五四這條路，逐步在中國散布開來，被一部分知識份子選擇為救國救民的指導方針。共產國際一開始來中國尋找合作對象，先是找了陳炯明、吳佩孚，沒有成功，後來又找到孫中山，最後才有共產支部。

1800—
1825—
英國憲章運動
歐洲革命
1850—
日本黑船事件
美國南北戰爭
大政奉還
1875—
日本兼併琉球
日本頒布帝國憲法
1900—
日俄戰爭
日韓合併
第一次世界大戰
俄羅斯二月革命
1925—

除了對於政治產生了很大的影響之外，五四運動所代表的自由和個性，也極大地解放了人們的思想，可以這麼說，至今我們仍然在享受著五四運動帶來的好處。僅就文化藝術方面來說，五四運動的開展，讓大批年輕人成長為後來的大師，五四運動的學生代表羅家倫、傅斯年自不待言，聞一多、郁達夫、巴金、茅盾、錢鍾書、郭沫若，等等，民國大師燦若星河，為什麼會出現大師集體井噴的事情，這和代表自由與個性的五四運動是分不開的。五四運動已經過去近百年，依然有很多值得我們學習、探討、反思的地方。

1800
道光
1825
虎門銷煙
鴉片戰爭
1850 咸豐
太平天國
英法聯軍
同治
1875 光緒
中法戰爭
甲午戰爭
《馬關條約》
1900 八國聯軍
《辛丑條約》
中華民國
袁世凱稱帝
1925

閱讀鏈結：很有趣的名人「三不」

為了加強個人修養或者是其他目的，很多人會給自己制定一些規矩，如不生氣、不抱怨、不折騰等等。有趣的是，民國期間很多文化名人都給自己定過「三不」的規矩，這可能跟中國文化對「三」的偏好有關。

一九一六年年底，從德國留學歸來的蔡元培出任北京大學校長，提出「循思想自由原則，取相容並包主義」的改革主張，促進北大的思想解放和學術繁榮。與此同時，他給自己定了一個「三不」原則，以約束自己。這三個原則是：不做官，不納妾，不打麻將，當時稱為「三不主義」。蔡元培認為，北京大學校長一職雖是由政府任命，但這是辦教育，不是做官。其餘兩條，主要針對當時社會上的腐化現象而發。

在清末民初時代，人們還是把讀書受教育當成為變相的科舉，受教育成為人們競相進入官場的墊腳石。蔡元培的「三不主義」中，之所以首先提出「不做官」，就是表明自己追求學術是為追求真理的態度，即「為學術而學術」。蔡先生言出必行，在當時堪稱「出淤泥而不染」，享有很高的社會聲譽。

魯迅先生酷愛讀書學習，他主張要有「不怕慢、不怕落後、不怕失敗」的「三不怕」精神，此外，在讀書方法方面，魯迅講究讀書要有「三性」，即目的性、靈活性、廣泛性。讀書要有「三法」，即背書法、抄書法、設問法。讀書還要追求「三昧」，即平知、獲趣、致雅。

1800—
1825—
英國憲章運動
歐洲革命
1850—
日本黑船事件
美國南北戰爭
大政奉還
1875—
日本兼併琉球
日本頒布帝國憲法
1900—
日俄戰爭
日韓合併
第一次世界大戰
俄羅斯二月革命
1925—

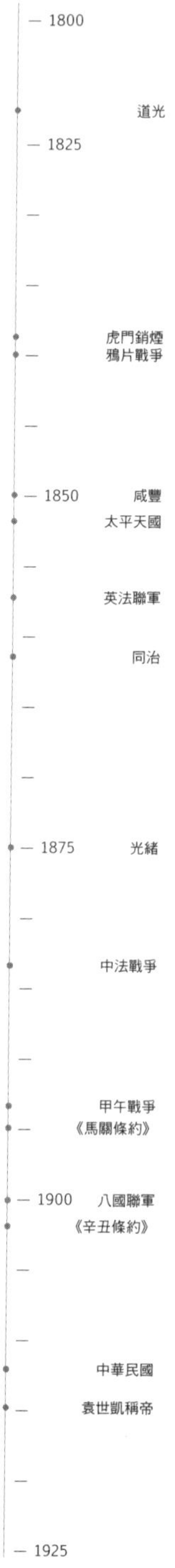

歷史學家陳寅恪勤於治學、著作等身，內容涉及歷史、文學、宗教等多個領域，學術成就很高。陳寅恪致力於做真正的學問，提倡「但開風氣不為師」，在學術追求上，陳寅恪主張為人治學當有「自由之思想，獨立之精神」，特別強調「脫心志於俗諦之桎梏，真理得以發揚」。在學術研究中，陳寅恪也堅持「三不」原則，即書上有的不講、別人講過的不講、自己講過的也不再講。恪守這樣的三條原則，陳寅恪在教書育人上兢兢業業，有一年只有一個學生上他的課，他依然認真備課、認真上課，還稱學生為「先生」。陳寅恪深受學生愛戴，學生曾送給他一面寫有「萬世師表」的錦旗，給予他很高的評價。

黃侃師從章太炎，在傳統文學、經學、哲學等方面頗有研究。黃侃生性瀟灑，辦事認真，頗有名士風範。在南京中央大學任教時，他和校方有「下雨不來、降雪不來、颳風不來」之約，因此人稱他為「三不來教授」。如此派頭，世所罕有。不過黃侃在治學上倒頗為嚴謹，他的老師章太炎多次勸他著書立說，黃侃不為所動，決心在五十歲之前不著書。一九三五年，黃侃五十歲生日，章太炎親自寫了一副對聯，上書：韋編三絕今知命，黃絹初成好著書。本是想勉勵黃侃開始著書立說，誰知在無意中藏了「絕命書」三個字，一語成讖。一九三五年十月六日，黃侃由於飲酒過度，胃血管破裂，搶救無效去世，年僅五十歲。黃侃雖未出版任何著作，卻成為海內外公認的國學大師。錢鐘書生性淡泊名利，有人曾想為他籌辦一個慶祝活動，錢鐘書斷然謝絕，因為他「不願花不明不白的錢，不願見不三不四的人，不願聽不痛不癢的話」。錢鐘書以此「三不願」，表明了自己對不良風氣的否定和批評。

民國時期的分子是一個獨特的群體，他們有時如孩童般天真，有時又如聖人般睿智，他們具有深厚的學問，桀驁的風骨，深諳世事又常有驚世駭俗的行為，他們的言行永遠值得後人追念和傳誦。

新式標點符號是如何傳進中國的？

漢字的一磚一瓦壘成了文章的高樓大廈，但如果沒有標點在其中穿插，再好的文章也沒有美感可言。我國早在漢代以前就出現了標點符號的概念，但使用並不普遍，大部分的書仍然沒有標點符號。

我們現在通用的新式標點符號起源於歐洲，第一個從國外引進標點符號的是清末同文館的學生張德彝。同文館是清末洋務運動中洋務派為培養翻譯人才而設立的，張德彝是第一批英文班的一名學員。

一八六八年二月，清政府派一個訪問團出訪歐美，張德彝也成為訪問團的一員，隨團做翻譯。在訪問期間，張德彝把自己的所見所聞所感寫成了一本《歐美環遊記》。在書中，張德彝介紹了西方的新式標點，他是這樣寫的：「泰西各國書籍，其句讀勾勒，講解甚煩。如果句意義足，則記『。』；意未足，則記『，』；意雖不足，而義與上句黏合，則記『；』；又意未足，外補充一句，則記『：』；語之詫異歎賞者，則記『！』；問句則記『？』；引證典據，於句之前後記『「」』；另加注解，於句之前後記『（）』；又於兩段相連之處，則加一橫如『——』。」

張德彝在言辭之間雖然流露出對新式標點的不屑一顧，卻在無心之中，成為向國內引進新式標點的第一人。

1800
1825
英國憲章運動
歐洲革命
1850
日本黑船事件
美國南北戰爭
大政奉還
1875
日本兼併琉球
日本頒布帝國憲法
1900
日俄戰爭
日韓合併
第一次世界大戰
俄羅斯二月革命
1925

1800
道光
1825
虎門銷煙
鴉片戰爭
1850 咸豐
太平天國
英法聯軍
同治
1875 光緒
中法戰爭
甲午戰爭
《馬關條約》
1900 八國聯軍
《辛丑條約》
中華民國
袁世凱稱帝
1925

新文化運動前後，以胡適為代表的知識份子提倡白話文，新式標點的需求也應時而來。一九一六年八月，胡適在《科學》雜誌上發表了《論句讀及文字符號》一文，成為新文化運動中提倡新式標點的奠基之作。一九二〇年二月二日，北洋政府教育部發布第五十三號訓令——《通令採用新式標點符號文》，批准了以胡適為首，包括錢玄同、劉復、朱希祖、周作人、馬裕藻在內的六位教授聯名提出的《請頒行新式標點符號方案》，頒布通行「，。；：？！——（）《》」等標點，這標誌著我國第一套法定的新式標點符號的誕生。

圍繞著新式標點符號的使用，當時還發生了一系列故事。胡適曾經出版了《中國哲學史大綱》一書，這部著作不僅用白話文撰寫，而且在圖書中第一次用了新式標點。書出版後，胡適送了一本給章太炎先生。他在書上的題詞中寫著「太炎先生指謬」「胡適敬贈」等字樣。姓名旁邊，按新式標點規定，加了一條黑線。章太炎弄不清這個符號的作用，見自己名字旁有黑線便很生氣：「胡適竟然敢在我名字上亂塗亂畫！」繼而發現胡適名字旁邊也有一條黑線，章太炎才由怒轉喜道：「他也有黑線，那就扯平了。」

在新式標點的使用過程中，還出現了很多波折。有很多抵制白話文運動的知識份子也對新式標點符號進行了抵制。比如清末文學家林琴南，博學多才，曾用文言翻譯過一百五十多種外國小說，名氣很大。他在翻譯時感到困惑的主要還不是自己不懂外文造成的不便，而是由於抵制新式標點造成的尷尬。

當時，外文中已使用了多種標點符號，而文言文不用標點，受傳統的影響，他怎麼也不肯把外文中的標點移植過來，有時就很不好處理。比如，碰到外文中的省略號，他只好在原文有省略的地方寫上「此語未完」四個字夾在譯文中，弄得讀者莫名其妙。

社會上有些人也對新式標點符號有一些偏見，據說，有位刻薄的出版商曾向魯迅先生約稿，但又想少付稿

費，於是事先講明，標點符號不計算字數，因它不是文字，希望得到諒解。

沒想到魯迅先生答應得非常爽快，出版商無比高興。

幾個月後，魯迅先生如約送上稿件，出版商忙打開文稿一看，只見密密麻麻的蠅頭小楷布滿了一個個方格，但因沒有標點，無法斷句，怎麼也弄不清內在的深義，簡直是一本「天書」。

出版商無奈，只得親自登門向魯迅道歉，請求加上標點符號。

魯迅先生嚴肅地說：「你不是說標點符號不是字嗎？但沒有標點的文字能叫文章嗎？現在你該明白了，標點就是無聲的文字！」隨後，他從出版商手中接過那疊文稿，認真添加標點，使文字、標點達到和諧統一。

名士怪癖多

如今看來，晚清和民國時期出了一大批富有個性的文學藝術大師，給大家講一些好玩的事情，可以認識到那些大師可愛的一面。章太炎先生算是晚清時期最負盛名的一位大學者了，他的門下弟子後來幾乎霸佔了聲名顯赫的北大國文系，包括黃侃、劉文典、錢玄同、魯迅、周作人、馬裕藻、劉半農，等等。聲名顯赫的章太炎不僅在國學上是一代大師，而且還是革命派的大佬，所以當時他有很多追隨者，而他隨手寫下的筆墨也自然跟著水漲船高，相當值錢，當時很多人都以擁有章太炎的書法作品為榮。

不過章太炎自己也知道不能隨便給別人寫字，所以要字的難度很大。但是畫家錢化佛每次上門都能要來字，而且他說什麼章太炎就寫什麼，這讓很多人都很好奇，為什麼錢化佛有這本事。結果一打聽，原來章太炎特別愛吃帶有臭味的滷製品，就像什麼滷蛋、滷豆乾之類的東西，每次錢化佛就帶著便宜的鹵製品去求字，那章太炎還有不答應的道理嘛，恨不能一邊吃一邊寫。

除了章太炎有愛吃臭東西的怪癖，對吃很有講究，他的弟子魯迅先生也是一個美食家。這一點現在我們很難想像，「橫眉冷對千夫指」的魯迅竟然是個愛吃的人。不過這也是事情，後來魯迅的日記曝光，裡面大量的內容就是今天又吃了什麼什麼，明天想去哪去什麼，還評價哪裡飯館的什麼菜地道，甚至給北京的各大菜館做

1800
道光
1825
虎門銷煙
鴉片戰爭
1850 咸豐
太平天國
英法聯軍
同治
1875 光緒
中法戰爭
甲午戰爭
《馬關條約》
1900 八國聯軍
《辛丑條約》
中華民國
袁世凱稱帝
1925

了個排名。「好吃」的魯迅實在是很難和大家印象中的魯迅對應起來，我們認為魯迅應該每天都在思考民族的劣根性，又或者一天到晚批評這個批評那個，但實際上魯迅是個很會享受生活的人。

真是有其師必有其徒，章太炎先生的門下弟子也大都繼承了他強烈的個性。黃侃在北大教書的時候，上課從來不帶任何書，從來都是想到哪侃到哪，沒個章法，而且每次說到關鍵地方的時候還會耍調皮，「接下來這一段，憑著北大這點工資我是不能講的，你們要是想知道就得請我下館子。」

除了黃侃，基本上章門子弟都很狂傲，當然了，這群大師也的確有狂傲的資本。章太炎曾經就大罵過袁世凱，袁世凱也不敢怎麼管他，只能把他軟禁起來，好吃好喝地供著。後來黃侃也曾經罵過很多人，劉文典甚至和蔣介石對打過，真是強悍。至於魯迅，那罵的就不是一個兩個人，整個民族的劣根性都被他給拖出來天天罵了。

麻將

麻將，大家再熟悉不過了，直到今天，麻將依然是我們消遣娛樂的主要方式之一。閒下來的時候，跟著三五好友，推上幾圈麻將，實在是人生快事啊！當然啦，小賭怡情，大賭傷身這是要記住的。麻將作為千百年來中國第一娛樂工具，它的起源是鬧不清楚了，各種各樣的說法都有，其中最富有傳奇色彩的一種說法，說是麻將是鄭和下西洋途中，大家在海上無聊，一個姓麻的偏將發明這個東西，就叫做麻將了。

中國人愛打麻將是出了名的，上至達官貴人，下至販夫走卒。當年袁世凱開會部長們經常遲到，原因就是那些北洋大佬們愛打麻將，沒日沒夜的打。老百姓愛打麻將的事例就太多了，十里長街推麻將的場景現在都還有，沒電了點蠟燭打，沒桌子地上打，被蚊子咬得渾身是包也沒反應，兩天不吃飯也覺得肚子飽飽的，這真是用生命在打麻將啊！

當然了，民國的名士們也有很多是麻將的超級粉絲，其中當屬梁啟超最出名。梁任公一手做學問，一手搞政治運動，中間還得偷閒摸空地打麻將，真是忙煞。梁啟超有一句名言說出了他的心聲：「只有讀書可以忘記打牌，只有打牌可以忘記讀書。」看來在梁任公眼中，麻將和讀書是一樣重要的事情。

除了梁啟超嗜好麻將，清華的老校長梅貽琦先生也是一個麻將迷。當年梅貽琦在西南聯大時，雖然經常

1800
道光
1825
虎門銷煙
鴉片戰爭
1850 咸豐
太平天國
英法聯軍
同治
1875 光緒
中法戰爭
甲午戰爭
《馬關條約》
1900 八國聯軍
《辛丑條約》
中華民國
袁世凱稱帝
1925

有日軍轟炸地危險，但他還是冒著危險打牌，渾然不覺。在梅貽琦先生的日記中，大量都是他打牌的記錄，記錄哪次打牌輸了，哪次打牌贏了，打牌的頻率非常高，一周至少猛打一次。除了梁啟超和梅貽琦，當年的知識份子絕大多數都會兩手麻將，不會甚至會覺得不好意思。像徐志摩、聞一多、梁實秋等人，都是麻將的忠實粉絲。

如果說上面幾位還是麻將愛好者，那麼老舍先生早年就是「賭棍」了。老舍先生對於麻將的愛好，已經到了危害身體的地步。都說大賭傷身，老舍先生早年間就曾經因為長期打麻將導致身體素質下降，後來大病一場，甚至到了咳血的程度。後來老舍自己痛下決心，改掉了打麻將不要命的壞習慣，把時間花在了著書立說和教書育人上，可見麻將的魔力。

不過並不是每個人都喜歡打麻將，魯迅先生就是一位堅定的「反麻將鬥士」。據魯迅夫人許廣平回憶，晚年魯迅住在上海，對於隔壁每天晚上的鏘鏘麻將聲，感到深惡痛絕。

還是那句話，小賭怡情，大賭傷身，麻將雖好，但是能不打還是不打啦。

汲古閣 14

教科書裡沒說的近代史

作者　劉觀其
美術構成　騾賴耙工作室
封面設計　斐類設計工作室
發行人　羅清維
企劃執行　張緯倫、林義傑
責任行政　陳淑貞

企劃出版　海鷹文化
出版登記　行政院新聞局局版北市業字第780號
發行部　台北市信義區林口街54-4號1樓
電話　02-2727-3008
傳真　02-2727-0603
E-mail　seadove.book@msa.hinet.net

總經銷　知遠文化事業有限公司
地址　新北市深坑區北深路三段155巷25號5樓
電話　02-2664-8800
傳真　02-2664-8801
網址　www.booknews.com.tw

香港總經銷　和平圖書有限公司
地址　香港柴灣嘉業街12號百樂門大廈17樓
電話　(852) 2804-6687
傳真　(852) 2804-6409

CVS總代理　美璟文化有限公司
電話　02-2723-9968
E-mail　net@uth.com.tw

出版日期　2022年03月01日　二版一刷
定價　350元
郵政劃撥　18989626　戶名：海鴿文化出版圖書有限公司

國家圖書館出版品預行編目（CIP）資料

教科書裡沒說的近代史 ／ 劉觀其作.
-- 二版. -- 臺北市 ： 海鴿文化，2022.03
面 ； 公分. --（汲古閣；14）
ISBN 978-986-392-407-4（平裝）

1. 近代史 2. 晚清史

627.6　　111001101